Wolfgang Böhmer

Nachbeben

Wolfgang Böhmer

NACHBEBEN

Abseits der Schlagzeilen großer Tragödien

GOLDEGG
VERLAG

Der Goldegg Verlag achtet bei seinen Büchern und Magazinen auf nachhaltiges Produzieren. Goldegg Bücher sind umweltfreundlich produziert und orientieren sich in Materialien, Herstellungsorten, Arbeitsbedingungen und Produktionsformen an den Bedürfnissen von Gesellschaft und Umwelt.

 Gedruckt nach der Richtlinie des
Österreichischen Umweltzeichens
„Druckerzeugnisse",
Druckerei Theiss GmbH, Nr. 869

 MIX
Papier aus verantwortungsvollen Quellen
FSC
www.fsc.org   FSC® C012536

ISBN Print: 978-3-902991-08-9
ISBN E-Book: 978-3-902991-22-5

© 2014 Goldegg Verlag GmbH
Friedrichstraße 191 • D-10117 Berlin
Telefon: +49 800 505 43 76-0

Goldegg Verlag GmbH, Österreich
Mommsengasse 4/2 • A-1040 Wien
Telefon: +43 1 505 43 76-0

E-Mail: office@goldegg-verlag.com
www.goldegg-verlag.com

Layout, Satz und Herstellung: Goldegg Verlag GmbH, Wien
Druck und Bindung: Theiss GmbH

Für Heike, die mich ziehen lässt,
wenn mich die Unruhe packt.

Inhaltsverzeichnis

Einleitung.. 9

Kosovo – Kukes im April 1999 13
New York 9/11 27
Afghanistan 2002 40
Irak Freedom März 2003 56
Somalia – der vergessene Krieg 2004 71
Tsunami – Thailand im Dezember 2004 94
Die Katastrophe nach der Katastrophe – Pakistan im
Oktober 2005 – das stille Beben..................... 112
Die Geschichte einer Flucht (von Millionen) – Hesmat... 135
Uganda.. 153
Todeszone Sahel – Biblische Plagen 174
Arbeit, Tod und Rückkehr........................... 201
Nachbeben.. 218

Epilog – Ernüchterung 230

Einleitung

„Du musst hinaus zu den Menschen. Sitz nicht im Studio herum, du musst raus!" Mit diesen Worten jagte mich mein erster Chefredakteur an meinem dritten Arbeitstag vor die Tür. Er wollte keine Geschichten, die man in Agenturen findet, keinen Pressekonferenzjournalismus und keine Storys gut vernetzter Marketingbüros, die täglich mediengerecht vorbereitet, druckreif und kostenlos auf den Schreibtischen der Journalisten landen und die in einem erschreckenden Ausmaß auch noch ungefiltert verbreitet werden. Gute Geschichten findet man in der Straßenbahn, am Flughafen oder im Baumarkt, an der Supermarktkassa oder am Stammtisch. Man muss den Menschen nur zuhören. Und Zuhören ist die Grundvoraussetzung. Nicht das laute Verkünden, die geschwollenen Worte, sondern das schlichte Hinhören steht am Anfang jeder guten Geschichte. Was für den oft unspektakulären Alltag eines Reporters gilt, hat umso mehr Bedeutung, wenn es sich um wirklich *große* Ereignisse handelt. Wenn eine Hundertschaft an Journalisten aus aller Welt von einem Ereignis berichtet, unterscheiden sich die Schlagzeilen und Meldungen ohnehin kaum noch voneinander. Wer hinausgeht, den Menschen zuhört, findet oft das, was sich von der breiten Masse abhebt, das, was unbeteiligten Lesern, Hörern und Sehern eine Katastrophe, ein Großereignis, aber auch schöne Momente wirklich nahe bringt. Wie oft haben Reporter am Rande inszenierter Pressekonferenzen vom Fahrer des Rettungswagens bei einer Zigarette jene Geschichte gehört, die das von offizieller Seite Verkündete zu einer Randnotiz degradierte? Es sind diese Geschichten, die nicht auf dem Podium der Pressekonferenzen zu finden sind, die uns mitfühlen, miterleben lassen.

Das Zweite, was ich sehr schnell lernen musste, war die Geschwindigkeit, mit der die Ereignisse für die Masse uninteressant werden. Das Zeitfenster des breiten öffentlichen Interesses ist sehr eng. Meist sind es nur wenige Tage, im Ausnahmefall einige Wochen, in denen die Menschen Informationen aufsaugen. In dieser Zeit ist die Geschichte *heiß*. Die Menschen wollen alles wissen, was an Wahrheiten und Halbwahrheiten, immer öfter auch an Lügen und bloßen Erfindungen zusammengetragen und berichtet wird. Binnen weniger Stunden kippt dann das breite Interesse und niemand will mehr etwas darüber sehen, hören oder lesen. Die Geschichte ist *gegessen*. Das, was dann kommt, interessiert nur mehr wenige. Wer diesen *Overkill* versäumt und weiterberichtet, wird Seher, Hörer und Leser verlieren. Die Geschichte ist medial tot. Derzeit sterben täglich in mehr als 30 kriegerischen Auseinandersetzungen weltweit hunderte Menschen. Jährlich verhungern Millionen. Aber wie oft sehen wir in den Nachrichten noch Bilder aufgedunsener, verhungernder Kinder, wenn es nicht um einen aktuellen Spendenaufruf zur allgemeinen Gewissensberuhigung geht? Es ist menschlich, den Kopf in den Sand zu stecken. Trotzdem gibt es Menschen, die sich für das interessieren, was danach passiert. Menschen, die wissen wollen, was abseits der großen, spektakulären Schlagzeilen stattgefunden hat. Vielleicht geben Ihnen die Notizen aus meinem Reisetagebuch ein paar Antworten, ein paar Eindrücke.

Die ganze Tragweite von Ereignissen wird mir oft erst abseits von Schlagzeilen bewusst. Meist sind es Erlebnisse, die sich nicht eignen, medial erzählt zu werden, auch weil sie die Dimension der Berichterstattung sprengen (im Radio zumeist aufgrund der zeitlichen Komponente). Und meist sind es vor allem Einzelschicksale, die sich hinter nackten Zahlen tausender Toter oder Betroffener verstecken, die mir das oft Unbegreifliche greifbar gemacht haben.

Off record kommt aus dem Englischen und bedeutet in etwa „ohne Mikrofon" oder „nicht für die Öffentlichkeit bestimmt". Ich will nicht von Katastrophen erzählen, kein weiteres Buch über geschichtliche oder geopolitische Hintergründe schreiben, sondern von Geschichten und Menschen berichten, die ich abseits des Blitzlichtgewitters während weltweit großer Katastrophen oder bei meiner Arbeit erlebt habe.

Wir sind keine schlechten Menschen, weil wir das Leid oft nicht mehr mitansehen können und wegschalten, umblättern, weiterzappen. Es ist verständlich, das Leid und den Schrecken, die in jeder Minute in geballter Form medial über uns hereinbrechen, auszublenden. Bedenklicher ist in meinen Augen aber die Entwicklung, dass sich immer mehr Menschen mit dem Society-Hochglanzleben von zweidimensionalen Zeitungssternchen mehr identifizieren als mit dem Leben im eigenen Wohnblock. Die Unzufriedenheit so vieler Menschen in der sogenannten modernen Welt hat ein erschreckendes Ausmaß angenommen und ist doch für die meisten nicht zu verstehen. Habt ihr nicht alles, was es zum Glücklichsein braucht, fragen sie. Und verwundert bleibt man bei einem Besuch in Afghanistan, Pakistan, Somalia, Indonesien oder Uganda, in den ärmsten, kriegerischen Regionen der Welt zurück, wenn Menschen inmitten dieser kaum erträglichen und weithin sichtbaren Hoffnungslosigkeit Zuversicht ausstrahlen. Eine Zuversicht, ein Ja zum Leben, das man in unseren Sphären kaum mehr findet. Meine Einsätze als Radiojournalist führten mich in den letzten 15 Jahren in einige bekannte, aber auch vergessene Krisengebiete dieser Welt; und doch beginnt die Reise nahe unserer Heimat, im Kosovo.

Kosovo – Kukes im April 1999

Die Kluft, die sich zwischen der Vorstellung von Krieg, den Berichten und Erzählungen der Großeltern und dem eigenen, ersten Erleben von Krieg ergibt, könnte nicht größer sein. Nichts, was sich der Kopf über Leid, Tod und Schrecken zusammengezimmert hat, kommt der Realität, dem ersten *Erleben* des Krieges nahe. Krieg und Terror haben nur im Zentrum eines tödlichen Sturms mit Explosionen, Gewehr- und Granatsalven zu tun. Oft findet die größte Brutalität in absoluter Stille abseits von Bomben als lautloser, bestialischer Akt statt: Wortlos, nur ein Wimmern auf den Lippen und umso entsetzlicher. Als ich an der Grenze zum Kosovo zum ersten Mal sehe, wie sich Männer, traumatisiert vom bereits Erlebten, wortlos von ihren Frauen und Kindern verabschieden, mit Gewehren im Anschlag abgeführt und in Kleinlastwagen verladen werden und für immer verschwinden, glaubt man, die Welt müsse laut aufschreien. Aber es herrscht nur Stille, als die Frauen ohne ihre Männer und Söhne über die Grenze getrieben werden. Stille. Erst später, als der Hauch des Todes, der von diesen Soldaten ausgegangen war, nicht mehr spürbar ist, beginnt das *laute* Leid, das Weinen um den verlorenen Vater, Bruder und Sohn, das das weite Tal ausfüllt. Ihre Schmerzensschreie sind mir fremd, mit nichts zu vergleichen, aber unmissverständlich. Kein Weinen klingt wie die Verzweiflung eines Menschen, dem das Wichtigste und Wertvollste in seinem Leben genommen wurde. Der Widerhall dieser Schreie ist in unserem Innersten seit Urzeiten verankert, appelliert an unseren Instinkt, der sofort erkennt, was passiert. Schmerzen, die wortlos, fassungslos machen und doch nicht mit dem erlösenden Erwachen aus einem Albtraum enden, sondern

13

stunden- und tagelang, bis zum eigenen Tod als Zäsur mitten im Leben stehen. Mein Dolmetscher, der mit mir an diesem kleinen Grenzübergang nördlich von Kukes steht, schweigt. Es gibt nichts mehr zu übersetzen. Man kann in keiner Sprache ausdrücken, was jenseits der 200 Meter breiten Grenzlinie bei den Grenzkontrollen durch die Serben passiert. Die Frauen, die ihre Männer ziehen lassen, sich nicht einmal mit einem Kuss verabschieden – zu traumatisiert, vergewaltigt und misshandelt sind sie – sehen, wie die Lastwagen mit ihren Männern und Söhnen abfahren. Ihre Liebsten, die sie Jahre später aus Massengräbern exhumiert und mittels DNA identifiziert in einem Plastiksack zurückbekommen und begraben können. Niemand sieht diese Männer lebend wieder und niemand scheint auch nur seine Hand heben zu wollen, um einzugreifen. Nicht die Frauen, auch nicht die Herumstehenden auf dieser Seite der Grenze, die physisch die Trennlinie zwischen Leben und Tod spürbar macht, niemand greift ein; auch nicht wir. Wir richten nur unsere Augen auf das Unglaubliche und sehen zu ohne zu protestieren. Wir protestieren später – in unseren Artikeln und Berichten – und blicken jetzt nur stumm auf die Grenzposten auf unserer Seite der Grenze. Müssten sie nicht reagieren? Warum sehen sie zu? Sehen wir alle *nur* zu? Verstecken wir uns nicht alle hinter der Souveränität fremder Staaten, selbst wenn sie ihre Macht mit willkürlichen, massenhaften Exekutionen ausüben? Über das Satellitentelefon steige ich live in die Nachrichtensendungen knapp 1000 Kilometer entfernt in der Heimat ein. Ich schildere, was ich sehe, höre meine eigenen Worte und verstehe doch nicht, was hier passiert.

Der Soldat sagt, ich soll meine Kappe abnehmen, das kreisrunde Logo auf meiner Stirn könnte provokant wie eine Zielscheibe wirken und 200 Meter seien für die Schützen kein Problem. Ich will an einen Scherz glauben, aber hier ist kein Platz für Witze und schon liege ich im Straßengraben.

Ich habe die Granate gehört, aber nicht verstanden, dass sie auf uns gerichtet war, dann explodiert sie direkt neben uns. Irgendjemand reißt mich mit sich in den Graben. Nur eine Abschreckung, sagt einer der Grenzsoldaten. Zum ersten Mal hat jemand auf mich geschossen, zum ersten Mal bewusst einen Abzug betätigt, um meinem Leben ein Ende zu setzen. Krieg ist auch ungezügelte, nicht gesteuerte, sich blind gegen alles und jeden richtende Gewalt. Der Akt des Tötens, die Überwindung, die es doch jeden kosten müsste, einen Fremden zu erschießen, zu erhängen, zu misshandeln, hat im kollektiven Amoklauf jegliche Hemmung, jegliches Zögern verloren.

Mit einer Mischung aus Angst, Neugierde und Unsicherheit hatte ich vier Tage zuvor von Brindisi aus mit der Fähre nach Albanien übergesetzt. Keiner der jungen Journalisten, die mit mir auf der Fähre sind, weiß genau, was ihn erwartet. Egal in welchen Farben, Geräuschen und Bildern man sich das Elend, aber auch die erschreckende Normalität zwischen all dem Leiden vorstellt und ausmalt – es wird von der Realität Lügen gestraft. Nichts ist so, wie man es sich vorstellt. Die Fähre ist bis auf den letzten Platz voll, unter Deck schlafen die Menschen in den Gängen, am Bordbuffet sieht man kaum noch die eigene Hand vor Augen. Seit Stunden rauchen hunderte Menschen Kette und die jungen Männer, die aus Deutschland, Italien, Frankreich oder Österreich denselben Weg eingeschlagen haben wie ich, trinken sich Mut an. Die meisten leben seit frühester Kindheit in Mitteleuropa und kennen die Heimat ihrer Eltern oft nur von Besuchen, Erzählungen oder verklärten Heldenmythen und Geschichten. Das Band zur Heimat ihrer Eltern, zu ihren so oft betonten Wurzeln, das dicker ist, als wir es uns je vorstellen können, der *Ruf der Heimat,* dem sich die Männer in frisch gebügelten Tarnanzügen scheinbar nicht entziehen können und dem sie lauthals, rauchend, trinkend folgen, lassen die ganze Situation erschreckend naiv erscheinen.

Mit plattdeutschem, tief bayrischem oder österreichischem Akzent erklären sie mir, warum sie einfach in den Krieg *müssen, aufräumen* müssen. Es gibt keine Alternative und wenn es sein muss, wollen sie sterben. Sterben für eine gute Sache, für ihr Vaterland, ihr Volk. Einige halten schon seit Jahren von zu Hause aus Kontakt zur UÇK (Befreiungsarmee des Kosovo), von der sie jetzt bereits erwartet werden, während andere sich der nächstbesten Truppe anschließen wollen. Sie sind nicht alleine; es gibt Hunderte, vielleicht Tausende, sagen sie, die jetzt mit dem Schiff oder mit dem Auto über Umwege in den Krieg ziehen. Ohne militärische Ausbildung, ohne Erfahrung – mit einem Herz voller Nationalstolz, Mitgefühl, Zorn, Hass und falschem Mut – ziehen sie mit dem Segen ihrer Familien in den umkämpften Kosovo, um ihren Brüdern und Schwestern zu helfen. Jemand muss die Serben stoppen, sagen sie und haben recht. Auf die NATO oder die Europäer ist kein Verlass, sagen sie und ich muss nicken. Wir müssen alle sterben, warum nicht für eine gute Sache. Ihre Antworten klingen einstudiert, auswendig gelernt und ich stelle mir die Actionfilmsammlungen in ihren Wohnzimmern vor. Nein, er habe sich dafür Urlaub genommen, erklärt mir ein junger Kosovare, der seit seinem vierten Lebensjahr in Deutschland lebt, in drei Wochen möchte er wieder zurück sein, ansonsten gäbe es Zoff mit dem Boss. Andere haben gekündigt oder ihr Geschäft zugesperrt, um auf diese Fähre zu kommen und mit jedem Stampfen der Dieselgeneratoren tief unter uns, mit jedem Atemzug näher an den Krieg heranzurücken. Ich weiß nicht, was aus ihnen geworden ist, ich hoffe nur, ihr Mut wurde belohnt, mit dem eigenen Leben, vielleicht mit dem Leben von Menschen, denen sie tatsächlich helfen konnten – und nicht mit einer Kugel in einem unschuldigen Körper.

Als die Fähre anlegt, zerstreuen sie sich in alle Richtungen, während mir ein Bettler das Kleingeld zurück vor die Füße wirft. Er braucht keine Münzen, sagt er, er will Papiergeld sehen. Mit dem Auto geht es durch den Markt am Hafen, vorbei an neuen europäischen Wagen aller Marken und Ausführungen. Der größte Automarkt der Region, sagt einer der Zollbeamten. Die neuesten europäischen Luxuskarossen. Sie sollten damit aber besser nicht das Land verlassen, auch wenn die Papiere *gut* seien, sagt er freundlich. Der Stau in die Hauptstadt Tirana zieht sich ewig, und weit und breit keine Flüchtlinge. Alles, was ich sehe, ist das übliche Chaos, der übliche Handel, das übliche Treiben und ich lasse die Splitterschutzweste, die mir die Redaktion unbedingt mitgeben wollte, gut verpackt im Kofferraum. Zumindest eine Plattitüde scheint sich zu bewahrheiten: Krieg ist für viele ein gutes Geschäft. Das Hotel in Tirana ist überfüllt. Stündlich kommen mehr Journalisten in die albanische Hauptstadt, um sich über den Norden Richtung Kosovo durchzuschlagen, stündlich somit mehr Kundschaft für die wenigen Hotels europäischen Standards. Mit der Anzahl der eintreffenden Journalisten steigen die Zimmerpreise im Stundentakt. Ein Kollege, der wenige Tage vor mir angekommen ist, warnt mich vor. Täglich würde er aus dem Zimmer geworfen, täglich müsse er es sich in einem lauten Schreiduell an der Rezeption zurückerkämpfen. Der Preis für den kleinen Raum habe sich in den letzten Tagen vervielfacht. An der Rezeption wird von den Big-Playern der amerikanischen Medien praktisch jede Summe für freie Zimmer für ihre Starreporter bezahlt. Ob 500 $ oder 1000 $ – ihre Geldkoffer sind stets prall gefüllt und dementsprechend motiviert ist die Hotelführung, *Billigjournalisten* so rasch wie möglich auf die Straße zu setzen. Der Krieg beginnt für mich mit Feilschen um den Zimmerpreis und einer Nacht auf dem Fußboden, weil der amerikanische Produzent mein Maximalgebot um 100% überbietet. Vier Stockwerke tiefer, dort, wo ich meinen Dolmetscher Agim treffen soll, beginnt die Arbeit der Kriegsberichterstatter mit Bier, Zigaretten, Wiedersehensfreude und alten, aufgewärmten Geschichten. Es ist das Klischee, das auf den ersten Blick voll und ganz zutrifft. Heute würde ich mich vielleicht in die Runde einreihen, zuhören, mitrauchen, miterzählen, nur um diese gewisse Anspannung, die gut versteckt im Bierdunst mitschwebt, zu vergessen und mir in Erinnerung zu rufen, dass es immer die erwischt, die glauben, alles gesehen, erlebt und ertragen zu haben. Du stirbst am Beginn, macht mir ein ZDF-Kollege „Mut", wenn du nicht weißt, wo deine Grenzen sind, oder später, wenn du glaubst *bulletproof,* also kugelsicher zu sein. Schon wieder klingt alles nach schlechten Hollywood-Drehbüchern.

Es ist ein Wiedersehen einer eingeschworenen Gesellschaft – Reporter, die seit Jahren und Jahrzehnten nichts außer dem Krieg kennen, feiern sich selbst, trauern um einen getöteten Mann in Südafrika, wärmen alte Geschichten auf, während sie im Kabel-TV die letzten Berichte sehen. Andere sitzen abseits, vollkommen in sich gekehrt, einen Stapel Bücher, Zeitungen oder Unterlagen vor den leeren Augen. Sie sind jene, die schon zu lange im Geschäft sind, wird mir, einem Neuling, dem man noch alles auf die Nase binden kann, erklärt. Sie kriegen den Geruch nicht mehr aus der Nase, haben zu viel gesehen, fassen sie in Schlagzeilenform zusammen. Pläne werden geschmiedet, die schon am nächsten Tag über den Haufen geworfen werden. Bei Tagesanbruch sind alle wieder Einzelkämpfer. Jeder für sich allein. Alleine mit seiner Vergangenheit und den zu vielen Toten, die einige von ihnen gesehen haben.

Zwei Tage später stehe ich nördlich von Kukes an der Grenze zum Kosovo. Weiter kommt derzeit niemand, außer man verlässt sich auf die UÇK-Kämpfer, die den großen Medien anbieten, Reporter in den Kosovo zu schmuggeln. Auf eigene Gefahr und eigenes Risiko. Der Ort ist mit 150.000 Flüchtlingen vollkommen überfüllt, es herrschen sanitäre und humanitäre Zustände, die sich jeglicher Beschreibung entziehen. Die große Hilfe fehlt, erst in den nächsten Tagen und Wochen wird die Welt auf den Krieg im Kosovo, auf die unglaublichen Verbrechen, die sich jenseits der Tür zur EU abspielen, aufmerksam werden. Wachgerüttelt von unseren Schlagzeilen. In der Nacht höre ich die Bomber der NATO, die gedämpften Explosionen nahe der Grenze. Dumpfe Demonstrationen der Macht. Schon das unglaubliche Dröhnen der gewaltigen Maschinen lässt keinen Zweifel aufkommen, dass es kein Entrinnen gibt. Die Explosionen gleichen einer tödlichen Naturgewalt, die den Menschen, die unberechenbarste Naturgewalt, in einen Gott verwandelt. Ich denke an Michelangelo. Der Finger auf seinem Schöpfungsbild, der, von Gott gereicht, den Menschen zum Leben erweckt. Derselbe Finger, die gleiche sanfte, unspektakuläre Bewegung, berührt hier im Krieg kaltes Metall und befördert mit jedem Betätigen des Abzugs mehr Menschen in den Tod. Krieg ist eine Handbewegung, die alles vernichtet und mit ihr alles, was der Mensch geglaubt hat, aus der Vergangenheit gelernt zu haben. Zusammen mit Agim schleppe ich den 40 kg schweren Satellitenkoffer in den vierten Stock der heruntergekommenen russischen Plattenbausiedlung. Um 50 $ hatte uns mein Dolmetscher die kleine Wohnung unweit des Flüchtlingslagers organisiert und den Besitzer um „eine Handvoll Dollar", wie er es nannte, zu Verwandten am anderen Ende der Stadt geschickt. Für fürstliche 100 $ hatten wir den Polizisten, der in der Nacht einen Blick auf unser Auto werfen wollte, mit *Bakschisch* überhäuft. Zahl, was er verlangt, sagt Agim, auch wenn er gestern „nur" 50 wollte. Wer nicht bezahlt, dem werden am nächsten Tag mit etwas Glück nur die Felgen und Reifen abhandengekommen sein. Im Auto zu übernachten wäre erst recht unsicher. Wenn jemand den Wagen unbedingt haben will, setzt er seinen Willen zumeist mit einer Kalaschnikow durch, und der erste Blick in eine Maschinengewehrmündung an diesem Nachmittag hatte mir bereits jegliche mitteleuropäisch-naive Abenteuerlust genommen. Auf dem Weg von Shkodra hierher nach Kukes waren Kämpfer der UÇK plötzlich aus dem Wald aufgetaucht und vor unseren Wagen gesprungen. Meinen Versuch, nach der Vollbremsung den Rückwärtsgang einzulegen, hatte Agim mit lautem Gebrüll verhindert, während die Kämpfer schon das Feuer eröffnet hatten und eine Salve über unser Auto in den Himmel jagten, als nicht zu überhörendes Ausrufezeichen. Mit dem Gewehr im Anschlag liefen die Kämpfer auf unser Auto zu, während immer mehr von ihnen aus dem Unterholz auftauchten. Ich war wie gelähmt und reagierte erst, als Agim meine Geldtasche aus meiner Jacke zog und mir einen 100 $-Schein in meine noch immer am Ganghebel verkrampfte Hand stopfte. Sei still, sagte er, sag kein Wort und bleib einfach sitzen. Vorsichtig öffnete er die Tür, hob die Arme und stieg aus. An ihren Gesichert erkannte ich, dass Agim wusste, wie er reagieren, mit den Männern umgehen musste. Sie senkten ihre Waffen und Agim seine Arme. Die Situation entspannte sich und immer wieder blickten sie in meine Richtung und lachten. Schließlich kam Agim zurück und forderte ein paar Zigaretten. Ich sollte mitkommen, mitrauchen und mitlachen, auch wenn ich wusste, dass die Witze auf meine Kosten gingen. Schließlich streckte mir der Anführer die Hand entgegen, zögerlich griff ich zu. Wieder Lachen. Die Spende, erinnerte mich Agim und endlich bekam der UÇK-Mann, was ihn wirklich interessierte: Geld. Nicht die Hand eines Mannes, der vor ein paar Warnschüssen aus einer Kalaschnikow erschrak.

Unser Geländewagen ließe sich auch gut verkaufen, meint der Polizist am vierten Tag und will sich für dessen nächtliche Bewachung nicht mehr mit dem Bakschisch zufrieden geben. Er erhöht seine Forderungen auf 5.000 $ in bar. Für mich, sagt er. Natürlich inklusive aller nötigen Papiere für die Diebstahl-Versicherung in Österreich ausgefertigt und unterschrieben vom örtlichen Polizeikommandanten. Ein sicheres Geschäft, sagt er und legt noch einmal um 500 $ nach. Nach dem verpatzten Geschäft steigt die Bewachungsgebühr auf 150 $. Wieder schleppen wir den Übertragungskoffer über das enge, nicht beleuchtete Stiegenhaus, das Echo der Detonationen der NATO-Bomben jenseits der Grenze in den Ohren.

Im Gefecht, im Bombenhagel, bei den Vertreibungen, Vergewaltigungen und Kriegsverbrechen jenseits der Grenze und den Hunderttausenden traumatisierten Flüchtlingen auf dieser Seite, zwischen dem massenhaften Sterben dort und der Hoffnung auf Überleben hier, blüht der Schwarzmarkt. Korrupte albanische Soldaten knöpfen den erschöpften Flüchtlingen noch an der Grenze das letzte Geld für einen versprochenen Transport in das nächste Flüchtlingslager ab. Alle, die können, müssen bezahlen, denn sie wollen die alten, erschöpften und ausgemergelten Eltern, die hochschwangeren Frauen oder die weinenden Kinder nicht hilflos zurücklassen. Sie sind zu erschöpft für weitere, tagelange Märsche und bezahlen, was sie können, nur um im Lager in Kukes weiter fürs bloße *Überleben* bezahlen zu müssen. Die sogenannte internationale Hilfe ist noch nicht angelaufen und die Flugzeuge, die über den Köpfen der Menschen zu sehen sind, transportieren Bomben – kein Brot, keine Zelte, keine warmen Decken. Vereinzelt sind zwar bereits erste Transporte in den Norden organisiert worden, dabei haben die Verantwortlichen am grünen Tisch in der Hauptstadt allerdings den Fehler begangen, sich auf einheimische *Vertrauensleute* zu verlassen. Diese fahren jetzt mit den LKW-Ladungen voller Brot in das Flüchtlingslager ein, werfen ein paar Dutzend Laibe in die Menge Tausender ihnen entgegengestreckter Arme und verschwinden wieder. Am Abend öffnen sie dann ihre Garagen und verkaufen das Brot an jene, die noch bezahlen können. Der Großteil nagt nach der Vertreibung am Hungertuch, während die

Hilfsorganisationen vergeblich versuchen das Problem der Korruption und der Vetternwirtschaft in den Griff zu bekommen. Schließlich macht unter den Zehntausenden Flüchtlingen das Gerücht die Runde, die Amerikaner würden Lebensmittel schicken. Essen, das auch ankommt. Essen in Form von gelben Plastikbeuteln, zu Tausenden in riesigen Boxen herangekarrt und eingeflogen. Tausende gelbe Plastikbeutel, die wenig später die Landschaft am Rande von Kukes in ein gelbes Meer verwandeln bis auch die letzten Säcke in den Schlamm getreten und versunken sind. *Ready to eat meals*, ein Geschenk der Amerikaner, das die noch kräftigen Flüchtlinge mit Spott und Hohn, die Geschwächten und Alten aber nur mehr mit Tränen in den Dreck warfen. Tausende Essensrationen, getrockneter Reis, dehydrierte Mahlzeiten. Zu Tausenden liegen die Rationen auf dem Boden; auf der Rückseite in Zeichenschrift die Anweisung zur Aufbereitung und ich beginne das unglaubliche Bild erst zu verstehen, als ich den Plastiksack aufhebe und die Zeichenschrift zu einem ganzen Bild zusammensetze. Woher soll ein Mensch, der gerade seine Familie, sein Haus, seine Heimat, alles bis auf das sprichwörtlich nur durch Fetzen verhüllte, nackte Leben verloren hat, einen Kochtopf organisieren, um Wasser heiß zu machen? Sollen wir unsere Hände mit Wasser ins Feuer halten, beschimpft mich eine Frau, für die jeder Englisch sprechende Ausländer ein Amerikaner zu sein scheint. Zwei Tage später sammeln die Menschen die gelben Plastiksäcke wieder ein und essen den ungekocht nicht genießbaren Inhalt. Kinder kauen stundenlang auf getrockneten, halbgaren und vielleicht für die Ewigkeit, nicht aber für Flüchtlinge produzierten Lebensmittelattrappen herum, um zumindest den Eindruck zu bekommen, etwas Essbares im Mund zu haben. Währenddessen richtet die immer größer werdende Zahl an eilig eingeflogenen, internationalen Reporterteams ihre Kameras auf sie, spricht von erfolgreicher Erster Hilfe und beruhigt damit das Gewissen des Westens, der seine reich gedeckten Abendmahltische mit den Weltnachrichten am TV-Gerät garniert.

Wir können sie heute Nacht treffen, sagt Agim. Stundenlang war er verschwunden gewesen, während ich am Computer meine aktuellen Geschichten in den Laptop hämmerte. Er hatte mir noch einen bewaffneten Polizisten organisiert, der für 5 $ einen ganzen Vormittag lang unseren Dieselgenerator bewachte, der mein fahrbares Büro mit Satellitentelefon und Laptop antrieb und der die Männer magisch anzog. Während diese sich über ihn unterhielten, war der aufgeklappte Satellitenschirm vor allem für die Kinder ein beliebtes Ausflugsziel. Während die Kleinsten nach den Satelliten am Himmel suchten, die in ihren Kinderaugen schließlich nicht unsichtbar sein konnten, interessierten sich die Männer weiter für den Generator. Ein Satellit ist Science-Fiction, sagte mir einer der Männer in holprigem Englisch, nutzlos; ein neuer Dieselgenerator hingegen eine feine Sache und so standen sie und diskutierten. Stunde um Stunde, scheinbar erleichtert und manchmal sogar laut lachend über die willkommene Abwechslung im eintönigen Tagesablauf eines Flüchtlings. Als Agim endlich zurückkommt, verscheucht er sie mit zwei Sätzen. Auch das gehört zum Alltag eines Flüchtlings, der es wagt, am Rande des Lagers, an der Grenze zu einer anderen Welt etwas Freiheit zu ergattern – und sei es auch nur einen neuen Dieselgenerator zu bestaunen. Ständig verjagt und verscheucht, ermüdet von der Flucht, niedergeschlagen vom Erlebten und ihrer Ehre beraubt, lassen sich die Menschen weiter demütigen, nur um nicht weiter erniedrigt zu werden. Wortlos ziehen sie ab, jenen, die protestieren, droht der Polizist mit erhobenem Stock. Für meinen Protest gegen das Vorgehen ernte ich einmal mehr ein müdes Lächeln.

Sie haben Videos und Fotos von *drüben*, jenseits der Grenze, vom Kosovo, sagt Agim. Wir können sie heute Nacht treffen, wiederholt er. Nach einer kurzen Rücksprache mit der Redaktion in Wien muss ich eine Entscheidung treffen. Kein überzogenes Risiko, heißt es. Die Lage ist unsicher, gefährlich, und das einzige Sicherheitsnetz sind die Menschen, denen du dein Leben anvertrauen musst, um arbeiten zu können und die du nicht kennst. Agim ist jung, er träumt von einer Karriere als Journalist in Albanien, er wittert seine Chance. Er kennt aber niemanden aus der Gruppe, sagt er schließlich, ein Kontaktmann habe das Treffen vermittelt, draußen vor der Stadt, hier lassen sich die Männer nicht blicken. Ich lehne ab und schlage ein Treffen in der Stadt am nächsten Tag vor.

Wenige Stunde später laufen die Bilder *von drüben* bereits in den internationalen Nachrichten. *Breaking News.* Mein nächtliches Treffen mit den UÇK-Leuten hat sich somit vorläufig erledigt. Während Agim unterwegs ist um das Treffen abzublasen, laufen die Bilder von Massengräbern, zerstörten Ortschaften, dem Abtransport der Männer auf allen TV-Stationen. Irgendjemand hatte sein Leben riskiert und die Bilder über die Grenze aus dem Kosovo geschmuggelt. Die Berichte der vertriebenen, vergewaltigten und gedemütigten Massen werden in den Köpfen der Menschen jetzt mit Bildern ausgebombter Ruinen, geschändeter Leichen, von Vertreibungen und dem Verdacht ethnischer Säuberungen ganzer Landstriche ausgefüllt. Im 21. Jahrhundert braucht es Bilder, um die Menschen aufzurütteln, vor allem um Geld für Hilfe und Unterstützung zu bekommen und Militär in Bewegung zu setzen. Erzählungen und Berichte alleine reichen nicht. Die Masse will das Leid mit eigenen Augen sehen. Erst wer entsetzt und angeekelt den Blick abwendet, scheint bereit zu sein, Geld für Hilfe auszugeben. Bilder von Hilfskonvois und geretteten Menschen ersetzen dann das Grauen, das weiter existiert. Man erkauft sich Ruhe von den schlechten Nachrichten, die bei Weitem nicht weniger werden, nur weil wir sie nicht mehr in voller Bildgewalt in den Nachrichten zu sehen bekommen.

Nach zwei Wochen soll es morgen über Shkodra zurück nach Hause gehen. Dort ist gerade ein neues Camp für Flüchtlinge entstanden, finanziert mit Geld aus Österreich. Medizinische Versorgung, eine Basis an sanitären Einrichtungen, Ärzte und vor allem Psychologen für die traumatisierten Frauen, die so zahlreichen Opfer dieses bestialischen Krieges.

Agim knüpft bereits Verbindungen für den nächsten Journalisten, den er wieder hierher in die Stadt der Vertriebenen begleiten wird. Inzwischen kenne ich die Wege im Flüchtlingslager, kenne die Plastikplanen, unter denen sich Menschen vor dem Regen und der Kälte des ausklingenden Winters zusammenrotten um an einem kleinen Feuer etwas Wärme zu spüren. Trotz der Kälte und des Regens dampft das ganze Lager. Von den improvisierten Latrinenlöchern zieht Dunst und Gestank über die Verschläge der Menschen, die genug Plastik mit herübergeretten konnten oder auf den Müllplätzen der Stadt fündig geworden sind. Trotz meiner Daunenjacke zieht mir die Kälte in die Knochen und meine Trekkingsschuhe sind seit Tagen feucht. In meiner Innentasche spüre ich den Pass, der mich morgen zurück nach Österreich bringen wird, gerade einmal zwei Flugstunden entfernt. Ein Pass, der für mich ein Ende dieses Elends bedeutet, während die Kinder, die trotz Krieg, Vertreibung und verlorener Familienmitglieder, trotz Kälte, Dreck und Elend die Lust am Spielen nicht verloren haben und bei Temperaturen um den Gefrierpunkt barfuß durch den aufgeweichten, mit Urin versetzten Schlamm laufen und mich mit in ihr Spiel ziehen wollen. Ihr Lachen passt so wenig an diesen Ort wie die Hoffnung, die sich unter manch einer Plane breit macht und die Menschen schließlich dazu bringen wird, wenige Wochen später aus dem Elend in Kukes in das Elend der zerstörten Heimat zurückzukehren. Die Hoffnung, die die Menschen doch immer wieder dazu bringt aufzustehen, selbst wenn es keinen Grund mehr dafür gibt, wären da nicht die Kinder, die eine Zukunft brauchen. Ebenso wie in den letzten Tagen beschämen mich die Flüchtlinge mit ihrer Gastfreundschaft. Wieder und wieder werde ich in die improvisierten Plastikverschläge eingeladen. Da und dort gibt es aus einer alten Kaffeekanne über dem offenen Feuer gekochtes heißes Wasser mit dem leisen Geschmack von zu oft verkochtem Tee und da wie dort entschuldigt sich der Gastgeber für den fehlenden Zucker. Da wie dort bleibe ich sprachlos und beschämt zurück, verteile Zigaretten, denn selbst eine finanzielle Geste für den Tee will niemand annehmen und wird mir von Agim auch verboten. Nimm ihnen nicht ihren Stolz, sagt er. Ohne Agim ist die Unterhaltung mit den Menschen schwierig, doch gelegentlich sprechen sie etwas Deutsch. Jeder hat ein Familienmitglied in Deutschland oder Österreich und hofft auf deren Hilfe beim Wiederaufbau, beim Neubeginn, bei der Rückkehr in den zerstörten Heimatort, in dem plötzlich der serbische Nachbar zum Todfeind geworden ist. Schwierig, sagt ein alter Mann, der mir davon abrät, dem Schreien ein paar Plastikplanen weiter zu folgen und trotzdem stellt er sich mir nicht in den Weg.

Die Schreie erinnern mich an die Klagerufe am ersten Tag. Die Männer laufen zusammen und suchen hastig nach einer Decke, aber das Neugeborene ist bereits tot. Reglos liegt es auf dem Boden des Plastikverschlags, das Blut klebt am leblosen Körper vermischt mit dem Schlamm, der durch alle Ritzen drängt, wie das Elend aus den Augen der gebrochenen Mutter.

New York 9/11

Wieder und wieder stürzen die Zwillingstürme ein. Über Tage kennt die Welt keine andere Schlagzeile, keine anderen Bilder als die implodierenden Türme. Im Stundentakt tauchen neue Videosequenzen von Augenzeugen auf, die mit zitternder Hand die letzten Augenblicke einer verlorenen Ära festhalten, über die sich an diesem Dienstagvormittag, wie über Manhattan selbst, eine gigantische Staubwolke legt. Um 8:46 Uhr wird eine neue Zeitrechnung beginnen, wird dieser Septembermorgen mit dem Bilderbuchwetter über der Bucht des Hudson Rivers die Erinnerungen in den Köpfen von Millionen in zwei Hälften schneiden.

Immer und immer wieder sehe ich die stürzenden Punkte und kann nicht begreifen, dass es Verzweifelte sind, die, vor die grausame Wahl des Erstickens oder Verbrennens gestellt, den Sprung in den sicheren Tod wählen. Immer und immer wieder sehe ich das Entsetzen in den Gesichtern der Menschen, die hier vor den Bildschirmen, Tausende Kilometer entfernt, im überfüllten Flughafen in Frankfurt sitzen und so wie ich noch nicht erahnen können, was der 11. September, dieser Schnitt in unserer aller Leben, bedeutet. Ich sehe die Menschen, die sich in einer Gruppe zum Gebet in der Wartehalle zusammenfinden, um ihre Augen vor den ständig einstürzenden Twin Towers auf den Nachrichtenkanälen hinter ihren gefalteten Händen zu verstecken. In ihren Händen halten sie die Tickets zurück in ihre Heimat, in die Staaten, nach New York. Mit ihren Telefonen versuchen sich immer noch Verwandte, Freunde oder Bekannte anzurufen und bekommen doch keine Verbindung über den Atlantik. In der Zwischenzeit stürzen die Twin Towers in den Sondersendungen immer wieder in sich zusammen. Die amerikanischen TV-Kommentatoren suchen nach der passenden Bezeichnung, nach den richtigen Worten für das Unbeschreibliche. Tage später werden die nackten Daten, 9/11, und eine Anleihe an das Manhattan Project zur Entwicklung der ersten Atombombe, der Ground Zero aus den Geschichtsbüchern der Kriegsrhetorik gekramt werden. Inzwischen: Wiederholung um Wiederholung in scheinbarer Endlosschleife. Und keiner der Wartenden kann seine Augen von den einstürzenden Bauten wenden. Mit jeder Wiederholung versuchen sie zu verstehen, was nicht zu verstehen ist. Sie, die aus New York kommen, müssen die Twin Towers, mit denen sie aufgewachsen sind, die über Jahrzehnte das Erste waren, was sie auf der Fahrt in die Stadt aus der Ferne sehen konnten, zuerst in ihren Köpfen einreißen, um begreifen zu können, dass es sie nicht mehr gibt. Die Türme, die Menschen, die Zeit, die vor diesem Dienstagvormittag ihr Leben bestimmt hat. Ich erinnere mich, wie ich sie zum ersten Mal bestaunt habe – was von unten nur mit einem schmerzhaften Verdrehen des Kopfes möglich war – und kaum begreifen konnte, wie hoch sie sich in die Wolken schraubten und Zehntausenden Herberge boten. Und ich weiß noch genau, wie ich im „Windows of the World", dem Restaurant im 106. Stock des Nordturms, den Ausblick auf die Stadt genossen habe.

Kurz gibt es in der Redaktion die Überlegung, nicht nach New York, sondern direkt nach Afghanistan zu fliegen, dorthin wo sich die Drahtzieher befinden und wohin die amerikanischen Bomber sich in den nächsten Tagen erheben werden, um, wie die mit mir wartenden Amerikaner beschwören, das Land Bin Ladens und der Taliban einzuäschern. Das Ziel ist klar definiert: Bin Laden, die Taliban, Afghanistan. Kein Wort von Saddam Hussein oder dem Irak. Dem Ziel also, das die amerikanischen Truppen Jahre später ins Visier nehmen werden, mit dem 11. September, der plötzlichen Angst vor Massenvernichtungswaffen und diesbezüglichen angeblichen Beweisen, die dem Volk von den Politikern präsentiert werden, fest auf die Fahnen der Vergeltung für 9/11 geheftet.

Noch ist die Wunde zu frisch, noch liegt die Staubwolke zu dicht über der Stadt, den Blicken und den Herzen der Menschen, als dass sich einer der Beamten am Flughafen für meine auffällige Ausrüstung mit dem sperrigen Satellitentelefon interessieren würde. Zollformalitäten sind im Gegensatz zu früheren Einreisen, geschweige denn allen späteren Reisen in die Staaten hinfällig. Wir haben jetzt wirklich andere Probleme, sagt der Beamte am Flughafen JFK, schüttelt den Kopf und winkt mich zum Ausgang in das New York, das vor zwei Tagen sein Gesicht und das Wahrzeichen einer ganzen Nation verloren hat. Schon vom Rollfeld aus fällt die Lücke im Stadtbild auf, eine Lücke, die aber nur zu erahnen ist, zu dicht ist die Wolke, die Manhattan nach wie vor mit den pulverisierten, giftigen Staubresten der gigantischen Türme einhüllt und die mich und die New Yorker, die mit mir aus Europa kommen, erstmals mit eigenen Augen ahnen lässt, dass die Katastrophe des 11. September nicht nur am Bildschirm, sondern in unser aller Realität tatsächlich passiert ist. Es ist totenstill auf dem Flughafen. Es gibt keine Geschäftsleute, keine aufgeregten Touristen, die die sonst übliche Warteschlange vor dem Flughafengebäude auf ein Taxi bilden, und so finde ich mich alleine vor einer langen Reihe gelber Taxis mit Fahrern aus dem Irak, aus Pakistan, Afghanistan und Osteuropa. Mein Fahrer beginnt unaufgefordert zu erzählen, während ich versuche, durch das verstaubte Taxifenster die Lücke im Stadtbild mit den Bildern in meinem Kopf, den Erinnerungen vom ehrfürchtigen, staunenden Blick auf diese gigantischen Türme bei meinem ersten Besuch vor Jahren, zu füllen und die Gebäude aus meiner Erinnerung für einen Moment sozusagen wieder zu errichten, um das Fehlen, den Einsturz jetzt für mich begreifbarer zu machen. Das ist mir bis heute nicht gelungen.

Die Südspitze Manhattans ist eine einzige Wunde, ihre Ausdünstung weht weit über die Stadt, ab der Canal Street wird sie wirklich sichtbar, und die Reporter, die aus aller Welt angereist sind, lernen schnell, dass jetzt das Militär, das FBI und die tausenden Polizisten jenseits des gelben Absperrbandes das Sagen in Manhattan haben. Ein japanischer Pressefotograf, der es wagt, das Absperrband mit einem Fuß zu übersteigen um ein Bild der wartenden Journalisten und der auf die Südspitze gerichteten Kameraobjektive festzuhalten – ein sogenannter Gegenschuss – wird zu Boden gerissen, von zwei G. I.s mit den Knien fixiert, mit Kabelbindern gefesselt und abgeführt. Der Spaß ist vorbei in der *City that never sleeps*. Man ist nervös. Internationale Presseausweise sind genauso wertlos wie die Ausweise der CNN-Kollegen, und so ziehen wir, abgeschreckt vom Zwischenfall mit dem japanischen Fotografen, weiter zur offiziellen Akkreditierung für den Ground Zero, ein paar Straßenzüge westlich. No sir, no chance. Der Ground Zero ist Sperrzone, keine Journalisten, keine Bilder, keine Interviews. Der Einsatz ist gerade erst angelaufen und solange es noch Überlebende unter den Trümmern geben könnte, solange es noch Hoffnung in der sichtbaren Hoffnungslosigkeit der tausenden Tonnen Stahl, Beton und zwischen lodernden Bränden gibt, sind keine Journalisten erlaubt. Der Ground Zero ist fünf Blocks entfernt, zeichnet sich durch die gefallenen, von der Schwerkraft wie zu einem Monument aufgerichteten, alles überragenden, stählernen Gebäuderippen am Ende der Straße ab und rückt doch, hinter Militär und FBI, in unerreichbare Ferne. Das Begreifbare, Ertastbare steht in den Seitenstraßen und ich lege meine Hand auf die verstaubten, zerbeulten Reste einer Limousine, eines Feuerwehrwagens, eines Taxis, die aus der unmittelbaren Nähe der Türme hierher geschleppt wurden. Sie machen die unglaubliche, tödliche, alles zerstörende Wucht herabstürzender Menschen und Gebäudeteile erstmals für mich spürbar und werfen die Frage nach den Menschen in diesen Fahrzeugen auf. Haben sie es geschafft?

Nicht geschafft haben es Hunderte Feuerwehrleute. *New York's Bravest*, ihre Tapfersten, nennt sie die Stadt. Zu Hunderten sind sie in die brennenden Türme gestürmt, als noch niemand glaubte, dass diese je einstürzen könnten. Sie hatten keine Chance zu entkommen, nicht zuletzt, weil gespart worden war. Gespart an ihrer Ausrüstung, vor allem an ihren Funkgeräten, die sie nach dem Einsturz des ersten Towers zumindest aus dem zweiten Turm hätten retten können, die aber im Funkchaos nicht funktionierten und Männer und Frauen ahnungslos in den sicheren Tod führten. Jetzt gleichen die Feuerwehrstationen Manhattans Kathedralen. Vor den offenen Toren, hinter denen es keine Einsatzfahrzeuge mehr gibt, weil es keine Männer und Frauen der Feuerwehr mehr gibt, die sie lenken könnten, stapeln sich Bilder, Blumen und Kerzen. Vereinzelt sitzen überlebende *Firefighters* regungslos auf dem Boden und registrieren weder die von Kindern gemalten Schilder für *the Bravest*, noch die Blumen, Kerzen und Gebete der Menschen, die sich den offenen Toren nähern wie einem Schrein. Auch ich nähere mich den Männern, getrieben vom Wunsch nach einer Erzählung *aus erster Hand*, doch das Leiden dieser Menschen lässt mich innehalten. Ich lasse das Mikrofon stecken, weil mir keine vernünftige Frage in den Sinn kommen will, ich blicke den Männern wortlos ins Gesicht. Erst beim Weggehen fällt mir die einzige Frage ein, die diese Menschen beantworten können. Um wen trauern Sie? Erzählen Sie mir von ihm. Ihnen, korrigiert mich der Feuerwehrmann, wir sind nur eine Handvoll, die überlebt haben, der Rest ist tot.

Noch weiß niemand, wie viele Menschen in den Twin Towers ums Leben gekommen sind. Noch gibt es sie, die

Wunder, noch werden Vermisste in Krankenhäusern gefunden, während die ersten Opfer begraben werden und andere ihre Liebsten nie finden werden, um sie zu Grabe tragen zu können. Die Zahl der Opfer übersteigt jedes Vorstellungsvermögen und die Listen der Vermissten werden täglich länger. Täglich heften Menschen Fotos von ihren Ehemännern, Töchtern und Söhnen, Geliebten, Eltern und anderen Vermissten an die Wände rund um den Ground Zero, halten Tausende Kerzen auf den Plätzen der Stadt eine Hoffnung am Leben, die in den Trümmern schon längst erloschen ist, während der Präsident anreist, um, hemdsärmelig auf den Trümmern posierend, den Männern durch ein Megafon zu verkünden, dass jene, die für diesen Anschlag verantwortlich sind, zur Rechenschaft gezogen werden. Worte, die seine Truppen schließlich nach Afghanistan und in den Irak führen werden, wo im Namen der Demokratie und der Freiheit noch mehr Blut vergossen, noch mehr Elend erzeugt werden wird.

Auf dem Pier Nr. 92 interessiert sich kaum jemand für die Rede des Präsidenten. Die Menschen, die hierherkommen, glauben nicht mehr an die Rückkehr ihrer Liebsten. Sie sind gekommen, um bei einer Identifizierung zu helfen. Der letzte Dienst an ihren Toten. In den durchsichtigen Plastiktüten bringen sie die Zahnbürste des Sohnes, die dritten Zähne des Großvaters, die Haarbürste der Mutter für eine DNA-Probe mit, während andere auf der Straße vor dem Pier den immer noch blaulichtheulenden Einsatzfahrzeugen ihren Dank in Form von Plakaten und Tafeln in die Windschutzscheiben halten. Aus dem ganzen Land treffen Rettungs- und Bergungsmannschaften ein, um sich in eine lange Liste an Freiwilligen zu reihen, für die es nichts mehr zu bergen, nur mehr auf- und wegzuräumen gibt. Die Hinterbliebenen schieben sich zwischen dem Meer an Kameras und Mikrofonen in das errichtete Zelt, um ihre Plastiktüten abzugeben, während sie den Journalisten aus aller Welt ihre Verzweiflung und die Bilder der Vermissten kameratauglich in die Objektive halten, um sich Stunden später auf den Bildschirmen der Welt wiederzufinden und trotzdem nie wieder etwas von ihren Geliebten zu hören. Wer *Glück* hat, kann seinen Liebsten zu Grabe tragen. Hunderte werden vergeblich auf eine Identifizierung hoffen und es wird nichts geben, das sie begraben können, außer ihrer Liebe. Das erste schwere Räumgerät fährt auf, hievt Tonne um Tonne an Stahl, Schutt und giftigem, brennendem Müll auf die Lastwagen, die in den kommenden Monaten die Reste der Twin Towers auf ein abgesperrtes Gelände vor der Stadt bringen werden. Dort wird der Schutt auf Förderbändern händisch ausgesiebt, jedes verkohlte Stück Fleisch, jeder pulverisierte Rest eines Menschen wird vom Förderband genommen und identifiziert, um irgendetwas zu finden, das den Überlebenden zur Beerdigung überantwortet werden kann. Noch ahnen die Menschen hier am Pier nicht, was es heißt, ihre Liebsten nie wieder finden zu können, noch heften sie ihre Hoffnungen an die Wunder, die vom Ground Zero berichtet werden, an Erzählungen von Menschen, die auch jetzt, vier Tage nach den Anschlägen, angeblich plötzlich in Krankenhäusern erwachen und nach ihren Verwandten rufen. Fragen sie mich nach einem Suchaufruf im Radio. But I am from Austria, antworte ich der jungen Frau mit dem Bild ihres Mannes vor der Brust, doch sie versteht mich nicht und so halte ich ihr das Mikrofon hin. Wer hat das Recht Hoffnungen zu zerstören?

Auf NY1, dem bekanntesten TV-Sender der Stadt, sehe ich spätnachts aktuelle Bilder vom Ground Zero, der fünf Autominuten von meinem Hotel entfernt liegt. *The city that never sleeps* – ich kann nicht schlafen und steige in ein Taxi, das mich zur Absperrung nahe der Canal Street bringt. 24 Stunden, rund um die Uhr, warten die Journalisten darauf *Einlass* zu bekommen. Der Ground Zero bleibt gesperrt, auf Wochen. Im Stundentakt geben Hilfskräfte, die zu den Journalisten geführt und vorgeführt werden, darüber Auskunft, was sie ein paar Blocks entfernt erleben und durchmachen. Erzählungen, die erschüttern, sich aber immer im verzweifelten Versuch das Unbeschreibliche zu beschreiben gleichen. Sprachlos ist das richtige Wort und ich schneide die Sprachlosigkeit zu einer Radiogeschichte zusammen. Alles, was vom Ground Zero kommt, interessiert die Hörer, selbst die Sprachlosigkeit. Der Duft gegrillten Fleisches drängt sich in die stickige, staubige Luft.

Danube (Donau) heißt das Restaurant, vor dem auf einer langen Reihe riesiger Grills hunderte Steaks gebraten, hastig in Warmhalteboxen verpackt und in Vans des FBI verladen werden. Ich spreche die Beamten auf Deutsch an und werde unfreundlich und wie erhofft an den Chef des Restaurants verwiesen, einen Österreicher. Das Mikrofon ist versteckt und für die Beamten bin ich wohl nur ein Küchengehilfe mehr, der mit seinem Chef darüber spricht, wie das Fleisch schnellstens und bestens zu den Einsatzkräften in das gesperrte Gebiet gebracht werden kann. Zusperren oder helfen, sagt der Österreicher mit stark amerikanischem Akzent, und es sei doch klar, dass wir alle helfen wollen. Aus der ganzen Region kommen freiwillige Spenden in die Stadt, im Minutentakt treffen Trucks ein. Das Fleisch, die Spende einer Schlachterei aus New Jersey, wird vor dem Danube abgeladen. Tausende Steaks werden auf den Grill geworfen, um die Männer, die am Ground Zero im giftigen Dreck und Staub arbeiten, wenn schon nicht mit Hoffnung, zumindest mit Nahrung zu versorgen. Er werde sich umhören, verspricht mir der Landsmann, ich solle ihn am Morgen anrufen, vielleicht „geht ja was".

Nördlich der Canal Street wechselt das Bild der erschöpften Rettungskräfte mit dem Bild der erschöpften Traumatisierten, Trauernden, Mutlosen, Gaffer. Die Rauchwolke über Manhattan taucht ein in das Schwarz der Nacht, wird unsichtbar, aber nicht weniger stechend, stinkend und

34

beklemmend. Tausende Kerzen erhellen die Stadt, Betende und Tausende Bilder von Vermissten. Keine Ecke, kaum eine Straße, kein Platz, an dem sich nicht Menschen zum gemeinsamen Gebet versammeln. Niemand scheint das Loch, das die fehlenden Türme in das Stadtbild, vor allem aber auch in die Herzen der Menschen gerissen hat, alleine auszuhalten. Aus allen Ecken strömen die Menschen auf die Plätze, kleben immer mehr Menschen neue Bilder an die überquellenden Säulen, die mich vom ersten Moment an immer nur an Grabsteine erinnern. Vielleicht glauben sie noch daran, dass ihre Liebsten zurückkehren werden. Nach den Bildern vom Ground Zero, die jeder längst gesehen hat, gibt es aber keinen Zweifel mehr, dass sie die Bilder von Toten aufhängen, Kerzen für Tote anzünden und während sie zu Tausenden um Tausende Wunder beten, wissen sie doch längst, dass ihre Gebete im Kerzenschein, ihre Trauer und ihr Schmerz einer Messe in einer gigantischen Totenkapelle gleichen. Es ist fast ein Sakrileg, dass zwei Straßen westlich das Leben weitergeht, zumindest wieder am Stock humpelt. Die Lautstärke der Band ist zwar gedämpft und der Gitarrist hängt mehr verlegen als enthusiastisch an der Fender Stratocaster, aber die Bar ist voll und zum ersten Mal seit fünf Tagen ertrinkt die Trauer im Lautstärkenpegel des Verstärkers, verwässert sich die allgegenwärtige Angst vor dem *was denn da kommen mag* im Blues, der zwar Antworten auf alle Leiden der Menschen zu kennen glaubt, aber 9/11 bis heute nichts entgegenzuhalten vermag. Die Geschockten verstecken sich hier vor den Trauernden, bilden im Rhythmus der Südstaaten eine eingeschworene Gemeinschaft, in der ohne falschen Pathos über alles gesprochen werden kann, was nur schwer über die Lippen kommt. Über Körper, die sie aus den Türmen stürzen sahen, über den Aufschlag der Verzweifelten auf dem Asphalt, die *Explosionen* der Körper auf den Vordächern und Autodächern, die ihnen ewig im Gehör bleiben werden, über den Lärm der einstürzenden Türme. Sie verbinden alles mit Lärm. Der Tod war laut. Die Turbinen der Flugzeuge, die über ihren Köpfen plötzlich in die Türme rasten, die Wucht der Explosionen, die weit entfernt noch körperlich zu spüren war, das Geheul der Sirenen, die schreienden, weinenden Menschen, die Türme, die pulverisiert wurden. Wir werden uns alle an die Bilder von 9/11 erinnern, ein Leben lang die einstürzenden Türme vor unseren Augen sehen, wir werden wissen, was wir an diesem Dienstagvormittag getan haben. Viele Menschen, die vor Ort waren, werden diesen Tag auch mit dem Lärm verbinden, der mit dem Anschlag einherging, erklärt mir die Kellnerin. Der Lärm wird mich ein Leben lang verfolgen, sagt sie, 9/11 ist für mich kein Bild, es ist dieser unbeschreibliche Lärm, der keinen Zweifel daran gelassen hat, dass in diesem Augenblick Tausende Menschen starben. Die Explosionen, der Einsturz, wer *gehört* hat, was hier passiert ist, kann das nie wieder aus dem Ohr bekommen. Ich höre ihr zu, höre die Geschichten der Überlebenden, die Erzählungen der Einsatzkräfte, das monotone Hoffen und Beten der Menschen auf den Straßen, höre, wie der Sänger mit der Stimme kämpft, höre das Geheul der Einsatzwagen, die noch immer Richtung Ground Zero rasen, als gäbe es noch etwas zu retten, sehe auf jedem TV-Kanal die Bilder der einstürzenden Türme, der Trauernden, der Verzweifelten. Und während ich weiter versuche, das Unaussprechliche in radiotaugliche Worte zu fassen, Facetten und Aspekte aus dem Meer an Eindrücken zu fischen und in Sätze zu gießen, weiß ich doch, dass ich es selbst erst glauben kann, wenn ich es mit eigenen Augen gesehen habe.

No photos, sagt der FBI-Zuständige und nickt mir zu, als ich ihm das nackte Radiomikrofon vor die Nase halte. Wir sind gerade eine Handvoll Journalisten, die vorgelassen werden sollen. Fünf Namen stehen auf der Liste. Vier Reporter der großen amerikanischen Networks und ich als österreichischer Radiojournalist. Dem ungläubigen

Blick auf das Radiomikrofon folgen die Gratulationen der amerikanischen Kollegen, die tagelang über ihre mächtigen Networks mit den Behörden um den Zutritt verhandelt haben. Mir reichten die vollen Bäuche der FBI-Agenten vor dem Danube, der Charme des österreichischen Kochs und ein mitleidiger Blick auf mein Radiomikrofon. You'll have no problems, it's just radio, sage ich. Der FBI-Typ verliert für einen Moment die Kontrolle über sein Poker-Face und kurz erscheint der Anflug eines Grinsens auf seinem Gesicht. An den genervten und unfreundlichen Blicken der Kollegen vorbei steigen wir über die Absperrbänder und treiben, das FBI als Pfeilspitze, einen Keil in die Marines, die das Gebiet überwachen und hinter uns wieder absperren. Der Weg vorbei an den letzten Blocks zum Ground Zero erscheint viele Kilometer lang. Schritt für Schritt nähern wir uns den Trümmerbergen und kommen scheinbar doch nicht voran, nur die Trümmer werden größer, formatfüllend, wie es ein Kamermann in seine Sprache übersetzt. Langsam lässt sich die Dimension des Ground Zero erahnen, um unsere Erwartungen wenig später, als wir um das letzte stehende Gebäude biegen, Lügen zu strafen. Der Ground Zero ist kein Trümmerfeld. Es ist ein zerstörter Landstrich. Die umstehenden Bauten, die einst so nahe waren, sind durch die Lücke der implodierten Türme in scheinbar endlose Ferne gerückt. Erst durch das Loch, das in Manhattan gerissen wurde, lässt sich die Dimension der Türme erahnen, die noch vor wenigen Tagen hier standen. Jetzt gleicht das World Trade Center Plaza einer Kraterlandschaft. Die Rettungs- und Bergungsteams, die auf den einzelnen Trümmerhaufen im Einsatz sind, wirken von einem Ende des Lochs zum anderen wie kleine Farbpunkte. Es sind keine Trümmerhaufen, es sind Berge. Eine pittoreske, tote, schnaubende, Dämpfe spuckende, glosende Landschaft, auf der Menschen Ameisen und Bergemaschinen, Kräne und Bulldozer zu Spielzeuggröße schrumpfen. Eine Trümmerlandschaft, vor der Rettungskräfte erschöpft und ausgelaugt kapitulieren und mit leerem Blick auf Ablöse warten. Ich lasse meinen Fotoapparat sinken, die Dimensionen sind nicht einzufangen. Jedes Bild ist eine Verzerrung, eine Verniedlichung der Realität und trotzdem zuckt der Zeigefinger auf dem Auslöser, während ich nach Orientierungspunkten suche. Nach einem Platz, einem Straßenstück, einer Hausecke, irgendetwas, das mir sagt, genau hier bin ich gestanden und habe versucht, den Ort, an dem die Türme früher standen, mit meinen Augen auszumessen. Es gibt keine Orientierungshilfe, keine Erinnerungsstütze, es bleibt nur die Ahnung einer Himmelsrichtung, von der ich mich damals den Twin Towers genähert habe, gestaunt habe, in den Himmel fotografiert habe, um ihre Spitze vor dem blauen Himmel abzulichten, dem jetzt kein menschliches Bauwerk mehr den Platz streitig macht. Es bleibt nur der Himmel, der damals von den Türmen begrenzt, in einer Kluft zwischen ihnen eingesperrt war, und der jetzt grenzenlos über den Ground Zero herrscht, begleitet vom Geruch der Hölle, die sich unter den glosenden Trümmerbergen auftut. Die Arbeiter sind zertrümmert wie die Stahlrippen der Türme, die sich wie die Männer ineinander, aneinander lehnen um nicht endgültig umzustürzen, einzubrechen. Die Helfer, die sich im Schatten eines Trümmerberges vor der Sonne, der Hoffnungslosigkeit, dem körperlichen Ende und der Trauer zu verbergen suchen, einander stützen und doch wie viele andere nach diesen Tagen in ein tiefes Loch stürzen werden, sind noch das Lebendigste an diesem Ort. Der blaue Himmel scheint jedes Geräusch zu schlucken. So wie viele, die hier den 11. September erlebten und diesen Tag immer mit dem unglaublichen Lärm jener Stunden verbinden werden, ist für mich der Ground Zero ein Ort absoluter Stille. Während ich auf den Trümmern stehe und versuche mit den Augen auszufassen, was nicht fassbar ist und versuche mich zu orientieren, fällt mir nicht auf, dass ich nichts höre. Es ist wie die Sequenz eines Stummfilmes, während um mich herum mit schwerem Gerät gearbeitet wird. Ein Bild ohne Ton, ein Bild, das ich tagelang versuchen werde einzuordnen, und das mich bis heute verstört. Bis heute kann ich mich an kein Geräusch am Ground Zero erinnern. Ich sehe nur die Bilder, die Männer, die Trümmer. In Farbe, stumm. Stinkend, aber ohne Ton. Ich sehe die stumpfen, fingernagelgroßen Reste einer Panzerglasscheibe, die zu diesen Türmen gehörte. Ich sammle sie mit meinen Händen auf, um den Ort auch zu *begreifen* und schiebe sie in meine Hosentasche. Noch heute nehme ich sie in die Hand, wenn ich mich an die Bilder, aber nicht mehr an die Geräusche erinnern kann.

Afghanistan 2002

Kabul im Frühjahr 2002, eine Reise ins Mittelalter. Unsere Zeitmaschine ist ein ausrangierter Toyota, dessen letzte Reste gelber Farbe an bessere Taxizeiten in Japan erinnern und der sich jetzt zwischen Pferdegespannen und Waffen, Zerstörung und Burkas – blauen Wolken, in denen Frauen zur bloßen mathematischen Figur degradiert sind – durch die Menschen schiebt. Auf dem Weg von Islamabad hierher hatten uns die amerikanischen Bomberpiloten einen traumhaften Flug ermöglicht. An diesem wolkenlosen, bitterkalten Februartag hatten sie beschlossen, Tora-Bora an der pakistanisch-afghanischen Grenze zu bombardieren – jene Fels- und Gesteinsunendlichkeit, deren Name alleine zu Sagen- und Legendenbildung einlädt und vor der die UNO-Maschine, die uns nach Kabul bringen sollte, weichen musste. Unendliche Gesteinsmassen, in die wütendes Wasser selbst nach Jahrtausenden lediglich einige zerklüftete Hochtäler reißen konnte. Die Amerikaner könnten hier jahrzehntelang bombardieren und es wird diese Bergmassen nicht beeindrucken, denke ich mir. Dort unten, in einer der lebensunfreundlichsten Gebirgsregionen, soll er sitzen: Jener Mann, dessen Konterfei mit dem Schriftzug „Wanted, Dead oder Alive" die T-Shirts der Souvenirhändler in New York ziert: Osama Bin Laden. Die Amerikaner wollen uns hier nicht, wir müssen umkehren, die Gefahr sei zu groß. Sollen uns die Menschen, 4000 Meter unter uns, mit Steinen vom Himmel schießen? Doch beim unglaublichen Blick auf den Himalaja, den wir beim Umweg über den Norden erhaschen, werde ich still. Auf 8000 Metern geht es auf Augenhöhe mit dem K2 über die Grenze, im steilen Sinkflug schließlich nach Kabul. Wir haben keine Zeit für lange Runden über den Flughafen. Boden-Luft-Raketen zum Abschuss startender und landender Maschinen sind zum Spottpreis für jeden Terroristen erhältlich, startende und landende Flugzeuge ein beliebtes Ziel. Der Pilot zwingt die Maschine im steilen, ruppigen Sinkflug in die Tiefe und wir landen am zerstörten Flughafen von Kabul – scheinbar in die Vergangenheit zurückversetzt. Am Flughafen erwartet mich der Fahrer eines TV-Produzenten aus Salzburg. Er hatte sich vor Wochen mit den Freiheitskämpfern der Nordallianz gegen die zurückweichenden Taliban aus Usbekistan hierher durchgeschlagen und sich in einem Haus am Nordrand der Stadt eingemietet, das inzwischen zur beliebten Journalistenunterkunft, Codewort „Die Villa", geworden ist. Es ist das Zeitfenster in die Gegenwart, was in erster Linie einem funktionierenden und gut bewachten Stromgenerator zu verdanken ist, der das Haus mit Licht erfüllt. Inmitten des ausgemagerten Gerippes der geschlachteten und ausgenommenen Millionenstadt ist es das einzige Gebäude mit Strom im Umkreis von Kilometern. Größer als der Durst nach Strom ist für die Millionen Bewohner der Stadt der Hunger, die Kälte, die Unsicherheit. Jetzt pflügt das Wrack des japanischen Taxis seinen Weg durch die Menschenmassen, die ziellos in Bewegung sind. Vorbei an Tausenden zerstörten Häusern und Tausenden hungrigen Menschen, die alle auf irgendetwas zu warten scheinen. Vor der Einfahrt in die Unterkunft bietet der einzige Metzger im ganzen Nordteil der Stadt seine Waren an. Eine Menschentraube, die das Fleisch der vor Tagen geschlachteten Kuh bestaunt, während hunderte Fliegen einen Platz auf dem offen im Straßenstaub aufgehängten, teils bereits gelblichen Kadaver suchen. Mir kommt der Gedanke an Lebensmittelvergiftung, mich ekelt und ich setze lieber auf die Müsliriegel in meinem Rucksack, die mir mit je knapp 1000 Kalorien wie gewöhnlich in diesen Gebieten den Hunger nehmen sollen. Zwei Wochen später siegt der Hunger jedoch und die Bewohner „Der Villa" nagen mit Genuss an hart gekochtem Rindfleisch. Unsere letzte Lebensmittelquelle ist nämlich versiegt. Der afghanische Schmuggler, der regelmäßig Lebensmittellieferungen für gut zahlende Ausländer aus Pakistan organisiert hatte, hat seinen improvisierten Laden geschlossen: Denn ebenfalls hungrige amerikanische TV-Journalisten hatten von einem unvorsichtigen Kollegen von unserem Lieferanten erfahren und ihm das ganze Lager abgekauft. Unsere undichte Stelle will seinen *Versprecher* mit einem Gang zum Metzger wiedergutmachen und unsere hungrigen, verwöhnten europäischen Bäuche treiben uns schließlich zum verkohlten Fleisch. Ein Luxus, von dem die Menschen auf der Straße und in ihren zerschossenen, in undurchdringliche Dunkelheit getauchten Ruinen nur träumen können, wenn ihre Träume nicht gerade um Tod, Krieg, das erlebte Leid, das massenhafte Sterben und den Schrecken des 20-jährigen Bürgerkriegs kreisen.

Kabul war einst eine blühende Stadt, die den Namen „Perle Mittelasiens" trug. In den 1970er-Jahren flanierten die Frauen mit Sonnenbrillen und luftigen Röcken im Stil der amerikanischen Filme, die in den Kinos liefen, durch die Stadt. Die Boulevards waren gesäumt von prächtigen Villen und Häusern mit traumhaften Gärten. Die Geschichten der Großmütter, die den Bürgerkrieg überlebt haben und sich daran erinnern können, will heute niemand mehr glauben; sie werden schnell für verrückt erklärt, wenn sie es überhaupt wagen über alte Zeiten zu sprechen. Der Darul-Aman-Palast aus den 1920er-Jahren, die mehr als 1000 Jahre alte Zitadelle und die Befestigung vor der Stadt waren beliebte Ausflugsziele, bevor sie zerstört und vermint wurden. Südlich der Stadt lud sogar ein Skilift zu Wintersportvergnügungen ein, der Handel mit Pelzen, Schmuck, Gewürzen und Seide war legendär, ebenso die Kulturschätze, wie etwa die Buddhas in Bamiyan, Zeugen der unglaublichen kulturellen und gesellschaftlichen Vergangenheit der Region, nun von den Taliban gesprengt. Wie das Land jemals friedlich leben konnte, bleibt ein Rätsel, meint der Dolmetscher. Dann kam der Bürgerkrieg, der Kampf von Bruder gegen Bruder, bis kaum noch Brüder lebten, um im Kampf zu sterben. Dann kämpften die Mudschaheddin gegen die Russen, schließlich kamen die Taliban, die das Land im Sturm nahmen und, was gerne vergessen wird, in westlichen Ländern an Verhandlungstischen saßen und von amerikanischen Top-Beamten besucht wurden. Afghanistan hatte nichts, davon aber viel, und das führte dazu, dass die Bewohner der staubigen, menschen- und lebensfeindlichen Regionen billig über den Tisch gezogen werden sollten, um ihr Land etwa für Verbindungspipelines zu nutzen. 20 Jahre Krieg haben in Kabul nur noch eine bloße Menschenansammlung zurückgelassen, knapp vier Millionen sind es, andere Quellen sprechen von zwei, genau weiß das niemand. Ansonsten definieren Mauerreste, Ruinen, Bombenkrater, rostende russische Panzer und Minenfelder die einzelnen Stadtteile und Stadtgrenzen der einst blühenden Hauptstadt Afghanistans. In der Mitte thront der Hügel, von dem aus die Stadt ins Mittelalter zurückgebombt wurde. Leere Granathülsen, verrostete Geschütze und die ständigen Warnungen des Dolmetschers, keinen Schritt vom gesicherten Weg abzuweichen, begrüßen uns mit dem kalten Wind vom Hindukusch. Jeder, der in den ständig wechselnden Bündnissen im Bürgerkrieg den strategisch wichtigen Hügel erobert hatte, um seinen jeweiligen Gegner in der Stadt auszubomben, hatte den Hügel mit neuen Minen versehen. Minen über Minen. Minen aus Europa, Pakistan oder Russland. Die internationalen Minensuchtrupps werden in den kommenden Monaten erst ihre Arbeit aufnehmen, bis dahin legen die Menschen alles, was sie an nicht explodierter Munition, Streubomben oder Minen in ihren Gärten, Feldern und Stadtteilen finden, einfach auf die Straße – die ersten internationalen Truppen haben eigene Spezialisten abgestellt, um täglich die Bomben, Granaten und Minen in den Straßen einzusammeln und vor der Stadt zur Explosion zu bringen. Für Tausende Menschen, die im Schmutz kriechend, mit hölzernen Prothesen oder auf Holzlatten gestützt durch das Land humpeln und leiden, kommt diese Arbeit zu spät. Vor allem Bilder von Kindern, die sich ihre angeborene Neugierde und ihren Spieltrieb nicht aus dem Körper schneiden konnten und trotz aller Warnungen in die Felder liefen, verrostete Panzer bestiegen, Verstecken spielten und von den Minen, die für sie aussahen wie Spielzeug, zerfetzt wurden, sind allgegenwärtig. Nach wie vor werden in Afghanistan täglich, auch Jahre nach Kriegsende, zehn Menschen, meist Kinder, Opfer von sogenannten *Antipersonenminen.* Offizielle Schätzungen sprechen von fünf bis sieben, andere von zehn Millionen Minen, die noch in den Böden Afghanistans warten, als schwelende Möglichkeit, jederzeit das Schicksaal von Kindern, Alten und Bauern in einer dumpfen Explosion blutend, verstümmelt und schmerzend zu besiegeln. Dazu kommt die zweite Katastrophe. Die behinderten Minenopfer werden von der Gesellschaft vergessen. Wer ums eigene tägliche Überleben kämpfen muss, kümmert sich nicht mehr um die schwächsten Glieder der Gemeinschaft. Die Opfer sind auf sich alleine gestellt und besonders die Kinder sind komplett schutzlos. Der Krüppel ist der Letzte, der Essen bekommt, der Letzte, auf den Rücksicht genommen wird.

Jene, die ihr Bein nicht beim Spielen verloren haben, haben es im Krieg verloren, erzählen mir Einheimische. War die Front plötzlich brüchig geworden und mussten die Kämpfer über die Felder fliehen, trieben sie die Schafherden der Bauern als lebende Minensucher vor sich her, und wo es keine Schafe mehr gab, gab es immer noch Schulen und Klassen voller Kinder mit gesunden Beinen, die man vor sich hertreiben konnte.

44

Mein Dolmetscher lacht, weil ich ihm beim Blick hinunter
auf die Stadt nicht spontan sagen kann, wie viele Länder ich
bereist habe. Dort drüben, sagt er, liegt Pakistan, vor uns
geht's in den Iran, nördlich liegt Tadschikistan. Ich habe sie
alle bereist. Wie viele Länder hast du schon gesehen? Ich beginne zu zählen, versuche mich zu erinnern, an Dienstreisen,
Urlaubsreisen, Städteflüge und Interrailreisen und vergesse doch immer wieder ein Land, während der Dolmetscher
lacht und nicht will, dass ich ihn belüge. Ich sage, 45 oder
50 – er lacht. Er will mir nicht glauben. Reisen in 50 Länder,
um die halbe Welt, sind für einen Menschen hier undenk-
bar, er glaubt an ein Missverständnis. Ich sage schließlich
einfach acht. Er nickt. Das sei durchaus möglich, sagt er. Er
erzählt von den letzten Jahren, als er unter der Herrschaft
der Taliban noch versucht hatte, Medizin zu studieren.
Ein unmögliches Vorhaben, war doch schon die bildliche
Darstellung des menschlichen Körpers bei strengster Strafe
verboten. Sämtliche anatomische Lehrbücher waren verschwunden oder geschwärzt, an die Obduktion von Leichen
zu Lehrzwecken war nicht zu denken, und so grub ihre kleine verschworene Studentengruppe in den Nächten nach
Toten um sie bei Kerzenlicht und mit zitterndem Skalpell zu
obduzieren. Leichen gab es ja genug, aber die Angst entdeckt
zu werden ließ den Kerzenschein im Keller des Dozenten
dann doch für immer erlöschen und seinen Traum von der
Arbeit als Arzt platzen. Nicht weniger gefährlich lebt Yusuf
Oziffi, der Museumsdirektor, den wir in den Resten der
Nationalgalerie treffen. Dort werden wir von Steinskulpturen
begrüßt, die Alexander der Große auf seinem Marsch durch
Afghanistan in Auftrag gegeben hatte. Wunderschöne stei-
nerne Löwen – doch ihre Köpfe sind mit Gewalt abgeschla-
gen worden. Nicht nur die Darstellung von Menschen, auch
die von Tieren missfällt vielen Taliban, also auch jahrtau-
sendealte, gut erhaltene Kunstwerke. 200 Gemälde habe es
einst hier gegeben, erzählt der Museumsdirektor. Jetzt sind

es vielleicht noch 60. Der Rest ist zerstört oder verschwunden, einige Bilder hängen noch in Fetzen von den Wänden, durchstoßen von den Dolchen der Taliban, die die Bilder für *gottlos* hielten und zerschnitten. Um irgendetwas zu retten, begann Yusuf Oziffi die Menschen und Tiere auf den Bildern mit Wasserfarben zu übermalen, sie in Landschaftsbilder zu verwandeln. Damit hat er einen Teil der Bilder vor der Zerstörung gerettet und jetzt zeigt er uns, wie er mit Wasser und Schwamm Mensch um Mensch, Tier um Tier wieder ans Licht zurückholt. Auf den Straßen kehren unterdessen immerhin zurückhaltend die auch dort verbotenen Bilder und die Musik zurück. In einem Geschäft hängt das Poster eines Models, vor dem sich die jungen Burschen lachend drängen. Mein Dolmetscher will erfahren haben, dass hier demnächst wieder ein Kino seine Pforten öffnen soll. Wenn der Strom in die Stadt zurückkehrt, wird es Bollywoodfilme geben und dann, er ist sich ganz sicher, wird auch der geschäftstüchtige Betreiber der frisch eröffneten Computerschule Lernwillige finden, die nicht nur das neue Werbeplakat bestaunen sondern sich auch trauen einzutreten.

Die Reise durch Kabul ist eine Zeitreise und erst wenn man aus der vorgetäuschten Sicherheit seines Wagens steigt, um Teile der Stadt zu Fuß zu erkunden, taucht man zumindest kurz mit den Zehenspitzen in das Leben der Menschen ein – von einem richtigen Eintauchen kann man als Journalist nicht sprechen. Die Zeit drängt und die Redaktionen verlangen täglich nach neuen Reportagen aus den Krisengebieten. Die Verlockung ist groß, das Leben am Straßenrand links liegen zu lassen und sich auf seine Arbeit zu konzentrieren. Als Sklave europäischer Sendepläne, Morgenshows und Abendnachrichten hetzt man von einem Gesprächspartner zum nächsten – und das in diesem Land, in dem die Zeit scheinbar stillsteht. Es bleibt nicht viel Zeit, außerdem erfordert es eine gewisse Überwindung, aus dem Auto zu steigen um in einer Stadt umherzugehen, in der jeder Mensch aus dem Westen eine wandelnde Attraktion ist (im Fall einer Entführung von bösen Zungen „wandelnder Lottoschein" genannt). Ein Eintauchen in die Menschenmasse ist nur schwer möglich, zu laut schreien die Kinder, die sich sofort an des Besuchers Fersen heften, zu groß ist die Aufregung auf den Gehsteigen und der Fahrer hat alle Hände voll zu tun, um voranzukommen. Er sieht es nicht gerne, wenn ich auf meine Entdeckungsreisen gehe. Da und dort, meint er lapidar, sei es zu gefährlich und lässt keinen Einwand gelten. Es ist aber keine Angst, die mich beschleicht, während ich im südlichen Stadtteil durch die Ruinen gehe, eher das Gefühl am falschen Ort zu sein. Auch wenn die Waffen der Männer zum eigenen Schutz oder als Statussymbol an ihren Schultern baumeln, verströmen die Ruinen die Ausdünstungen von Krieg, Tod und Untergang. Ich kann sie richtig schmecken und während all meine Sinne hellwach sind, lachen und lärmen die Kinder, die mir, dem Fremden, auf Schritt und Tritt folgen. Allein diese Schritte reichen aus, um ein neues Bild von der Stadt, den Menschen, dem Leben hier zu bekommen. Um das Leben und das Leiden zu begreifen, muss man den Menschen auf der Straße, in den Ruinen gegenüberstehen, auch wenn man kaum einen Blick in ihre Augen erhaschen kann. Wer dem Blick standhält, dem weicht man aus, doch das kommt selten vor. Die Augen eines Mannes, der im Bürgerkrieg getötet hat oder der Menschen hilflos beim Sterben zusehen musste und weiter tötete um zu überleben, starrt man nicht an, auch weil man weiß, dass die Menschen in diesem Land stolz sind, stolzer als es die meisten Europäer je sein werden. Das Problem sind aber nicht die Männer, die einem nicht sofort aus dem Weg gehen, das Problem sind die Burkas der Frauen. Man soll sie nicht ansehen und trotzdem kleben die eigenen Augen unweigerlich auf den einzigen Farbtupfern, die es in der Stadt gibt. Man soll keine Augen hinter dem dünn gewebten, dichten Netz suchen, das ja eben dazu dient, sie vor fremden Blicken zu schützen, und man ist doch zu sehr Europäer, um den Blick abzuwenden. Frauen sollen nicht berührt werden, was tut man aber, wenn die Frau mit einer Berührung um Geld bittet? Man macht den meist blauen, praktisch formlosen Wesen Platz, was wiederum den Fahrer irritiert, der unauffällig versucht mich auf dem Weg zu halten. Wer versteckt sich unter diesen Umhängen, warum lassen die Frauen die Burkas nicht zu Hause, jetzt, wo die Taliban von der offiziellen Bildfläche verschwunden und die Frauen doch angeblich wieder frei sind? Wie sehen sie aus, diese Frauen, die über Jahre nicht alleine aus den Ruinen, die sie ihr Zuhause nennen, gehen durften? Wie lebt es sich als Frau im Mittelalter? An den Frauen lässt sich erahnen, was sich in der Stadt wirklich während der Herrschaft der Taliban abgespielt hat. Zuerst wurden Frauen aus dem Stadtbild getilgt und in den eigenen vier Wänden eingesperrt. Schulen für Mädchen wurden geschlossen, Bildung bei Strafe verboten. Wer gebildet ist, beginnt zu fordern. Wer fordert, wird lästig und gefährlich. Den Ärzten wurde es verboten Frauen zu behandeln, ihnen bei schweren Geburten zu helfen und ihr Leben zu retten. Es war verboten Frauen zu berühren, sie ohne Burka nur anzublicken, wie sollten Ärzte diese Frauen also behandeln? Es gab keine Operationen für sie, keine medizinische Hilfe, keine Schulen, keine Zusammenkünfte, kein soziales Leben außerhalb der eigenen vier Wände. Mit Ziegeln hatten einige Ehemänner Teile der Gärten oder der Dächer in kleine Gefängnisse mit Sehschlitzen verwandelt, um es ihren Frauen wenigstens so zu ermöglichen, in den Jahren des Eingesperrtseins einen Blick auf die Straße zu erhaschen, ein wenig Sonnenlicht auf ihrer Haut zu spüren. Vom Dach eines Plattenbaus über der Stadt gelingt mir später ein Blick auf einen Balkon schräg unter mir. Ich sehe, wie sich dunkelschwarzes, langes Haar an die Sehschlitze drängt und auf die Straße starrt. Es muss eine junge Frau sein, das ist zu erkennen, die Haut ihrer Hände ist weiß wie die verschneiten Bergspitzen des Hindukusch, der nördlich der Stadt über allem wacht. Sie scheint meinen Blick zu spüren, hebt den Kopf und erblickt mich aus dem Winkel ihrer dunklen Augen. Ihre Reaktion lässt mich mehr erschrecken als sie selbst. Sie schreit kurz auf, als hätte sie einen Geist gesehen, hält sich die Hände vor das Gesicht und verschwindet aus Angst und Scham aus meinem Blickfeld. Sie ist die erste *Frau*, die ich in diesem Land gesehen habe. Es geht ihnen jetzt deutlich besser, sagt mir unser Fahrer, Schau doch, wie viele du jetzt siehst, sagt er und deutet auf die vereinzelten Farbklekse zwischen Hunderten Männern. Er muss mir nicht erklären, dass die Frauen immer noch Angst haben. Die Taliban mögen aus der Stadt verschwunden sein, nicht aber aus den Köpfen der Frauen und vor allem aus den Gedanken vieler Männer, die nach wie vor nicht alles an der Talibanregierung als schlecht erachten. Es wird dauern, sagt der Fahrer, und ich habe es selbst gesehen. Frauen, die von Männern mit Ruten gejagt und geschlagen wurden, weil sie ohne ihren Mann auf der Straße unterwegs waren. Gesetze, die in den Köpfen der Radikalen verankert sind, sind nicht mit den Taliban verschwunden. Die Frauen sitzen im Kofferraum der Autos, ihrem angestammten Platz, und es soll noch Jahre dauern, bis die erste Frau es wagt den Führerschein zu machen. Nein, die Burka wird bleiben, für Jahre, auch um die Scham der Frauen vor dem Erlebten zu verstecken, erzählt mir eine der wenigen Frauenrechtlerinnen, die ich treffe. Sei es um ein Zeichen zu setzen, sei es um uns zu beweisen, dass sich die Zeiten geändert haben, sei es als Erinnerung an das Leben vor dem Bürgerkrieg, trägt sie ihr geflochtenes Haar unverhüllt und mutig. So lange, bis wir auf die Straße kommen, dann wirft sie die Burka über und verwandelt sich. Wir sind noch nicht so weit, sagt sie. Nein, Frauenrechte sind keine ansteckende Krankheit, lacht sie, aber man muss den Frauen einfach Zeit geben. Täglich würden schließlich mehr Frauen den Mut dazu finden ihre

Rechte einzufordern, versichert sie. Inzwischen seien wieder erste Frauengruppen gegründet worden, man treffe sich wieder zum Plaudern, zur Handarbeit, zum Lernen. Sie erzählt von den unglaublichen Dramen, die sich in den Häusern abgespielt haben, von Hunderten Frauen, die während der Geburt starben, nur weil sie keinen Arzt aufsuchen durften. Von den Vergewaltigungen in den Familien, den tagelangen Verhören und Schlägen, wenn man Frauen alleine auf der Straße aufgegriffen hatte. Von der Frau, die verrückt wurde, weil sie die Taliban tagelang festhielten, vergewaltigten und missbrauchten – weil sie nach der Ermordung ihres Mannes durch eben diese Taliban alleine auf der Straße unterwegs war um Essen für die Kinder aufzutreiben. Sie schildert die Vorfälle ruhig, kein Zittern in der Stimme, jedes Wort ist genau gewählt und doch höre ich, wie sehr sie mit der Bestürzung kämpft, wenn sie vom Bitten und Betteln der Frau erzählt und wie die Taliban sie blutend, gebrochen, verrückt vor Sorge um ihre kleinen Kinder vor der Ruine, die sie ihr Haus nannte, in den Schnee warfen. Ihre Kinder waren erfroren, sie war zum Weiterleben verurteilt. Die Frauenrechtlerin erzählt weiter von den Frauen, die gesteinigt wurden, weil sie angeblich fremde Männer zur Vergewaltigung *verführt* hätten. Sie stellt mir eine Frau vor, die im Krieg ihren Mann und all ihre sechs Söhne verloren hat und doch eine Lebensfreude ausstrahlt, die mir unerklärlich ist. Wie kann ein Mensch all das ertragen und nicht verzweifeln?

Je zerrütteter ein Land, desto aufgeblähter scheint die Bürokratie. Bürokratie bedeutet viele Behördenwege, viele Behördenwege sind der Nährboden für Korruption, Bestechung und andere Möglichkeiten, den Lauf der Dinge zu beeinflussen. Unser Bestechungsversuch ist zu plump, vielleicht zu herablassend, vielleicht sind wir auch nur beim letzten aufrechten Regierungsvertreter gelandet. Wir brauchen in einem Land, in dem 80% der Einwohner Analphabeten sind, einen Presseausweis, den kaum jemand lesen kann, um ein Interview mit dem Außenminister führen zu dürfen. Für den Presseausweis brauchen wir Fotos. Normalerweise habe ich stets einen kleinen Vorrat an aktuellen Fotos bei mir, doch Visa, UNO-Flugantrag, Einreiseformalitäten und Ähnliches haben ihn schon in Islamabad aufgebraucht. Nach längerer Recherche treibt unser Fahrer einen Fotografen im einst bilderfeindlichen Afghanistan auf, der gegen einen Aufpreis auch einen Schnellentwicklungsservice anbietet. Ein digitales Foto aus meiner Kamera kann er nicht ausdrucken, dazu fehle ihm ein Drucker, sagt er. Sein Fotoapparat stammt noch aus der ersten Hälfte des vorigen Jahrhunderts, und während er die Belichtungsplatte in den Apparat auf dem hölzernen Dreibein schiebt und sein Kopf hinter dem Vorhang auf der anderen Seite des Museumsstücks verschwindet, bezweifle ich, passende Fotos zu bekommen. Wir müssen lange stillsitzen, damit das Schwarz-Weiß-Bild dem afghanischen Standard eines Passfotos entspricht. Die Schnellentwicklung dauert einen halben Tag. *Inschallah*, das sei der schnellste Service im Land, doch die Bilder sind das Warten wert. Vor der Tür, auf der Suche nach einer passenden Möglichkeit, uns die Zeit der Fotoentwicklung zu vertreiben, wird unser Fahrer in einer nahe gelegenen Kleider- und Teppichfabrik fündig. Feinste Perserteppiche, geknüpft von den zartesten Kinderhänden Afghanistans. Der Besitzer schöpft nicht einmal Verdacht, als wir nach Kinderarbeit fragen und führt uns bereitwillig herum. In einer niedrigen Halle arbeiten an die 50 Kinder an Lederwaren, Taschen, Jacken und Teppichen. Die Luft ist erfüllt vom beißenden Dampf von Kleber und Lauge, die Hände der hustenden Kinder sind wund von den Chemikalien und dem stundenlangen Nähen. Nach zehn Minuten schmerzt mein Kopf, verlangen meine Lungen nach Frischluft, während die Kinder wieder ihre Köpfe senken und weiterarbeiten, um ihre Familien zu unterstützen und nicht zu verhungern. Die Geschäfte laufen gut, erklärt der Besitzer, nicht zuletzt, weil ausländische Journalisten und Regierungsvertreter, die genau um die Problematik der Kinderarbeit wissen, in Massen hier einkaufen. Wir kennen das Problem, erklärt mir ein UNHCR-Mitarbeiter später, aber man könne nicht alles auf einmal lösen. Die Geschichte vom Europäer und seinen Passfotos hat sich herumgesprochen und das Geschäft ist gefüllt mit Einheimischen, die die Bilder bewundern. Vom Kinderarbeitslager zu den lachenden Kindern im Photo Shop sind es nur wenige Schritte und ich bin erschreckend dankbar, die Bilder aus der Kleider- und Teppichfabrik mit Kinderlachen übermalen zu können. Übermütig stecke ich den Kindern Traubenzucker in die ausgestreckten Hände und ernte ungläubige Blicke. Einmal etwas Süßes, denke ich und stecke mir selbst ein Stück in den Mund und warte auf glückliche Kindergesichter, die es mir gleichtun. Stattdessen begegnen mir angeekelte Blicke und ich sehe, wie die Kinder den unnatürlichen Geschmack und den Traubenzucker mit verzogenem Gesicht in den Staub spucken. Dann wischen sie ihren Mund am schmutzigen T-Shirt ab. Sie wollen „Cigarettes, Mister, please!" und halten mir ihre vernarbten, von Geschwüren übersäten Hände entgegen. No Cigarettes for Kids, wollen sie nicht hören und drängen weiter, bis eines von ihnen eine Handvoll Cannabiskugeln aus seiner Hosentasche kramt. „Five Dollars" will der vielleicht Siebenjährige für die Drogen, kneift seine Augen vor der Sonne zusammen und strahlt, wie es nur Kinderaugen können.

Über Nacht hat es geschneit, und als ich mich aus meinem Schlafsack schäle und vor die Tür gehe, klappern meine Zähne. Ein Sonnenaufgang, den selbst ein strand- oder bergspitzenverwöhnter Europäer nicht kennt, empfängt mich vor der „Villa" und schenkt mir einen unvergesslichen Blick auf den frisch verschneiten Hindukusch. Für kurze Zeit vergesse ich, wo ich bin. Gerade so lange, bis es mir eisig in die Glieder schießt und ich nicht verstehen kann, wie die Menschen diese Kälte, den Winter, den Hunger und das Leid überleben können. Nicht einmal Fenster gibt es in den Gebäuden. Die Temperaturen fallen auf weit unter null, gelegentlich auch auf minus zehn Grad und tiefer und Millionen Menschen schlafen ohne Fenster, Heizung und Brennmaterial praktisch im Freien. Ich frage mich, wie viele Menschen heute Nacht wohl erfroren sind und vergesse den Hindukusch und gleichzeitig kommt mir der Gedanke, dass es wohl niemanden mehr in dieser Stadt gibt, der sich über einen Wintermorgen, in dem die bitterkalte Luft die Berge zum Greifen nahe heranrücken lässt, freuen kann. Und als hätte mich die Stadt gehört, grüßt mich in diesem Moment der Nachbar aus seinem Schlafzimmer, dessen Fenster mit zerrissenen Plastikplanen verklebt sind.

Am nächsten Tag soll das österreichische Kontingent der ISAF-Truppen in Kabul eintreffen. Die Fahrt zur Begrüßung am Flughafen führt vorbei am alten Fußballstadion, wo mir die olympischen Ringe ins Auge stechen. Der Dolmetscher gerät ins Stottern, weil ich Genaueres dazu wissen will, zum Beispiel wie die olympischen Ringe in Kabul landen konnten, auf der Mauer eines verfallenen Fußballstadions. Böse Zungen behaupten, sagt er, die fünf Ringe wären das Symbol für die fünf Arten, wie man in diesem Stadion sterben kann.

Die Afghanen sind verrückt nach Fußball, und so war Fußball auch unter den Taliban erlaubt, wenn auch mit Einschränkungen. Gespielt wurde in langen Hosen, die Männer mussten Vollbärte tragen und Torjubel war unerwünscht. Wer applaudierte oder jubelte, wurde mit zehn Rutenhieben bestraft. Fußball wurde zum Machtinstrument der Taliban und die Spielpause zur blutigen Demonstration ihrer Herrschaft. Öffentliche Hinrichtungen in der Halbzeitpause waren nichts Ungewöhnliches. Die politischen Gegner wurden in der Pause an den Querbalken der Tore vor Zehntausenden Zusehern ebenso aufgehängt wie Kriminelle. Frauen wurden am

Elfmeterpunkt aufgestellt und von hinten erschossen. Dann liefen wieder die Mannschaften aufs Feld um weiterzuspielen. Grausamkeiten, von denen die Weltöffentlichkeit wusste. Schon vor dem Jahr 2002 schmuggelten mutige Frauen der RAWA, der Revolutionären Vereinigung der Frauen Afghanistans, ein Video mit der Hinrichtung der 35-jährigen Zarminga aus Kabul nach Pakistan und damit an die Weltöffentlichkeit. Das Video der eiskalten Hinrichtung der Frau, die nach zwei Tagen Folter jedes Verbrechen gestanden hätte, ging um die Welt, doch nichts passierte. Umso mehr drückt der Bericht über das Unglaubliche, die Exekutionen zur Abschreckung vor Zehntausenden Augen in der Pause eines Fußballspieles, auf meine Stimmung, während ich am Elfmeterpunkt des Stadions stehe und im Staub scharre. Obwohl ich die Geschichten kenne, die Bilder und die Erzählungen, ist es nicht vorstellbar, dass an diesem Pfosten Menschen erhängt wurden. Auch wenn ich die Finger auf die von der Belastung durch die Stricke absplitternde Farbe legen kann, verstehe ich es doch nicht. Es gibt Dinge, die man nicht begreifen kann, selbst wenn man am Ort des Geschehens steht und die Reste mit den eigenen Händen berühren und ergreifen kann. Es mussten zuerst die Twin Towers in New York einstürzen, bevor die Amerikaner nach Afghanistan kamen um die Terroristen zu bestrafen und die Taliban zu verjagen. Die Hoffnung, die sie den Menschen schenkten, währte nur kurz und droht angesichts neu aufgeflammter Kämpfe wieder zu versiegen. Wir trauern mit den Toten in Amerika, höre ich, aber wir sind froh, dass es passiert ist. Niemand wäre ansonsten auf die Idee gekommen, hier die Taliban zu bekämpfen und uns die Freiheit wiederzubringen. Hätte es 9/11 nicht gegeben, wären die Taliban nicht gestürzt worden. Die Explosionen in den Hochhäusern haben uns die Freiheit gebracht.

Auch am anderen Ende der Welt, dem Ground Zero in New York, konnte ich wenige Monate vor meiner Reise nach

Kabul die Reste der mächtigen Twin Towers mit eigenen Augen sehen und berühren, atmete ich den Staub ein, der noch lange über Manhattan lag. Auch damals konnte ich die Reste der Katastrophe berühren. Aber auch dort konnte ich nicht begreifen, wie es passieren konnte.

Meine Zeitreise endet drei Wochen später am Flughafen in Kabul. Nach tagelangen Verhandlungen habe ich einen Sitz in der kleinen UNO-Maschine nach Islamabad erkaufen können. Gegen Hunderte abreisewillige und Afghanistan-müde Journalisten, Reporter, Techniker und Kameraleute der großen Networks war es ein Kampf gegen Windmühlen gewesen. Tag um Tag stehen die Reporter der kleinen europäischen Sender im UNO-Quartier in Kabul und versuchen einen Platz in einer Maschine zu ergattern, während die Passagierlisten stets mit den großen Namen gefüllt sind. Auch die UNO weiß um die Macht der großen Sender und man „kommt sich entgegen". Am dritten Tag, nach mehreren Interventionen aus Pakistan, werde ich auf die Liste gesetzt. Während wir in der zerschossenen Abflughalle am Flughafen auf die Maschine warten, wird unser Gepäck zur Röntgenkontrolle abgeholt. Am Ende der Halle steht der alte russische Apparat in Größe eines Kleinwagens. Während wir rätseln, wie die Afghanen Strom für den Röntgenapparat organisieren wollen, steigt einer der Männer in Uniform mit einem Stuhl auf den Apparat, klappt den Deckel auf und steckt die Hände durch das Loch in die Koffer und Taschen, die ein zweiter Kollege in den Apparat schiebt. Afghanisches Röntgen.

Irak Freedom März 2003

20. 3. 2003 – 5:34 Bagdad Time
Embedded an Bord der USS Bonhomme Richard.
Eine von Menschenhand entfesselte Naturgewalt. Das
riesige Schiff zittert und die Startbahn vibriert unter meinen Füßen, als der Pilot die Turbinen um 90 Grad nach
unten dreht. Der Senkrechtstarter hebt ab, kämpft mit der
Gewalt, die er selbst freisetzt, zittert und schwebt schließlich seitwärts hinaus über den Indischen Ozean. Erst jetzt
dreht der Harrier-Kampfpilot die Turbinen langsam zurück in die Horizontale, geht in den Gleitflug über und
steigt immer schneller auf, bevor er Richtung Norden abdreht. Würde ich das Ziel seiner Reise nicht kennen, könnte
ich dieses unglaubliche Schauspiel genießen – den Sieg der
Menschheit über die Naturgesetze. Ein Sieg, der wie so oft
nur mit dem Ziel angestrebt wurde zu herrschen, zu besiegen, zu vernichten. In diesem Fall, glaubt man den Worten
von Georg W. Bush – dem Mann, der in dieser Ecke der Welt
bald zum meistgehassten Menschen werden wird – mit dem
Ziel, Freiheit, Demokratie und ein besseres Leben für die
Menschen im Irak zu bringen. Er bringt es mit Tod und Elend,
mit Bomben, die unter den Flügeln des Senkrechtstarters
hängen. Er wird über dem ruhigen Ozean von der Nacht verschluckt und ist nur der Erste von einer ganzen Fliegerstaffel,
die ihm von diesem Flugzeugträger und von Dutzenden anderen Startbahnen und Luftwaffenstützpunkten aus folgt.
Es bleibt nur ein Blick auf die Uhr und die Gewissheit, dass
er in weniger als einer halben Stunde über der Stadt sein
wird. Auf einem der zahlreichen Bildschirme an Bord bekomme ich weitere Einschläge, grelle Lichtblitze und riesige
Explosionen zu sehen, die auf allen großen TV-Stationen der

Welt *live aus Bagdad* übertragen werden. Während meine
Kollegen auf den anderen Schiffen ihre Arbeit erledigen und
das Abheben neuer Fliegerstaffeln ihren Redaktionen melden; während die kurzen, gegen den unglaublichen Lärm der
Flieger in die Satellitentelefone geschrienen Informationen
sofort in die Breaking-News Laufzeilen der Nachrichten-
Kanäle getippt werden – *neue Angriffswelle rollt* – gleiten
immer neue, immer weitere Kampfflieger Richtung Norden,
um das zu bringen, was der Präsident vor wenigen Tagen
in seiner TV-Ansprache als Demokratie, Gerechtigkeit und
eine bessere Zukunft für den Irak bezeichnet hat. Durch
das Nachtsichtgerät, das mir der Presseoffizier, der auf mich
aufpassen soll, in die Hand gedrückt hat, sehe ich, wie sich
der nächste Pilot im engen Cockpit des Kampfjets bereit
macht und bekreuzigt, ganz so, wie sich in diesen Stunden
in der Stadt, die er anfliegt, Millionen mit einem Gebet der
Angst an ihren Gott wenden. Auch wenn sie sich dort nicht
bekreuzigen, ist es doch dieselbe Macht, an die sie glauben, die sie um Hilfe anflehen, egal wohin sie ihr Weg, ihr
Schicksal in den nächsten Stunden tragen und führen wird.
Hier, nur wenige Meter vor mir, im grellgrünen Restlicht des
Nachtsichtgeräts, das mir das Gesicht des Piloten zeigt, das
Kreuzzeichen, die Bitte um Hilfe für eine sichere Rückkehr –
irgendwo nördlich, in den Kellern das Gebet der Menschen,
die vor den Bomben fliehen. Und irgendwo wendet ein Soldat
auf einem veralteten Fliegerabwehrgeschütz der irakischen
Armee wohl seinen Kopf in den klaren Nachthimmel, das
Gebet auf den Lippen, das ihm Kraft geben soll im Kampf.
Sie alle beten und irgendwo treffen sich in den nächsten
Stunden ihre Wege, werden Gebete erhört oder im Echo der
Explosionen zerrissen. Es ist das Kreuzzeichen, das sich der
Pilot gekonnt und mit tausendfach geübter Leichtigkeit in
einem unbeobachteten Moment auf seine Stirn setzt, das
mir vor Augen führt, dass es immer die einfachen Menschen
sind, die im Namen, im Auftrag der *Großen* in den Kampf

ziehen – die töten oder unschuldig getötet werden. Während einige Decks über uns das Vibrieren für eine knappe Stunde aufhört, alle Flieger in den Luftraum über dem Irak entlassen sind und alles auf ihre Rückkehr wartet, steige ich hinunter in den *Bombenkeller,* zu Susan. Sie ist klein, zierlich, freundlich. Einzig ihr mächtiger, männlich geformter Oberarm passt hierher, denke ich, als ich über schier unendliche Stahltreppen, Sicherheitsschleusen und fensterlose Schiffsgänge endlich im „Keller" ankomme und sie mir freundlich die Hand schüttelt. Zuerst haben sie noch Späße gemacht, erzählt sie, inzwischen bin ich eine von ihnen. Tief im Bauch des Kriegsschiffes setzt die knapp 20-Jährige die Bomben zusammen. Schraubt Zünder an, kontrolliert sie und zieht einen Zettel von der Ablage bevor ihr Bizeps sich erneut spannt und sie die Bombe unter die Flügel des Harriers hebt und fixiert. So genau, wie sie ihre Arbeit versieht, so präzise studiert sie den Zettel und nimmt schließlich den Stift zur Hand. Oft sind es Menschen, die bei 9/11 jemanden verloren haben, sagt sie und schreibt die Zeilen ab, die sich ein Mann per Mail an die Stabsführung als Aufschrift für eine der Bomben, die auf Bagdad fallen werden, gewünscht hat. Der Bitte wird entsprochen, die Zeilen klingen meist, als seien sie von den Wänden verschmierter, öffentlicher Toiletten übernommen. Doch es ist klar, dass sich hinter den Ansuchen und Schriftzügen keine übermütigen Teenager, keine frustrierten Schüler und keine pubertierenden Halbwüchsigen verstecken, sondern tief verletzte, gedemütigte, trauernde und nicht selten hasserfüllte Menschen. Auge um Auge, Zahn um Zahn – auch die westliche Kultur kann sich in den tiefsten, schwärzesten und schmerzhaftesten Prüfungen des Lebens nicht davon losreißen. Susan hat viel zu erzählen, aber der für mich abgestellte Offizier macht seinen Job. No more questions.

Embedded nennt man das. Was die Briten im Falklandkrieg erfunden hatten, wird von den Amerikanern im Irak perfektioniert, jede freie Berichterstattung damit unmöglich gemacht. Der siebenseitige Vertrag, den jeder Journalist unterschreiben muss, wenn er auch nur in die Nähe der Soldaten kommen will, ist klar formuliert. Bis auf das letzte Wort ist definiert, was gesagt, gefilmt und geschrieben werden darf und was verboten ist. Wer mit einem Kamerateam unterwegs ist, hat die Kamera dorthin zu richten, wo es erlaubt ist. Bilder, die sich am Rande abspielen, die dem Militär oder auch der Moral schaden könnten, sind untersagt. Wer sich nicht an den Vertrag hält, wird bestenfalls rausgeworfen, schlimmstenfalls macht er sich des Verrates schuldig und bekommt es mit der Staatssicherheit zu tun. Wer den Vertrag nicht unterschreibt, bleibt draußen – und das kann sich in diesen Märztagen 2003 kein Medienunternehmen leisten.

Dazu kommt die Verbindung der großen US-Nachrichtenkanäle wie CNN, vor allem aber FOX, zum Militär und zur politischen Führung. Unabhängigkeit ist ein Fremdwort und die Militärführung hat mit den spektakulären Kriegsbildern ein Monopol in der Hand, das sie zu nützen weiß. Der Deal ist einfach: Die Sender, die dem Vertrag und damit dem Wunsch der amerikanischen Militärführung entsprechend berichten, bekommen die Plätze ganz vorne an der Front, das beste Videomaterial direkt von der Armee, die Exklusivinterviews und damit alles, was sie brauchen, um den Krieg 10.000 Kilometer entfernt als perfekt durchdesigntes Produkt, als Mischung aus Action und genau dosierter Gewalt, Abenteuer und Mission im Sinne des Guten zu verkaufen. Wer zu kritisch wird, zu viel hinterfragt, der verliert seine Akkreditierung und damit die Chance im knallharten Kampf um Einschaltquoten mitzuhalten. Die Quote ist das Einzige, was zählt. Wer die meisten Seher hat, bekommt die meisten Werbepartner, kann jede Sekunde Werbepause zwischen den Breaking News teuer verkaufen, macht Gewinne.

Wenn sich mehrere große Sender um diesen Kuchen streiten, ist das Militär die lachende dritte Macht und hat alle Möglichkeiten die Berichterstattung zu manipulieren. Denn wer in diesen Tagen keine Bilder aus dem Irak liefert, keine Interviews mit mutigen, jungen amerikanischen Soldaten, die für das Gute kämpfen, Saddam ausräuchern und das Volk befreien werden, kann zusperren. Wer keine spektakulären, schwarz-weiß zitternden Bilder einer Bombe hat, die ihr Ziel anfliegt bevor das Bild mit dem Einschlag erlischt, ist draußen aus dem Geschäft. Die Realität und damit ein Blutbad mitten in Bagdad wollen die Militärs nicht in den Hauptnachrichten, auch keine abgerissenen Körperteile. Sterbende Zivilisten und Kinder? Getötete G. I.s? – Nein. Diese Bilder sind dem amerikanischen Fernsehkonsumenten in den Augen der Regierung nicht zumutbar. Zumindest will das Militär diese Bilder nicht. Der Seher bekommt genau das dosiert geliefert, was das Militär für zielführend hält. Keinen sterbenden Zivilisten im Kugel- oder Bombenhagel, sondern die Frau in Basra, die dem amerikanischen Soldaten als Dank für seinen Einsatz eine Rose überreicht. Das gibt den Amerikanern an den TV-Bildschirmen das Gefühl, die Guten zu sein und klopft der Militärführung auf die Schultern. Brutalität gehört in Actionfilme, in Videospiele, aber bitte nur dosiert in die Nachrichten. Dafür bekommt man vom Militär jede Unterstützung, so wie Hollywood für Kriegsfilme, die das Image der Streitkräfte verbessern.

Schon Wochen vor Kriegsbeginn sind die Journalisten bei den Vorbereitungen, den letzten Trainingseinheiten der Kommandos hautnah dabei – natürlich embedded. Sie schlafen in den Unterkünften der Soldaten, essen mit ihnen zu Mittag, freunden sich mit ihnen an, erhalten dieselbe Gehirnwäsche wie die jungen Rekruten und trainieren im selben Dreck. Für die jungen, unerfahrenen Journalisten, die von der großen Karriere träumen, ist es die Chance ihres Lebens: sich einen Namen zu machen, mit Helm und in Splitterschutzwesten gehüllt in die Hauptnachrichten zu kommen, ihren Marktwert zu steigern. Als österreichischer Radiojournalist ist man zu unwichtig, zu klein, zu weit von der amerikanischen Medienlandschaft entfernt, als dass man sich größere Probleme einhandelt, wenn man kritische Fragen stellt. Man bekommt einfach keine Antworten.

Für mich beginnt sich die Maschinerie einige Tage vor dem Angriff in Doha zu drehen. Vom CENTCOM aus, dem Central Command der Amerikaner, irgendwo in der Wüste im Norden des reichen Golfstaates, wird Tommy Franks, der Fünf-Sterne-General mit dem Charme von Clint Eastwood, den Krieg gegen den Irak koordinieren, überwachen und den Fernsehzusehern präsentieren. Schon vor dem ersten Auftritt des grau melierten, großen und durchtrainierten 58-Jährigen wird lanciert, was nützlich scheint. Der General sei kein abgehobener Militärstratege, nein, sondern ein Mann wie jeder andere einfache, gerad-linige, ehrliche G. I. auch. Die nützlichen Tugenden wer-den hervorgekehrt, mehrfach wird betont, dass er sogar im Feldbett schläft – wenn er überhaupt schläft – genau wie jeder andere anständige, kleine Soldat. Wie eure Söhne und Töchter, die in diesen Krieg geschickt werden, ist er einer, der den Dreck und den Staub fressen wird – der Underdog, der es ganz nach oben geschafft hat: vom Vietnameinsatz bis zum Irak-General. Jedes Klischee ist willkommen – das kommt zu Hause in den Staaten gut an. Per Shuttlebus wer-den die Journalisten in das Pressezentrum weit außerhalb der Stadt gekarrt. Hier haben die Amerikaner ihr Lager auf-geschlagen, aus dem Wüstensand gestampft. Weit genug von den Einheimischen entfernt, um den in den muslimi-schen Ländern ohnehin schon vorherrschenden Zorn nicht noch mehr auf sich zu lenken, aber nahe genug bei der Stadt und den Luxushotels für die Journalisten. Seit Tagen wird über den genauen Zeitpunkt der ersten Bombenangriffe auf Bagdad spekuliert. Noch mindestens zwei Tage, sagt man hier hinter vorgehaltener Hand – schließlich sei das TV-Studio, aus dem die Pressekonferenzen weltweit übertragen werden sollen, noch nicht fertig. Während Dutzende Kameraleute im riesigen TV-Studio die ideale Position, das ideale Licht, den idealen Sound testen, wird vorne noch heftig am Rednerpult und der mitgelieferten Kulisse geschraubt. Von hier aus wird General Franks die ersten Angriffe analysieren, auf den gigantischen Bildschirmen die ersten Bombeneinschläge mit Satellitenaufnahmen, bewegten Bildern von Überwachungsflugzeugen und Live-Bildern der *smarten* Bomben kommentieren. Es gibt sogar die Möglichkeit, live zu den Truppen an die Front zu schalten. Dabei kann sich General Franks auf die Erfahrung Hollywoods verlassen. Genau dort ist das riesige Studio nämlich geplant, entworfen und gebaut worden, bevor es in Militärcontainer verfrachtet und um die halbe Welt in die Wüste von Doha geflogen wurde. Nichts wird dem Zufall überlassen. Selbst bezüglich der Hintergrundfarbe im Studio wurden Experten und Psychologen konsultiert. Welche Farbe drückt unterschwellig das aus, was wir wollen? Stärke und doch Wärme, Bereitschaft für den Krieg und doch die Hand, die wir Amerikaner den Menschen im Irak reichen wollen – die Experten hierfür sitzen in Hollywood und haben so manchen Oscar im Wandschrank. Die dröhnenden Klimaanlagen könnten die Tonqualität stören und so werden auch dafür eilig Experten nach Doha geholt. Nur die Hitze vor der Tür der riesigen Halle ist der Beweis dafür, dass wir in der Wüste, an der Schwelle zu einem neuen, blutigen Krieg sitzen und nicht auf einer Pressekonferenz eines Hollywoodstars. Unsere zollfreien Zigaretten aus dem Militär-Duty-Free rauchend warten wir auf die ersten tödlichen Bomben. Die Halle hinter uns dient dazu, sie der Welt als ersten Schritt in Richtung Freiheit, Sicherheit und Wohlstand im Irak zu verkaufen und *vermarkten*. Außerdem sind es „neue", noch *smartere* Bomben. Ein beliebtes Thema der amerikanischen Sender, während wir auf den Kriegsbeginn warten. Kollateralschäden und Irrläufer, das wird ständig betont, sind mit der neuen Generation an Bomben praktisch ausgeschlossen – Treffergenauigkeit *fast* 100%. Das Wort Kollateralschaden, welcher die Begriffe Tod und Mord umschifft, ist nur einer der Euphemismen, mit denen in der Berichterstattung, den Stellungnahmen und Interviews für die amerikanische Öffentlichkeit tunlichst darauf geachtet wird, den Schrecken des Krieges möglichst frei von Blut, Tod und Elend zu formulieren. Ich frage einen der Sprecher der Militärführung trotzdem nach dem *fast* und ernte skeptische Blicke. Irgendwo zwischen 98 und 99% wird mir erklärt. Bei 3.000 Bomben, die allein in den ersten 48 Stunden auf Bagdad fallen werden, sind das mindestens 30 bis 60 Bomben, die ihr programmiertes Ziel nicht treffen. Hier schüttelt man den Kopf über meine Fragen und verweist auf die nicht vermeidbaren Kollateralschäden. Der Erste, der meine Frage beantwortet, ist ein Pilot, den ich wenige Tage später treffe, nachdem ich mit einigen Kollegen meine Zelte in Doha abgebrochen habe. Der Kollege von CNN schüttelt mir verdrossen die Hand, als ich mich sprichwörtlich aus dem Wüsten-Staub mache. Er muss bleiben, weiter in den sauren Apfel beißen, auch wenn er keine Lust mehr hat am Theater teilzuhaben, sagt er, aber schließlich zahlt der Sender seine Alimente und die Wohnung. Als Radioreporter aus Österreicher kann ich mir herausnehmen, was sich die großen Stars der Szene, die Moderatoren der weltweiten Sender, nicht leisten können: Lästige Fragen zu stellen. Auch wenn ich keine Antworten erhalte und bei den Pressekonferenzen in den folgenden Tagen *zur Strafe* keine Chance mehr bekomme, Fragen zu stellen. Eine Frage in einer Pressekonferenz, die der Militärführung nicht passt, reicht für ein Frageverbot. Das Interview mit dem führenden General wird gestrichen, im schlimmsten Fall verliert man die Akkreditierung und erhält keine Bilder mehr aus dem Headquarter, von der Front oder von den Kriegsschiffen. Kein US-amerikanischer Sender kann sich das leisten. Folglich stellen die Starreporter nur jene Fragen, die erwünscht sind, auch wenn sie wissen, dass sie die Ideale ihres Jobs verraten. Aber Fragen sind ohnehin überflüssig. Nach zwei Pressebriefings ist klar, was hier abläuft. In der Wüste, weitab von der Front, abgeschnitten von jeder Möglichkeit unabhängig zu recherchieren, hat die Militärführung die Journalisten in der Hand. Es gibt hier keine Neuigkeiten, keine Sensationen, keine Antworten. Die Kontrolle über die Antworten, die die Welt zu hören bekommt, will sich der US-Verteidigungsminister Rumsfeld nicht von einem General, den er in die Wüste geschickt hat, nehmen lassen. Und so sehen wir hier in Doha, wie auf den Pressekonferenzen im Pentagon die Informationen verteilt werden, die man hier erwarten würde. Nach dem zweiten Briefing hat auch der General die Schnauze voll vom Medientheater und streicht die Termine – ein Stellvertreter wird ab nun der Medienmeute zum Frust-Fraß vorgeworfen. Das Wort *Zensur* steht im Raum, dabei hat es das Militär hier schon lange nicht mehr nötig zu zensurieren, denn längst sind die Sender nicht mehr der Wahrheit oder der Unabhängigkeit sondern der Quotenjagd, dem Marktanteil und dem Börsenwert des Senders verpflichtet. Die Reporter sind Marionetten, die häufig eher Drehbuchautoren gleichen als Aufdeckern. Mitten in den Frust kommen die ersten *schockierenden* Bilder aus dem Irak. Es sind nicht die Bilder, die man sich erwartet, erhofft hat. Man hat in aller Planung vergessen, dass inzwischen auch die arabischen Medien das Spiel der psychologischen Kriegsführung gelernt haben. Während amerikanische Flugzeuge Millionen Flugzettel im Süden des Landes abwerfen, um die feindlichen Soldaten zur Kapitulation zu überreden, laufen in den arabischen Medien die ersten Bilder getöteter G. I.s. Die Bilder rufen Bestürzung unter den amerikanischen Kollegen hervor. Getötete, gefangene und offenbar auch gefolterte Landsleute waren nicht geplant. Die Bilder lassen den Nationalstolz wieder auflodern und vereinen die leicht bröckelnde Medienfront im überhitzten Pressezentrum wieder hinter der Militärführung. Jetzt heißt es, gemeinsam die Moral der Amerikaner zu Hause vor den TV-Schirmen zu heben, jetzt erst recht.

Ein paar Stunden und einen kurzen Flug nach Bahrain später sitze ich im *Reisebüro* der Amerikaner. Zur Auswahl steht die USS Kitty Hawk, ihr größter und spektakulärster Flugzeugträger. Der Blick von der Brücke des Schiffes hinunter auf die Kampfjets, die Richtung Irak starten, gehört zu den beliebtesten Plätzen der Reporter für Live-Einstiege in die Nachrichtensendungen – ein Platz wäre noch frei, ich müsste mich aber schnell entscheiden, erklärt mir die freundliche Dame in Zivil. Auch interessant, sie blättert weiter in den Unterlagen, ist die USNS Comfort, das neue Hospitalschiff der Navy, das bereits vor der Küste kreuzt. Hierhin werden die verletzten Soldaten gebracht, auch wenn sie natürlich von den Medien abgeschirmt werden *müssen*. Einige der 1000 Krankenbetten stehen aber auch für irakische Zivilisten zur Verfügung, *eine gute Geschichte*, betont sie eindringlich. Der amerikanische Kollege neben mir *bucht* sofort, auch mein österreichischer TV-Kollege setzt nach Rücksprache mit der Redaktion in Wien auf die USNS. Die Amerikaner kümmern sich um die Zivilbevölkerung, Verletzte, Kranke – auch Kinder werden an Bord kommen, erklärt die Dame. Für fünf Tage könnte man auch in ein U-Boot und dann gäbe es noch ein Amphibien-Angriffsschiff, die USS Bonhomme Richard. Wie viele Journalisten sind dort, fragt eine Kollegin vom Time Magazine India. Die junge Journalistin und ich können sofort los, sagt die Dame, da gibt es kein großes Interesse, sie sind alleine.

Das Dröhnen der Triebwerke über unseren Köpfen lässt nach – der Harrier ist gestartet – und in weniger als 20 Minuten wird er über Bagdad sein, weit oberhalb der

Reichweite der irakischen Flugabwehrgeschosse, die ihre Leuchtspuren auf den Live-Bildern aus Bagdad in den Nachthimmel zeichnen, seine Fracht ungefährdet abwerfen und hierher zurückkehren. Einsatzbesprechung: Die Piloten erhalten das letzte Briefing für den nächsten Nachteinsatz, während die Bilder der Bombeneinschläge auf den stummgeschalteten Bildschirmen im Besprechungsraum über ihren Köpfen flimmern. Aber zumindest einige der Piloten überraschen mich, weil sie in ihren Overalls und Lederjacken nur optisch meinem Top-Gun-Vorurteil entsprechen. Sie überraschen mit ihrer Nachdenklichkeit, ihrer Zurückhaltung. Natürlich spricht er mit seiner Frau darüber, erzählt mir einer von ihnen *off the record*. Natürlich sieht auch er die Bilder im Fernsehen, auch seine Frau und die Kinder zu Hause. TV-Bilder von den Bombeneinschlägen, die seine persönlichen Berichte seiner Einsätze ergänzen. Die Stadt, die unter ihm brennt, die Lichtpilze der Explosionen, die Tausende Meter unter ihm in der vollkommenen Dunkelheit aufblitzen, während er seine Fracht ablädt. Natürlich weiß er, dass wenige Augenblicke danach Menschen tief unter ihm sterben, auch Unschuldige. 98%, sagt er und nimmt meine Frage vorweg. 98% Treffergenauigkeit der Smart-Bombs, aber es bleiben zwei Prozent, sagt *er*. Zwei Prozent, über die er mit seiner Frau spricht, wenn er zu Hause ist, zwei Prozent, die Unschuldige töten könnten. Aber er ist dafür ausgebildet, für den Ernstfall trainiert, sagt er. Trainiert dafür, seine Arbeit im Sinne der Vereinigten Staaten zu erledigen; was er persönlich darüber denkt, ist nebensächlich, auch dass er der Meinung ist, dass der Krieg zu früh kommt, noch lange nicht alle Möglichkeiten der Verhandlungen ausgeschöpft sind. Er muss weiter, dreht sich aber noch einmal um: Dir ist klar, dass du meinen Namen nicht nennen, mich nicht zitieren, nicht erwähnen darfst, oder? Wir sitzen jetzt alle in einem Boot – *embedded* eben. Der Harrier steht bereit, der Einsatz, der gerade noch am Reißbrett chirurgisch skizziert worden ist, wird blutige Realität. Am „Blauen Deck", der Raucherzone ein paar Decks tiefer, ist nichts von Zurückhaltung zu spüren. Hier, weitab von höheren Offizieren, herrscht freie Meinungsäußerung und die 20-jährigen Rekruten lassen während einer Zigarettenlänge ihrem Zorn, ihren Vorurteilen, ihrem Hass auf Saddam freien Lauf. Sie reden sich in Rage, wenn man von Zurückhaltung, voreiligen Schlüssen und fehlenden Beweisen für Massenvernichtungswaffen im Irak spricht. Die erste Frage ist stets: Woher kommst du? – Österreich. Woher? O.K. Europa. Warum seid ihr gegen den Krieg? Die Gründe gefallen den jungen Soldaten niemals. Die Atmosphäre ist hitzig, was nicht nur an der Enge des Raucherdecks liegt, das nur über eine winzige Luke verfügt, durch die der heiße Wind vom Land herüberweht. Als kritischer Österreicher bekommt man dieser Tage zumindest am Raucherdeck das Unverständnis für Old Europe konzentriert zu spüren. Dass es an Bord keine French Fries mehr gibt, sondern nur noch Freedom Fries, fällt mir erst später auf – vor Wochen wurden die Pommes Frites aus Ärger über die europäische und französische Zurückhaltung in den USA. umgetauft. Was mich erschüttert, sind die Ansichten der jungen Soldaten, die nach wenigen Monaten Militärausbildung, den Hass über die Bilder der einstürzenden Twin Towers noch immer im Kopf, mit unglaublich lückenhafter Geschichtsbildung einzig auf die Parole im *Kampf für das Gute im Irak* programmiert, in den Krieg ziehen und sich dafür auch noch die Dankbarkeit der *Befreiten* erwarten. Es sind meist die Söhne und Töchter der Ärmsten ihres Landes. Kids, gerade der Pflichtschule entwachsen, kein Geld für eine höhere Ausbildung, keine Chance auf einen Job. Die Navy bietet ihnen Ausbildung, fixen Gehalt und, was für alle extrem wichtig scheint, Sozialleistungen, die in Europa zum Standard gehören. Das Militär bietet ihnen die Chance die Welt zu sehen, aus ihren verdreckten Vororten hinauszukommen, gibt ihnen die Chance auf eine Karriere. Diese Soldaten glauben tatsächlich daran, dass sie als Befreier in Bagdad und Basra mit Blumen empfangen werden. Davon, dass die USA vor Jahren einen Widerstand gegen Saddam im Land heimlich unterstützt, sich dann aber zurückgezogen und die Aufständischen, die dafür zu Tausenden hingerichtet wurden, im Stich gelassen haben, haben sie noch nicht einmal gehört. Alles Lügen, Propaganda, europäisches Geschwätz. Die Stimmung wird noch aufgeheizter. Sie werden Saddam ausräuchern, Bin Laden, der ihn unterstützt, gleich dazu und die Massenvernichtungswaffen, die ja vor allem Europa bedrohen, auch noch vernichten – zum Schutz der Welt, zum Schutz für Europa, das den Amerikanern noch danken wird.

Vor wenigen Stunden sind 2000 Soldaten von hier aus mit einem riesigen Luftkissenboot, einem sogenannten LCAC (Landing Air Craft Cushion) südlich von Basra an Land gegangen und sofort in schwere Kämpfe verwickelt worden. Keiner von ihnen hat zum Empfang Blumen bekommen, nur am Raucherdeck weiß das zu diesem Zeitpunkt niemand. Niemand weiß, wie viele dieser jungen Soldaten bereits gestorben sind. Die Besatzung, die zurückbleibt, die jungen Männer und Frauen, sind ein Kaleidoskop an Halb- und Nichtwissen, Geschichtsignoranz, blinder Wut und Unreife, was bei jeder hohen Welle im Rhythmus des schwankenden Ungetüms neu durcheinandergeworfen und zu immer neuen Phantastereien zusammengesetzt wird. Der Hass, auch gegen Europäer, ist spürbar. I know, sagt einer der älteren Soldaten, die das Wortgefecht verfolgen. Was glaubst du, wie schwer es erst die Moslems an Bord haben? Du solltest mal mit dem Seelsorger reden, flüstert er. Mein Presseoffizier will wissen, woher ich den Tipp habe. Nach muslimischen Soldaten an Bord habe noch kein Journalist gefragt, wie ich auf diese Idee komme? Er wird ziemlich wortkarg, kann mir aber den Weg zum Seelsorger nicht verbieten. Natürlich sorgt das für Spannungen, für Hass und noch Schlimmeres, erzählt der Seelsorger, aber mehr dürfe er mir nicht sagen. Nein, lacht er, nichts, was unter militärische Verschwiegenheit fallen würde, es gibt Besseres: das Beichtgeheimnis. Ich komme mit der Geschichte nicht weiter. Ich versuche, muslimische Soldaten an Bord des riesigen Schiffes zu finden, was praktisch unmöglich ist. Entweder sie schlafen, sind im Dienst oder gerade nicht zu sprechen. Einer, den ich treffe, erklärt mir – freilich erst nach einem kurzen Vier-Augen-Gespräch mit dem Presseoffizier – es sei alles in Ordnung. Aber auch mein Bewacher bekommt für meine scheinbar unangenehmen Fragen seine Portion ab. Beim Abendessen in der Kantine lässt ihn ein Vorgesetzter vor versammelter Mannschaft 20 Liegestütze drücken und – wohl weil das Essen nicht schmeckt – noch 20 zusätzliche.

Der Kapitän lädt die zwei Journalisten, die es zu ihm an Bord verschlagen hat, zum obligatorischen Captain's Dinner. Er erkundigt sich nach den Eindrücken, aber man spürt, dass er nicht viel für neugierige Reporter übrig hat, der Presseoffizier aber auf diese Ehre für die Journalisten gedrängt hat. Politik ist seine Sache nicht. Die Kollegin vom Time Magazine India schmunzelt mir zu, wechselt das Thema und interessiert sich für das von den Soldaten angesprochene Landungsboot, das LCAC. Endlich gibt es eine Gesprächsbasis, etwas, worüber der Captain gerne spricht. Kriegsmaterial, Bruttotonnen, Geschütze und Senkrechtstarter. Der Stoff, aus dem wohl Soldatenträume gemacht sein müssen, sagt die Kollegin, als wir entlassen werden. Entlassen mit der Einladung, das LCAC zu testen, was zum Merkwürdigsten gehört, was ich als Journalist, noch dazu an Bord eines Kriegsschiffes mitten im Einsatz, erlebt habe. Der gesamte Treibstoff des Kriegsschiffes wird über eine Stunde lang vom Bug- in den Heckbereich umgepumpt, damit das Schiff hinten absinkt und das LCAC ins Wasser gleiten kann. Die gesamte Besatzung ist in Alarmbereitschaft und die Journalistentour wird praktisch zu einer außerplanmäßigen Übung, mitten im Einsatz vor der Küste des Irak, wo gerade gekämpft wird und Menschen sterben. Man zeigt, was man kann, flüstert unser Bewacher sarkastisch. Wenig später hebt sich das immense Luftkissenboot, das einer schwimmenden Insel aus Beton gleicht, aus einer riesigen Halle im Bauch des Schiffes und gleitet ins Meer. Zwei Flugzeugtriebwerke treiben das LCAC an, beschleunigen das Vehikel, das 16.000 PS hat und gleichzeitig mehr als 100 Soldaten oder mehrere Panzerfahrzeuge transportieren kann, auf bis zu 80 km/h – wir rasen über das Meer. Die ganze Aktion dauert mehrere Stunden und all das nur für zwei Journalisten, die kein Wort darüber schreiben oder berichten werden, zu martialisch und gleichzeitig unwichtig ist diese Vorführung in Zeiten des Krieges. No problem, erklärt der Presseoffizier, but I hope you liked it. Sein Job ist es, Journalisten zufriedenzustellen und dafür ist sehr vieles möglich.

Das ganze Schiff schwebt unter einer unsichtbaren Dunstglocke aus Störsignalen, die ein Abhören verhindern sollen. Auch für meinen kleinen Satellitenschirm gibt es kein Durchkommen – stundenlang wird getüftelt, um das Problem zu lösen, eine kleine Ecke am Oberdeck kann schließlich von Technikern von Störsignalen befreit werden, heißt es. Die Übertragung klappt perfekt, ich solle nur etwas vorsichtiger bei meiner Formulierung im Live-Einstieg sein, erklärt mir der Presseoffizier, *man* hört mit. Sie sprechen Deutsch, frage ich und er lacht. Ich nicht. Ich berichte im Radio davon, was es wirklich heißt, embedded zu sein – bis heute hat sich das US-Militär darüber nicht beschwert. Vielleicht sind sie doch zu sehr damit beschäftigt, ihre eigenen *Sender* im Zaum zu halten und sehen den kleinen österreichischen Rebellen im besten Fall als Kollateralschaden, der nicht zu verhindern war. 98% eben.

Somalia – der vergessene Krieg 2004

Das junge Ehepaar hat von den blühenden Bäumen gehört und klopft an das angerostete Stahltor. Irgendwo da draußen in der Hölle haben sie einander das Ja-Wort gegeben, jetzt bitten sie um ein Foto ihres Glücks vor diesen blühenden Bäumen. Es gibt in diesem Land eigentlich keine Bäume mehr – sie verbrennen, zu Holzkohle verarbeitet, auf den Luxus-Grills in Saudi Arabien. Die blühenden Bäume hinter den bewachten Mauern des Kinderdorfes sind der Inhalt von Erzählungen, von Gutenachtgeschichten, sogar von Träumen; und jetzt sind sie auch auf einem Foto eines jungen Paares verewigt, dessen Liebe, nicht aber dessen Leben von Dauer sein wird. Die Welt hat uns doch schon längst vergessen, sagt Djamilia, wir leben in der Hölle. Einst trug die Zwei-Millionen-Stadt Mogadischu den Namen „Perle am Indischen Ozean". 1960 entließ Italien das Land am Horn von Afrika in die Unabhängigkeit. Zurück blieben prachtvolle Promenaden, italienische Villen, eine Kathedrale und der malerische Hafen. Der tiefblaue Ozean umspült noch immer die Hauptstadt, die damals das Flair einer italienischen Hafenstadt versprühte. Nach der Ermordung des Präsidenten Ende der 1960er-Jahre brach der Bürgerkrieg aus. Eine Dürrekatastrophe forderte 300.000 Menschenleben, das Land driftete in die Anarchie ab. Seit 25 Jahren herrscht jetzt Bürgerkrieg zwischen den rivalisierenden Clans, Söldnern, Schmugglern und Drogenhändlern, dazwischen wird die Bevölkerung aufgerieben. Die Haie, die früher das größte Problem für die Fischer waren, sind längst an Land gegangen, tragen Kalaschnikows und Buschmesser und haben ihren

Durst nach Blut noch immer nicht gestillt. Seit Jahren gibt es keinen Strom, keine Müllabfuhr, kein Abwassersystem, kein Gesetz, das die mordenden Banden stoppen könnte. Wer eine Waffe hat, hat Essen und Macht, und jeder besitzt hier eine Kalaschnikow. In den Ruinen der Stadt riecht es nach Verwesung, Tod und Elend. Hier gibt es keine internationalen Schutztruppen. Die letzten Amerikaner und UNO-Soldaten wurden 1993 in einem blutigen Häuserkampf aus dem Land getrieben. Der Versuch, den Kriegsfürsten Hussein Aidid festzunehmen, den Bürgerkrieg zu beenden, endete im Chaos. Die Aktion *Restore Hope* endete mit dem Tod von 18 Soldaten. Die Bilder der gelynchten amerikanischen Soldaten zwangen Präsident Clinton, den Abzug seiner Truppen anzuordnen. Kaum ein Clanchef hat Interesse am Frieden. Zu groß ist das Geschäft mit dem Krieg. Somalia ist ein Paradies für Schmuggler, Kriegsfürsten, dunkle Machenschaften und Drogenhändler. Vor der Küste wird die Existenz ganzer Schiffe illegal gelöscht. Ohne Zoll, ohne Genehmigungen, ohne Fragen und ohne Steuern – von der Jeans bis zum Flugabwehrgeschütz. Von hier schmuggeln die Clanchefs die Ware ins Landesinnere. Der Krieg ist ein einziges großes Unternehmen – stabile Verhältnisse, Gesetze würden dem Geschäft schaden. Die Clanchefs selbst haben das Land mit ihren Dollarmillionen längst Richtung Dubai, Europa, den USA oder dem westlichen Afrika verlassen, wo sie mit ihren Millionen gern gesehene Gäste sind. Das Einzige, was funktioniert bzw. regelmäßig wieder aufgebaut wird, ist das Telefonnetz in der Ruinenstadt, denn via Mobiltelefon arrangieren die Clanchefs ihre Geschäfte und geben ihre Anweisungen an die Söldner und Schmuggler weiter, die mit aufgemotzten Geländewagen schwer bewaffnet die Stadt durchstreifen. Gefolgt von bis auf die Zähne mit Panzerabwehr, Maschinengewehren, Granaten und Panzerfäusten bewaffneten Securitytrupps. Sie sind die Einzigen, die sich die kaputten Straßen mit den

Eselskarren der Einheimischen teilen. Niemand, der hier etwas zu sagen hat, hat Interesse am Frieden, dazu kommen religiöse Fanatiker und die Nachbarstaaten, die hier einen Stellvertreterkrieg führen. Eritrea, Äthiopien, Dschibuti profitierten schon lange vom schwelenden Krieg, den Waffen- und Drogengeschäften. Es gibt nicht einmal Zahlen darüber, wie viele Menschenleben der Krieg, der Hunger, die Not bereits gefordert haben. Man zählt die Toten nicht, ein Menschenleben ist wertlos. Einer unserer Securityleute beziffert seinen aktuellen Wert auf 2 US $. Erst heute Früh haben sie einem Jungen auf der Straße die Kehle durchgeschnitten, weil er ihnen zwei Dollar geschuldet hat, erzählt er. Wenn ich will, kann ich ihn mir *ansehen*, er liegt immer noch draußen im Staub und Blut.

Und mitten in dieser Hölle blühen Bäume. Willy Huber weiß auch nicht, wer sie gepflanzt hat. Ende der 1980er-Jahre ist der Südtiroler Carabiniere nach Somalia gekommen, um hier ein SOS-Kinderdorf zu errichten. Die Eröffnung wurde von den Bomben des Bürgerkriegs begleitet und der Häuserkampf zwischen den Rebellen, die mit Panzern, Hubschraubern und Granaten um den Stadtteil kämpften, machten auch vor den Türen des Kinderdorfes und der neu eingerichteten Mutter-Kind-Klinik nicht halt. Die Kinder verkrochen sich, während die Granaten über ihren Köpfen einschlugen. Die Rebellen stellten Huber schließlich mit gezückter Waffe vor die Wahl und gaben ihm eine einzige Chance am Leben zu bleiben: Wenn ihr euch um die schwer verwundeten Rebellen kümmert, bleibt ihr am Leben und das Kinderdorf wird nicht dem Erdboden gleichgemacht. Huber bestand auf eine einzige Gegenforderung: Egal, welche Rebellengruppe auch kommen würde, er würde alle behandeln, egal von welcher Seite der Bürgerkriegsfront. So kam es, dass die Männer, die sich im Häuserkampf gegenseitig umbrachten, schwer verletzt im Kinderdorf Bett an Bett in den blutverschmierten Gängen lagen und die Waffen schwiegen, während das Blut der amputierten Beine in Lachen unter ihren Betten stand. Es war der einzige Ort, das einzige Krankenhaus, wo sie eine Überlebenschance hatten. Das Krankenhaus zu zerstören wäre ihr eigenes Todesurteil, das verstanden die Söldner aller Seiten. Und so steht das Kinderdorf mit dem angeschlossenen Krankenhaus noch heute. Als einzige westliche Einrichtung, die seit dem Ausbruch des Bürgerkrieges hier überlebt hat. Somalia, ein Land doppelt so groß wie Deutschland, das nichts zu bieten hat, wofür es sich lohnen würde internationale Truppen zu schicken, das Leben europäischer oder amerikanischer Soldaten aufs Spiel zu setzen. Mogadischu ist der Beweis, dass die Hölle nicht im Jenseits liegt. Mogadischu ist eine Handvoll Frauen, die nicht aufgeben will. Während die Männer einander die Köpfe einschlagen, riskieren sie ihr Leben, überflügeln – wie an so vielen Orten, an denen es keine Wärme, keine Hoffnung gibt – die Männer an Menschlichkeit und öffnen ihre Arme um zu umarmen und nicht um zuzustechen, zu erwürgen, zu erschlagen, zu morden. Der einzige Grund, warum sie noch am Leben sind, ist der Mullah, sagt Maryan, die Sprecherin der improvisierten Frauenrechtsgruppe. Ausgerechnet in einem Land, in dem kein Gesetz, nur die Gerechtigkeit von Auge um Auge und Zahn um Zahn gibt, wird ein strenggläubiger Mullah, der die Scharia in der Stadt eingeführt hat, zum Verteidiger der Frauenrechtsgruppe. So wagen es Frauen, mit Plakaten auf die Straße zu gehen und ihre Rechte einzufordern. Maryan lacht, weil ich sie sehr mutig nenne. Dumm, antwortet sie, wäre vielleicht die bessere Bezeichnung. Der Mullah mag die Gruppe akzeptieren, aber nicht ihre eigenen Ehemänner, die es nicht gerne sehen, wenn sich ihre Frauen plötzlich erheben. Und die in der Äquatorsonne schnell vergilbten Fotos, die sie mir vorlegt, sind der grausame Beweis für die Abscheulichkeiten der Männer. Vielleicht gibt es irgendwann Gerechtigkeit und vielleicht kommt irgendwann jemand in unser Land und bringt diese Männer vor Gericht, sagt sie und legt die Bilder der misshandelten, blutig geschlagenen, zerschlagenen, verbrannten, gemarterten Gesichter und Körper der Frauen auf den Plastiktisch. Zu jedem Foto gibt es eine Geschichte. Geschichten der Qual, der Demütigung, der Erniedrigung Hilf- und Wehrloser, die sprachlos machen und kaum zu ertragen sind. Monoton betet sie die Verbrechen herunter, zählt die Leiden, die Misshandlungen, die Vergewaltigungen auf. Das jüngste Vergewaltigungsopfer, sagt sie, und zeichnet mit ihren Fingern die Konturen des zwei Monate alten Babys auf dem Bild nach, um gleich das älteste Opfer, eine 70-jährige Frau, nachzulegen. Das Bild der jungen Frau mit dem zerschlagenen, ausdruckslosen Gesicht, den gebrochenen Augen und den verbundenen Armstümpfen legt sie ganz obenauf. Sie hat ihm gesagt, er muss akzeptieren, dass sie ein Mensch ist wie er, erzählt sie. Sie wollte sich eine Arbeit suchen und hat als sichtbares Zeichen ihres neuen Selbstbewusstseins ein wenig Rouge auf ihre Wangen aufgetragen. Er hat ihr gesagt, er will das nicht. Sie hat nicht auf ihn gehört. Mit dem stumpfen Küchenmesser hat er ihr beide Arme abgeschnitten. Jetzt solle sie versuchen sich zu schminken, hat er gesagt und sie sterbend auf die Straße geworfen. Was sie erzählt, ist kaum vorstellbar. Mit einem *stumpfen* Küchenmesser! Vielleicht kommt irgendwann jemand, der ihn zur Verantwortung zieht, denn bisher gibt es hier niemanden, der sich für sie einsetzt. Sie kann nur weitere Fotos machen, jeden Fall akribisch dokumentieren und hoffen, dass es irgendwann Gerechtigkeit geben wird. Sie stellt mir die Frage, die ich befürchtet habe: Nein, ich glaube nicht, antworte ich. Es gibt niemanden, der sich für Somalia interessiert. Sie nickt. Ich weiß, sagt sie, aber was kann sie sonst tun? Sie haben Briefe an Frauenrechtsgruppen in Europa, Afrika und Südafrika geschrieben und um Unterstützung gebettelt. Was sie bekommen haben, war ein Computer, ein Drucker und

Papier, um das Grauen noch genauer, noch präziser dokumentieren zu können. Viele aufmunternde Worte aus der
Ferne. Sie kann aber weiter nur zusehen oder die sterbenden
Mädchen, die der blutige und unglaubliche brutale Ritus der
Beschneidung im Land fordert, ins Krankenhaus bringen. In
keinem Land wird die Beschneidung derart brutal durchge-
führt wie hier. 98% der Mädchen zwischen zehn und vier-
zehn Jahren werden verstümmelt. Es gibt keine Zahlen, wie
viele dabei sterben, man spricht von Tausenden. Jährlich.
Auch diese Fälle dokumentiert Maryan. Auch hier steht der
Scheich hinter uns, sagt sie, aber das Problem sind meist die
Frauen selbst. Es sind nicht die Väter, die die Beschneidung
fordern, nein, die Mütter, die Großmütter, sagt sie. Sie sind
es, die den Ritus fortführen und es ist sehr schwer, diesem
kulturellen Massaker an den Unschuldigsten Herr zu werden. Wobei die Waffe noch dazu nicht von einem Verbrecher,
sondern praktisch von der eigenen Mutter geführt wird, was
für die Kinder eine unglaubliche Zusatzbelastung bedeutet.
Wie kann man seinem eigenen Kind etwas derart
Schreckliches antun? Man holt eine *Spezialistin,* die die
Beschneidung mit einer dutzendfach, hundertfach gebrauchten, nicht sterilen, bereits rostigen Rasierklinge vornimmt
und in einer unglaublichen Qual die gesamten äußeren
Schamlippen wegschneidet. Viele Mädchen sterben, weil
sich die Blutungen nicht mehr stoppen lassen. Sie verbluten
am ersten Tag ihres „Erwachsenen-Daseins" in den Armen
der Mutter, die die Beschneidung gefordert hat, die die
Schreie ihrer Tochter gehört hat, gesehen hat, wie sich die
stumpfe Klinge auf ihre Tochter niedergesenkt hat. Trotz
dieses tausendfachen Sterbens lebt die Beschneidung weiter
und bislang hat die Frauenrechtsgruppe nur wenig ausrichten können. Wie auch, fragt mich die Leiterin. Wir kommen
praktisch nicht aus der Stadt hinaus, die Frauen können
nicht lesen, wie sollen wir an sie herankommen? Die
Beschneidung ist nur der erste Akt eines lebenslangen

Leidens. Ihre Scham, die Wunde der Mädchen wird vernäht, nicht selten mit einer Dornennadel. Nur eine kleine Öffnung zum Urinieren bleibt. Die Frauen leiden großteils unter Inkontinenz und lebenslangen Schmerzen. Schmerzen, die am Tag der Hochzeit ihren nächsten Höhepunkt finden, wenn der Mann die Hochzeitsnacht vollziehen will und sich durch die verwachsene, zusammengenähte Wunde Zugang verschafft. Und dann sagt Maryan, was ich mir nicht vorstellen kann und nicht vorstellen will: Nicht selten, sagt sie, verschaffen sich die Männer Zugang mit dem Messer. Sie schneiden die kleine Öffnung, die der Frau geblieben ist, mit dem Messer auf. Das blutverschmierte Bettlaken gilt als Beweis der Jungfräulichkeit der Gepeinigten. Ich weiß, dass sie nicht übertreibt. Erst bei meiner Ankunft retteten die Ärzte einer Frau in einer Notoperation in der SOS-Klinik das Leben. Damals hörte ich zum ersten Mal von dieser unbeschreiblichen Grausamkeit. Und trotzdem malt die kleine Frauengruppe an neuen Plakaten, mit denen sie wieder auf die Straße gehen werden, ihre Rechte einfordern, den Männern die Ungerechtigkeit und die Brutalität entgegenbrüllen werden. Sie malen mit ihren Händen. Jene Frau, die von einem selbstständigen Leben geträumt hat, bis ihr Mann die Träume vom Körper schnitt, mit ihren Füßen.

Unser Fahrer und die Securitytruppe protestieren. Es wird eine lange Diskussion. Nein, in den alten Hafen fährt er nicht mehr. Wir brauchen aber die Bilder, sage ich und zeige auf unsere TV-Kamera. Nein, nicht in den Hafen, beharrt er. Die Securitys wollen noch einen zweiten Wagen mit bewaffneten Männern holen. Der Fahrer lässt sich nicht umstimmen. Planänderung. Der Mullah hat uns angeboten, das Scharia-Gericht zu besuchen. Er garantiert für unsere Sicherheit, sage ich dem Fahrer, der mich mitleidig anlacht. Sicherheit, sagt er, in Mogadischu? Und er jagt den schweren Geländewagen durch die menschenleeren Straßen, vorbei an Söldnern, die müde und träge im Schatten der zerschossenen

Häuserfronten liegen und zu unserem Glück keine Lust auf Arbeit, auf Mord haben und lieber weiter auf Kathblättern, der beliebtesten Droge in der Region, herumkauen.

Wir haben auf der Straße nichts verloren und es dauert nur ein paar Augenblicke, bis wir vollkommen von Menschen eingeschlossen sind. Die Waffen der Security-Leute und das Gebrüll des Fahrers verschaffen uns einen Korridor zum Gebäude. Der Fahrer schiebt uns aus dem gleißenden Licht der Mittagssonne in den dunklen Vorraum des Gerichts und ich bin wie blind, als ich das Stimmengewirr höre. Mein Pulsschlag erhöht sich, ich kann nichts dagegen tun, und erst langsam gewöhnen sich meine Augen an die Dunkelheit im Gebäude. Scheich Hassan ist noch nicht da. Wir sollen uns setzen. Was immer ich mir unter einem Scharia-Gericht vor-gestellt habe, wird hier über den Haufen geworfen. Es geht zu wie auf dem Jahrmarkt. An mehreren Holztischen wird gleichzeitig verhandelt. Eine Frau streitet mit ihrem Mann um das Sorgerecht für ihren Sohn, erklärt mir ein Gerichtsdiener in ausnehmend gutem Englisch. Bevor Kugeln zwischen den Familien fliegen, versucht das Gericht eine Lösung zu finden. Die Scharia regelt das binnen zwei Wochen, erklärt er, ohne dass jemand sterben muss. Kurz tritt Stille ein. Der Scheich betritt das Gericht und streckt mir seine Hand entgegen. Der Handschlag garantiert unsere Sicherheit, sofort sehe ich, wie mir die Menschen bereitwillig Platz machen. Niemand wird es jetzt hier oder auf der Straße vor dem Gebäude wagen, dem Gast des Scheichs zu nahe zu kommen. Natürlich weiß er um das Bild, das ich mir als Europäer vom Scharia-Gericht mache. Er lacht, als ich mich zurückhaltend gebe und versucht mich weiter zu überzeu-gen. Wir sind nicht alle Taliban, sagt er. Ich hacke keine Hände ab. Er fragt mich, ob ich von dem Jungen gehört habe, der wegen der 2 US $ umgebracht worden ist. Wir hät-ten ihn retten können, sagt er. Es ist ganz einfach. Wir ver-suchen diese tödliche Spirale aus Auge um Auge und Zahn um Zahn bis hin zu Bruder gegen Bruder zu unterbrechen. Auch wer Schulden hat, einen Fehler begangen hat und dafür mit dem Tod bedroht wird, kommt zu uns. Wir nehmen dann mit der Gegenseite Kontakt auf und versuchen zu vermitteln. Meistens wird so etwas wie eine Ratenzahlung vereinbart oder der Schuldner muss so lange für den Mann arbeiten, bis er seine Schuld getilgt hat. Vielleicht eine Demütigung, aber er bleibt am Leben. Der Scheich lädt uns ein, das Gefängnis zu besichtigen und gibt seinen Gefolgsleuten ein paar kurze Anweisungen. Aber seien Sie vorsichtig, sagt er freundlich. Hoffentlich bekommen wir das alles ins Bild, sage ich zu meinem Kameramann – mein erster Gedanke, als wir vom dunklen Gang aus den riesigen Hinterhof betreten. Ich bin mir sicher, dass sich die Fernsehleute um die Bilder aus dem Gefängnis reißen werden. Aber ich sollte mich täuschen. Somalia ist nicht interessant; erst Jahre später wird es das Land in die Schlagzeilen schaffen, wenn Piraten, die vor der Küste ein paar Schiffe kapern, die Europäer und Amerikaner mit geraubten Öltankern an den Energie-Eiern packen. Vor uns sitzen 150 Jugendliche, Kinder und junge Männer in zerlumpten Kleidern im schmalen Schatten, den die Gefängnismauer wirft, Schulter an Schulter, mit den nackten Füßen in dicken Ketten im Staub. Wenn sie aufstehen wollen, müssen sie um Erlaubnis fragen und wenn der Aufseher mit der Peitsche das O. K. gibt, hüpft der Gefangene von einem Ort zum anderen. Gehen ist mit den kurzen Ketten, die die Beine eng aneinanderfesseln, unmöglich. Ich muss kein Mitleid haben, sagt der Scheich und schüttelt den Kopf, sie sind allesamt Mörder, Bestien, die es vielleicht sogar verdient hätten, erschlagen zu werden. Ich frage, wer sie in das Gefängnis gebracht hat, schließlich gibt es keine Polizei, keine Exekutive, die sich um Verbrechen kümmert. Ich erfahre, dass es die Eltern der Mörder selbst sind, die ihre Kinder vor das Scharia-Gericht und ins Gefängnis bringen. Sie bitten die

Scharia um Vermittlung. Auf der Straße wären sie schließlich binnen weniger Stunden tot, gerächt von der Familie des Opfers und ein weiterer Mord würde nur weiteres Blut zwischen den Familien fordern. Sie bleiben so lange, bis wir eine Lösung gefunden haben, sagt er. Manchmal dauert es ein paar Monate, manchmal aber auch Jahre. Zusammen mit der Familie des Opfers suchen wir nach einer gerechten Strafe. Manchmal ist es Geld, sagt er, meist muss er aber für ein paar Jahre im Haus der Familie des Opfers arbeiten, um dort als Sklave unter unvorstellbaren Umständen seine Tat zu sühnen. Aber er wird am Leben bleiben, sagt der Scheich, vor allem müssen keine weiteren unschuldigen Familienmitglieder in einem blutigen Streit sterben. Bis sie ihre Strafe antreten, leben sie hier, bekommen Bildung. Die Aufseher treiben die in ihren Ketten hüpfenden und humpelnden Gefangenen mit Peitschen zusammen. Wir sollen Bilder vom Unterricht drehen. Die Peitschen sorgen für Bewegung und es dauert ein paar Minuten, bis sich der Staub wieder gelegt hat und die Gefangenen vor der Holztafel sitzen, auf der ein paar Worte in Englisch geschrieben stehen. Der Lehrer, selbst ein ehemaliger Gefangener, spricht vor, seine *Klasse* wiederholt im Rhythmus der über ihren Köpfen schwingenden Peitschen. Jeden Tag mindestens drei Stunden, erklärt der Lehrer. Englisch und den Koran. Die Hitze ist unerträglich und der Staub, der Schweiß und die Ausdünstungen der Gefangen machen das Luftholen schwer. Seit Jahren hat es nicht geregnet, der Boden ist steinhart und die Stadt liegt flach, ausgetrocknet in der erbarmungslosen Mittagssonne. Man lebt hier wie auf einer Herdplatte. Im hintersten Eck des Hofes entdecken wir zwei verrostete LKW-Container, die den Gefangenen als Schlafunterkunft dienen. Aneinandergekettet werden sie dort Nacht für Nacht in den Container gesperrt: 100 Jugendliche in zwei Containern. Es fällt schwer, sich die Zustände in diesem verrosteten Ungetüm auszumalen: die unerträgliche Hitze, die Enge der

Gefangenen im Container, die sanitären Bedingungen. Am Abend dürfen sie noch einmal austreten, erklärt mir ein Wärter, dann wird der Container, der in der Decke Luftlöcher hat, bis zum Morgen verschlossen. Wer in den überhäuften Container uriniert, wird Probleme bekommen. Nicht mit uns, sagt er, das regeln sie untereinander selbst – mit den Ketten. Sie müssen kein Mitleid haben, sagt er, das sind keine Menschen, das sind wilde Tiere. Zwischen den Gefangen gibt es ein paar Jugendliche, die sich frei, ohne Ketten bewegen. Drogenkids, sagt der Scheich. Ihre Eltern haben sie zu uns gebracht, damit wir sie von Kath und Marihuana reinigen. Ich darf mit ihnen sprechen und frage, ob mich jemand versteht. Sofort gehen drei Arme in die Höhe und die Jugendlichen stellen sich als Kinder aus der Nähe von London und San Diego in breitestem British und American English vor. Ihre Eltern sind Auswanderer und haben sie hierher nach Mogadischu geschickt, um die Wurzeln ihrer Familien kennenzulernen und den Koran zu studieren. Irgendwann kamen die Drogen, sagt mir Bob aus Kalifornien, und die Verwandten haben uns hierher ins Gericht geschickt. In ein paar Wochen dürfen wir wieder raus. Wir sprechen über George W. Bush, Amerika und den Krieg gegen den Terror und ich sehe in seinen Augen, dass sein „Fuck Bush!" und die erhobene Faust keine leeren Gesten sind. Ein Amerikaner im Jugendgefängnis in Mogadischu, weitab von seiner Heimat, die er verflucht und in die er doch bald wieder zurückkehren muss. Bob drückt mir die Hand und sagt, wir sollen uns vor den Geistesgestörten hüten. Die gehen ab wie Raketen, meint er und lenkt meinen Blick auf ein paar Gefangene, die wenige Meter entfernt unter Sonderbewachung stehen. Mörder, ehemalige Kinder-soldaten und Killermaschinen, sagt der Junge und ich sehe, wie uns die Burschen freundlich entgegenlachen und gleich-zeitig mit ihren Händen andeuten, uns die Kehlen durchzu-schneiden. Ihr geht besser weiter, sagt Bob, sie stehen nicht auf weißhäutige Europäer. „Fuck Bush, see you." Die Gefangenen werden unruhig und es sind immer mehr Wärter nötig, um sie in Schach zu halten. Wir müssen gehen, sagt der Scheich. Ich fühle mich wie in einem Käfig voller Bestien, die nur darauf warten von der Kette gelassen zu werden und ich bin mir sicher, dass ich ohne den Wärtern keine Minute überlebt hätte. Der Scheich erlaubt uns noch einen Blick in das sogenannte Frauenzimmer, das ein verschlossener, dunkler Raum ist. Bis ich die Mädchen in ihren Schleiern auf dem Boden sitzend erkennen kann, gewöhnen sich meine noch funktionierenden Sinne: meine Nase an den schneidenden Geruch und meine Ohren an die gehauchten Laute, die sich die Mädchen leise ins Ohr zischen. Immer mehr Mädchen kann ich jetzt langsam in der Dunkelheit ausmachen. Schließlich zähle ich 15 Mädchen, die im kleinen, nur mit einer kleinen Oberlichte versehenen Raum auf dem Boden kauern und in dem sie jedes Mal von ihren Plätzen aufstehen müssen, wenn eine von ihnen in der Ecke ihre Notdurft verrichtet. Keine von ihnen spricht Englisch und der Scheich sieht es auch nicht gerne, wenn wir zu lange bleiben. Ich werde nicht erfahren, was sie verbrochen haben, um so unmenschlich bestraft zu werden. Ich weiß nicht, wie viele Wochen, Monate sie in diesem Raum verbringen müssen, wie sie behandelt werden. Ihre Reaktion auf meine Nähe war Schrecken, Angst. Ich will mir nicht vorstellen, was sie in diesem Raum, eingepfercht zwischen Wilden, erleiden müssen, weil sie, wie mir der Scheich schließlich verrät, sich in den Augen ihrer Familien unzüchtig verhalten haben. Was das bedeutet, will oder kann er mir nicht sagen, und ich sehe deutlich, wie unwohl er sich bei meiner Frage fühlt. Eine Antwort werde ich nicht bekommen.

Später höre ich, dass sich einige der zwölf- und dreizehnjährigen Mädchen gegen eine Zwangsehe zur Wehr gesetzt haben und der greise Ehemann jetzt das Mädchen im Gericht zum Umdenken bewegen will. Andere sind Opfer von sexueller Gewalt in der eigenen Familie geworden und ihre Mütter haben keine andere Möglichkeit gesehen, als sie dem Gericht zu übergeben, dem einzigen Ort, wo sie vielleicht vor ihren Ehemännern, Onkeln und Brüdern sicher sind, wenn sie auch nur die Hölle der eigenen vier Wände mit dieser Hölle getauscht haben. Dass stets die Mädchen an den Verfehlungen der Männer die Schuld tragen, steht außer Frage. Nicht der gierige Mann, immer das unschuldige Mädchen wird die Schuld an der Vergewaltigung haben und die rechtlosen Frauen werden zusehen oder das Mädchen verstoßen. Ein Europäer passt nicht in diese Welt. Vielleicht liegt das größte Problem in der vollkommen ver-rückten Werteskala, die wir, wenn wir auch Weltoffenheit, Verständnis und vorurteilsfreies Handeln auf unsere Fahnen geschrieben haben, nicht ablegen können, so sehr wir uns auch bemühen. Vielleicht kann man fremde Kulturen nie ganz verstehen, da dieses Verständnis über die klischeehaften, schönen, touristischen Seiten hinaus auch die Schattenseiten betrifft. Wie aufgeschlossen man auch sein mag, wird man trotzdem immer unbewusst die eigenen Werte als Maßstab heranziehen, auch wenn sie hier zwar nicht wertlos, aber doch fehl am Platz sind. Man muss diese Werte nicht akzeptieren, darf es in meinen Augen auch nicht, aber man sollte doch auch den Zeigefinger nicht voreilig erheben, wenn man als Europäer schlicht und einfach zu wenig weiß, zu wenige Jahre unter zu guten, europäischen Umständen, zwar in diesen Ländern, aber stets weit entfernt und unberührt vom tatsächlichen Leben verbracht hat. Wer sein Leben in Luxus verbringt, sollte nicht über die Armut, das Elend und die Ungerechtigkeit des Lebens urteilen. Er hat keine Ahnung, wovon er spricht. Der Scheich glaubt, dass er Gutes tut. Vielleicht rettet er wirklich Menschen, durchbricht mit seinem „Gericht", seinem Gefängnis in vielen Fällen wirklich den tödlichen Kreislauf von Vergeltung. Aber es ist unmöglich, jemandem, der sich im Halbschlaf vor dem Fernseher oder Radio befindet, diese Welt in Beiträgen zwischen Werbeblöcken für Bier und Chips zu vermitteln. Bestenfalls produziert man Unterhaltung, die vielleicht schockiert, aber nichts ändern wird.

Wir fahren zurück in den goldenen Käfig, zurück in das SOS-Kinderdorf, das mir immer surrealer erscheint, je mehr ich von diesem Land und dieser „Stadt" des Schreckens, der Gewalt und des Schmerzes sehe, mit ihren zerschossenen Ruinen, Plastikfetzen notdürftig als Dächer über verdorrte Büsche gespannt, als letzte Behausungen der Hunderttausenden von Europa und der Welt vergessenen Menschen. In der Mutter-Kind-Station hat gerade die Lebensmittelausgabe begonnen. Seit dem frühen Morgen stehen Hunderte Frauen mit ihren Kindern im Arm vor der Tür und warten geduldig auf die Öffnung. In großen Menschentrauben rücken sie Schritt für Schritt in Richtung der Lebensmittel vor. Hier herrschen drei italienische Ordensfrauen. Vor 20 Jahren sind sie in dieses Land gekommen und haben, über viele Fehlschläge hinweg, gelernt, ein System aufzubauen, das in seiner Einfachheit perfekt funktioniert und das Leben Tausender Kinder sichert und rettet. Woche für Woche stellen sich die Mütter für Reis, Öl, Mehl und etwas Seife in die Warteschlange. Bevor die Mütter aber die Lebensmittel mit nach Hause zu ihren Familien nehmen dürfen, müssen sie an den Schwestern mit ihrer Küchenwaage und dem dicken Buch mit ewig langen Tabellen vorbei, in das sie akribisch Zahlen schreiben, die ihnen ein Helfer zuruft. Das System ist einfach, aber enorm effizient, vielleicht das einzige System, das funktioniert, um die Versorgung der Kleinsten, der Schwächsten zu sichern. Bevor die Mütter ihre wöchentliche Ration mit nach Hause nehmen, heben sie ihre Kinder auf die Waage. Hat das Kind seit dem letzten Besuch zugenommen und sieht auch der Arzt, dass es dem Kleinen gut geht, gibt es eine grüne Eintragung – die Mutter bekommt ihre Ration. Geht es dem Kind schlechter und hat es nicht zugenommen, gibt es neben einem strengen Blick den passenden roten Vermerk im Buch. Geht es dem Kind auch bei den nächsten Untersuchungen in den folgenden Wochen nicht besser, bekommt die Mutter keine Unterstützung mehr, sie fällt aus dem Versorgungssystem, was einem Todesurteil für die ganze Familie gleichkommt. So stellen die Schwestern sicher, dass zuerst das Kind von den Lebensmitteln profitiert. Erst danach kommen die Eltern. Ein System, das so einfach und vielleicht auch brutal erscheint, dass es nur in Afrika funktionieren kann, aber die Kindersterblichkeit in der Region senkt. In der Krankenstation, die aus allen Nähten platzt, wird mir wieder vor Augen geführt, wie abgebrüht man doch von diesen Bildern kranker, unterernährter Kinder wird – oder ist es nur der menschliche Selbstschutz vor dem Anblick von zu viel Leid? Einer der Ärzte, Dr. Bashir, steht tatenlos im Eingang und blickt auf die Hunderten Frauen, die vollbepackt aus der Mutter-Kind-Station wieder nach Hause gehen. Er ist zum Nichtstun verdammt. Erst vor wenigen Wochen hat er einer jungen Frau, einer vierfachen Mutter, das Leben gerettet, ihr den hochgradig entzündeten Uterus aus dem sterbenden Körper entfernt. Sie hatte praktisch keine Überlebenschance mehr, als sie die Familie in das Krankenhaus brachte. Der große, starke Mann mit der auffallend sauberen, weißen, dünnen Strickmütze ist nicht einmal ein Fremder in diesem Land. Er stammt aus Mogadischu, konnte das Land aber noch vor Ausbruch des Bürgerkrieges verlassen und landete in Indien, wo er Medizin studierte und schließlich ein lukratives Angebot aus China ablehnte, um zurückzukehren und zu helfen. Er zuckt mit den Schultern: Was hätte ich tun sollen? fragt er. Sie wäre sonst gestorben. Es ist doch meine Aufgabe, Leben zu retten. Sein Fall ist in aller Munde. Jede Frau in der Stadt weiß von Dr. Bashir, selbst das Scharia-Gericht und der Scheich haben sich angeboten bei der Lösung des Falles zu helfen. Das Problem ist, dass die Frau, die vierfache Mutter *lebt*. So sieht es zumindest ihr Ehemann, der als *Wiedergutmachung* 50 Kamele von Dr. Bashir fordert. Der Grund: Sie kann nach der Operation, die ihr das Leben gerettet hat, keine Kinder mehr bekommen. Dr. Bashir musste wählen: Der Uterus oder ihr Leben. In den Augen ihres Mannes ist sie jetzt wertlos, schlimmer noch, sie ist nur noch eine Belastung und der Arzt, der für diesen Fehler verantwortlich ist, soll bezahlen. Wäre sie unter großen Schmerzen gestorben, wäre alles in Ordnung. Niemand würde sich darum kümmern. Weil ich sie aber operiert habe, sagt der Arzt, und ihr Leben mit dem Preis ihrer Fruchtbarkeit erkaufen musste, ist sie für den Mann wertlos. *Nur* die Mutter von vier Kindern zu sein zählt scheinbar nicht. Viele Männer verbieten ihren Frauen jetzt weiter ins Krankenhaus zu kommen. Der Arzt dort sei verhext, heißt es. Sie haben Angst: Weniger um ihre Frauen als um den lebenden Brutkasten an ihrer Seite. Dr. Bashir will nicht bezahlen, keinen Cent. Ich habe richtig gehandelt, sagt er, ich habe ihr das Leben gerettet. Wenn ich künftig jedem, dem ich das Leben rette, dafür Geld schulde, werde ich Arzt gewesen sein. Solange der Fall aber nicht gelöst ist, darf er nicht mehr im Krankenhaus arbeiten und so lehnt er, während im Gebäude jede Hand gebraucht wird, an dem Türpfosten und beobachtet die Frauen, die mit Lebensmitteln versorgt den schwer bewachten goldenen Käfig verlassen. Das ist Somalia, sagt er. Der Mann der geretteten Frau hat ihn davor gewarnt auf die Straße zu gehen. Wenn jemandem wegen 2 US $ die Kehle durchgeschnitten wird, weiß jeder, dass diese Warnung ernst zu nehmen ist. Sollte sich die Lage nicht entspannen, wird man das Krankenhaus überhaupt für ein paar Tage schließen müssen. Das wäre die letzte, die stärkste Maßnahme, sagt Willy Huber, und sei bislang erst einmal passiert. Eine Gruppe Jugendlicher war damals auf die Idee gekommen, eine der drei Schwestern zu entführen und Lösegeld zu verlangen. Als letzte Lösung blieb nur das Zusperren, erzählt der Afrika-erprobte Südtiroler. Zwei Tage später war die Schwester unversehrt wieder zurück. Ich verstehe nicht. Die einzelne Frau hat vielleicht keine Macht, erklärt er, aber in der Masse sind sie mächtiger, als man glaubt. Wenn im Schnitt täglich 2000 Frauen aus der Stadt hierher zu uns kommen und vor verschlossenen Türen stehen, ist das sofort das Gesprächsthema in der Stadt und die Männer werden von ihren Frauen belagert. Tausende Frauen und mit ihnen ihre Zehntausenden Kinder liegen ebenso vielen Vätern in den Ohren; schließlich leben 300.000 Menschen von diesem System. Das zeigt normalerweise schnell Wirkung. Wenn es nicht besser wird und die Drohungen gegen Dr. Bashir nicht zurückgenommen werden, werden wir wieder schließen müssen, sagt der ehemalige Carabiniere. Trotzdem werden schließlich Monate vergehen, bis es eine Lösung geben wird. Das Scharia-Gericht wird sich schlussendlich mit dem Ehemann der Frau einigen können. Er wird die Forderung gegen Dr. Bashir zurückziehen und die Mutter seiner vier Kinder verstoßen, um sich eine junge, in seinem Sinne *funktionierende* Frau zu nehmen.

Es ist 16:21 Uhr und ich verstehe zum ersten Mal wirklich, wie zerbrechlich das Leben ist. Man weiß, dass es keinen Sinn hat, sich im Wagen zu verstecken. Die Kugeln einer Kalaschnikow aus wenigen Metern Entfernung durchschneiden das Autoblech wie ein Messer warme Butter. Wir rasen mit Vollgas durch die engen Gassen. Das Schreien des Fahrers mischt sich in die Explosionen der Maschinengewehre. Das Leben ist ein Geschenk, das unverhofft und unerwartet zurückgefordert werden kann. Wir brauchen unbedingt Bilder aus der Stadt. Die Zeit drängt. In zwei Tagen müssen, dürfen wir abreisen und mit Ausnahme der Bilder aus dem fahrenden Wagen auf dem Weg zur Frauengruppe und aus dem Scharia-Gericht haben wir keine vernünftigen Aufnahmen aus der Stadt. Der Fahrer hat lange dagegen protestiert und nach Rücksprache mit der Security des Kinderdorfes einen zweiten Geländewagen mit acht zusätzlichen, schwer bewaffneten Bodyguards organisiert. Noch einmal wird fast eine Stunde lang beraten und lautstark diskutiert. Immer wieder erklärt uns der Fahrer, wie wir uns verhalten sollen. Wir werden eine Runde durch die Stadt fahren. Hinunter zum Hafen, vorbei an der zerschossenen Kathedrale, kurz am Meer entlang und so schnell wie möglich zurück in den goldenen Käfig. Mit jeder Minute wird er nervöser. Wir müssen los, sagt er, ansonsten haben wir keine Chance mehr. Die sicherste Zeit ist der Vormittag, aber dieser ist mit Verhandlungen verstrichen. Jetzt tickt die Uhr. Ab dem frühen Nachmittag sind die Söldner vollkommen unberechenbar. Schon lange bekommen sie von ihren Auftraggebern kein Geld mehr. Sie werden großteils mit Essen, Alkohol und vor allem mit Kath entlohnt. Täglich landet eine kleine Propellermaschine aus Kenia mit der Modedroge in der Stadt, die einzige regelmäßige Flugverbindung in dieses Land. Sobald sie ihr Kath haben, ziehen sich die Söldner zurück, kauen und beißen genüsslich auf den grünen Blättern und Wurzeln herum, bis die Pflanze ihre Wirkung zeigt. Im Halbschlaf dösen sie berauscht im Schatten. Dann herrscht meist ein bis zwei Stunden Ruhe in der Stadt. Die Kämpfer sind zu stoned, zu müde, aber vielleicht gerade aus diesem Grund auch vollkommen unberechenbar. Gut zu wissen, dass die Männer nicht nur bewaffnet, sondern auch im Drogenrausch sind, sagt Robert, mein Kameramann. Aber wir brauchen die Bilder, ansonsten wird der Zuseher ein Mogadischu aus der Perspektive des Kinderdorfes, des goldenen Käfigs, nicht aus der des unbeschreiblichen Elends sehen. Immer wieder bleiben wir für Sekunden stehen, während Robert bei offener Autotür und laufendem Motor einen Fuß aus dem Auto setzt und die Bilder aufnimmt, die wir brauchen. Die Bodyguards stellen sich auf der Ladefläche der Geländewagen auf, halten ihre Gewehre im Anschlag. Nach wenigen Sekunden ertönt der Befehl, schnell wieder einzusteigen. So tasten wir uns vor, Hausecke um Hausecke, immer den Wagen mit unseren Aufpassern vor uns, um die Lage an jeder Straßenkreuzung zu kontrollieren, Ausschau nach den Banden und Söldnern zu halten. Bei jedem Stopp hat der Fahrer die Hand am Gürtel von Robert und zieht ihn nach Sekunden, nach einem Bild, einem kurzen Schwenk zurück in den Wagen. Niemand spricht ein Wort. Wenn wir länger als eine Minute stehen bleiben, erheben sich irgendwo im Schatten benommen die ersten Köpfe, geweckt von den laufenden Motoren. Die wenigen Menschen, die unterwegs sind, drängen sich in Hauseingänge und machen, dass sie von der Straße wegkommen. Weiße mitten in der Stadt sind immer ein Problem, eine Gefahr. Es riecht förmlich nach Problemen. Lange geht das Hasardspiel gut, bis wir auf dem Rückweg noch einen kurzen Zwischenstopp einlegen um letzte Bilder zu drehen. Wieder stehen wir für eine Minute auf der Straße, unsere Bewacher sind schon einen Häuserblock weiter, als aus dem Schatten eine Gruppe direkt auf uns zukommt. Ein fremdes Auto, Weiße, eine Fernsehkamera. Sie sind keine 20 Meter mehr entfernt, der Fahrer versucht sie zu beruhigen, jedoch vergeblich, jemand reißt uns ins Auto zurück. Die Gewehre im Anschlag drückt der erste ab – Vollgas. Die Kugeln durchschneiden die Luft. Während unser Wagen durch die engen Gassen rast, tauchen von einer Sekunde auf die andere immer mehr Söldner auf, und richten von den Dächern immer mehr Gewehre auf uns – wir haben keine Chance und trotzdem überleben wir unverletzt. Erst als wir kreidebleich in das Kinderdorf zurückkommen, werden wir erfahren, was uns das Leben gerettet hat. Willy Huber, der *kampferprobte* Gründer des Kinderdorfes hier, hat das SOS-Kinderdorf-Logo auf das Dach des Geländewagens malen lassen. Ein Logo, das jeder in der Stadt kennt, vor allem die Söldner, die ihre Verletzten genauso wie ihre kranken Frauen und Kinder in das Spital bringen können, egal welcher Gruppe sie angehören, welchem Warlord sie dienen. Von den Dächern aus haben sie das Logo gesehen und es damit wohl bei Warnschüssen belassen, erklärt mir der aufgeregte Fahrer, und dass die Söldner auf der Straße nicht getroffen haben, liegt wohl auch am Kath.

Es sind die Zufälle, die uns überleben lassen, sagt Mohammed, ob hier in der Stadt oder draußen auf der Flucht. Es ist der Zufall, der bestimmt, ob du in der Wüste verdursten oder im Meer auf dem Weg nach Europa ertrinken wirst. Seine Hand hat nicht genug Finger, um die Freunde aufzuzählen, die nach Europa aufgebrochen sind und er lässt die Hände sinken, als ich frage, wie viele dort angekommen sind. Es gibt keine Nachrichten, sie sind tot. Nur einer, Abdifara, hat es zurückgeschafft. Er wollte mit einer Gruppe durch die Wüste nach Libyen. Durch die Hitze, tagelang bei fast 50 Grad. Wenn dein Auto kaputt geht, bist du verloren, sagt er. Zuerst trinkst du noch die Kühlflüssigkeit im Auto, irgendwann aber ist es aus. Lieber als über die Hoffnungslosigkeit, das Sterben, das kurze Leben in diesem Land spricht er über die Zukunft. Wie alle Kinder im Kinderdorf träumt er von einem Leben, in dem man ohne Angst auf die Straße gehen, sich etwas kaufen kann und von einem Beruf. Seit ein paar Monaten gibt es die ersten Schulungscomputer im Dorf, plötzlich möchte jeder Programmierer werden und vor allem die Jungs träumen von der Karriere eines Bill Gates. Dann, als reiche Männer, wollen sie eines Tages zurückkehren und dieses Land wieder aufbauen, erzählen sie mit afrikanischem Optimismus. Die Mädchen sind besonnener. Sie bekommen hier eine Ausbildung in der Haushalts- und Schwesternschule, die die drei italienischen Schwestern aufgebaut haben. Nach drei Jahren haben sie ein Diplom in der Hand, das sie in Afrika zu gefragten, ausgebildeten Arbeitskräften macht. Es ist wirklich ein goldener Käfig, sagt eine der Schwestern. Wer innerhalb dieser Mauern einen Platz findet, hat irgendwann die Chance auf ein normales Leben fern von diesem Land, aus dem man nur fliehen kann, falls man seine Jugend überlebt und nicht von Söldnertrupps entführt und zum Dienst als Kindersoldat gezwungen wird. Während der Abend hereinbricht, in der Stadt in der Ferne geschossen wird und Djamilia mir von ihrer Kindheit da draußen erzählt, von den abendlichen Gewehrsalven, die sie später ihre Gutenachtmusik nannte, bereitet Giuseppe, der Kinderarzt aus Turin, der sich freiwillig für sechs Monate hierher in die Hölle gemeldet hat, den großen Kinderdorf-Dia-Abend vor. Wir hören, was selten geworden ist in dieser Stadt: ausgelassenes Kinderlachen. Sie halten sich ihre Bäuche, als sie sehen, wie der Doktor mit einer Stirnlampe bewaffnet in der Dämmerung das Leintuch als Leinwand im Garten spannt und den Dia-Projektor anwirft. Das Bettlaken zittert im Wind, während er die Bilder aus seiner Heimat, vom Winter, aus einem weißen Paradies in Europa auf das Tuch zaubert. Lachen wechselt mit Staunen in Dutzenden Kinderaugen, die auf Bilder aus einem fernen, heilen Land starren. Das ganze Kinderdorf ist auf den Beinen und kennt kein Halten mehr, als sie schließlich die Bilder der letzten Tage sehen; von unseren Interviews, dem Fußballspiel, den italienischen Schwestern, den Kinderdorfmüttern und sich selbst.

Wenige Stunden später weckt uns Willy. Es ist soweit, sagt er. Das erste Baby an diesem Tag wird geboren. Lange hatten wir am Vorabend geredet. Lange hatten wir davon gesprochen, dass es doch Hoffnung für dieses Land geben muss und haben keine Antwort gefunden. Eine Geburt, sagt Robert schließlich. Ist ein Neugeborenes nicht der Beweis, dass das Leben siegt? Wir brauchen dieses Baby, dieses Bild der Unschuld, der Hoffnung. Es soll das letzte Bild sein, das die Zuseher aus Somalia sehen – ein Bild, das Hoffnung gibt.

Sie ist seit vielen Tagen unterwegs, übersetzt die Schwester. Zu Fuß, dann ein Stück mit einem Bus und schließlich die letzten zwanzig Kilometer in die Stadt wieder zu Fuß. Sie wohnt fast 300 Kilometer entfernt, eine Reise von mehreren Tagen und sie wollte ihr Kind hier gebären. Sie lässt uns gerne am Wunder ihrer zehnten Geburt teilhaben, als wir ihr erzählen, warum wir diese Bilder unbedingt brauchen. Für mich ist es die erste Geburt. Nicht in einem Krankenhaus zu Hause, sondern weit entfernt im ärmsten Land der Welt. Es ist ein erhebendes Gefühl, wenn neues Leben geschenkt wird und schlicht ein Wunder. Sie wird den kleinen Jungen nach dem ersten Schrei wickeln, dann wird ihn die Schwester zwei Stunden an die Seite der schlafenden, erschöpften Mutter legen und als wir von einem schnellen Frühstück bei Dottore Giuseppe zurückkommen, um noch einmal mit der Mutter zu sprechen, ist sie weg. Gegangen. 300 Kilometer zurück in ihr Dorf, das Kind an ihre Brust gebunden, den Schmerz der Geburt in den Gliedern. Sie muss zurück, sagt die Schwester, sie hat keine Zeit sich auszuruhen, sie muss zurück aufs Feld. So ist Afrika. Sie hat mir ihren Jungen gereicht, für einen kurzen Moment habe ich seinen Herzschlag gespürt. Diesen rasenden Herzschlag, diesen Willen zu leben, diesen unbändigen Drang. Er ist auf *dieser* Welt, dieser somalischen, menschenunfreundlichen, toten Welt, ob es ihm passt oder nicht – er wird die Liebe seiner Mutter kennenlernen, Kind wird er trotzdem nie ganz sein können. Kann ein Kind hier glücklich sein? Ich sehe in das Gesicht der glücklichen Mutter und verwerfe die stille Frage. Die Mutter, die jetzt wieder auf diesen Straßen unterwegs nach Hause ist, meinen kleinen neuen Freund an ihrer Brust. Wie hart kann ein Mensch sein, wie verweichlicht sind wir Europäer geworden?

Die Zeit drängt, die einmotorige Maschine bleibt nicht länger auf der Schotterpiste am Stadtrand stehen als unbedingt notwendig. Niemand ist gerne in diesem Land und der Pilot ist nervös. Ein letztes Mal rasen wir durch Mogadischu, vorbei an Hungernden, Vergessenen, Söldnern, Waffen und Kindern. Weg von Mord und Totschlag ebenso wie vom Leben und der einmaligen Improvisationskunst der Somali, aus dem Nichts ein Dach über den Kopf zu zaubern, mit Nichts ein Leben zu führen und vielleicht sogar zu überleben. Auf der Schotterpiste finde ich den versteinerten Reißzahn eines Löwen. Unser Fahrer lacht – du bist ein glücklicher Mensch, sagt er.

Im September 2006 wurde eine der drei Ordensschwestern, Schwester Leonella, auf offener Straße erschossen. In den folgenden Monaten brach der Krieg mit voller Härte erneut über die Stadt herein, Hunderttausende sind seitdem auf der Flucht. Tagelang saßen die Kinder mit ihren Müttern in den engen Schutzbunkern des Kinderdorfes, während im Garten zwischen den letzten Bäumen die Granaten einschlugen. Alle ausländischen Mitarbeiter mussten nach Nairobi evakuiert werden.

Die Bilder aus Somalia fanden nach unserer Rückkehr kaum Interesse. Weder die Frauengruppe, noch das Scharia-Gericht oder die unglaubliche Geschichte der Männer und Frauen, die im Kinderdorf täglich ihr Leben riskieren, war den Medien eine größere Geschichte wert. Die Mitarbeiter kehrten nach Mogadischu zurück, wo sie noch heute sitzen und arbeiten, genauso wie die Einheimischen, die täglich sterben. Erst die Piraten am Horn von Afrika haben Somalia zurück in die Schlagzeilen katapultiert. Ein paar Dutzend Söldner, die eine Marktlücke entdeckt haben und internationale Schiffe vor ihrer Küste entführen, und Millionen an Lösegeldern erpressen, haben Somalia wieder auf die Titelseiten gehievt. Tausende Soldaten, Kriegsschiffe und Flugzeuge wurden in die Region verlegt, um mit Millionenaufwand die Gewässer vor Somalia für den *Warenverkehr* zu sichern. Keiner von ihnen setzte auch nur einen Schritt auf das Festland – warum auch, dort gibt es ja nur Menschen.

Tsunami – Thailand im Dezember 2004

Ein blonder Haarschopf, ein blau-weiß gestreifter Sweater, diese blauen Augen, die mich direkt von der Vermissten-Tafel vor dem Krankenhaus im Zentrum von Phuket anschauen, bringen die Katastrophe im Paradies auf den Punkt und schmerzen mehr, als der Anblick der Leichenberge, die ohnehin nicht zu verstehen sind. Es ist das Foto einer glücklichen Vergangenheit, die Momentaufnahme eines Kinderlachens, das die nackten Zahlen und Fakten, hinter denen man glaubt sich mit journalistischer Distanz schützen zu können, von einem Augenblick auf den anderen einstürzen lässt und mich mit einem Schlag mitten ins Herz trifft. Der vermisste schwedische Junge ist nur ein Gesicht von Hunderten auf den langen Tafeln am Krankenhauseingang. Jedes von ihnen gibt dem Unbegreiflichen ein persönliches Gesicht, hilft die Katastrophe zu verstehen, die 230.000 Menschen das Leben gekostet hat. Es sind nicht die mit weißen Plastiksäcken gefüllten Massengräber, nicht die Tausenden Toten, die schrecklich zugerichtet in den Stunden nach der Katastrophe offen auf den Wiesen vor den Tempeln liegen und erst recht nicht die stündlich steigende Zahl der Vermissten. Der Tod ist ab einer gewissen Größenordnung nicht mehr begreifbar, nicht mehr realisierbar. Es ist dieses eine Gesicht, der Ausdruck in seinen Augen, der mich vielleicht an jemanden erinnert, der mir begreifen hilft, dass hinter jeder Katastrophe Tausende Tragödien stecken. Es sind nicht die Leichenberge, die sich auftürmen, nicht der Geruch, der einem noch Wochen nach dem 26. Dezember 2004 im Gebiet von Khao Lak oder Ban Nam

Khem die Luft zum Atmen nimmt, es ist nicht die unglaubliche Zerstörungskraft der Naturgewalt, die jedem Vergleich spottet, es sind nicht die Tausenden Traumatisierten, das unglaubliche Chaos, was mich vordergründig beschäftigt, sondern das Gesicht dieses Jungen. Es sind immer die persönlichen Geschichten der Hinterbliebenen, die mir das Erzählen, die Erinnerung schwer machen. Es sind die kleinen Momente, die die Trauernden, Verzweifelten und Suchenden mit mir teilen, wenn sie beim Erzählen den geliebten und verlorenen Menschen noch für einen kurzen Augenblick ins Leben zurückrufen. Und wenn die Erzählung dann plötzlich, in einer kurzen und doch so brutalen Pause, von der Gegenwart in die Vergangenheit rutscht und der geliebte Mensch ihnen so in den ersten Stunden und Tagen der Gewissheit immer und immer wieder aufs Neue genommen wird; wenn die Verzweiflung um sich greift – dann bleibt nur die große Wunde, die niemals gänzlich heilen wird.

Sie weint leise, ihr Schluchzen ist kaum zu hören. Es ist die dunkle Sonnenbrille und das Zucken ihrer Schultern, das sie verrät. Sie muss aus dem Norden Thailands stammen, ein Mann hält sie wortlos an der Hand und führt sie die Stufen hinauf zum Flieger, der in wenigen Minuten von Bangkok nach Phuket abheben wird. Sie nehmen neben mir Platz und sprechen kein Wort, so wie kaum jemand in der Maschine etwas sagt. Sie beginnt erst zu weinen, als die dröhnenden Triebwerke der Boeing ihr Schluchzen übertönen. Zwischen den Geschockten, Trauernden, Verängstigten schlafen die internationalen Katastrophenhelfer, die noch die letzten Minuten der Ruhe nützen, bevor es in das Einsatzgebiet geht, während die wenigen Touristen, die sich an Bord befinden, aus den Fenstern blicken, um auf der ruhigen See unter uns eine Spur des Tsunami zu erhaschen. Ich kann nicht schlafen, das Zittern der Schultern meiner Sitznachbarin, ihre Trauer ist in der ganzen Reihe zu spüren. Was führt sie hierher? Hofft sie, einen geliebten Menschen zu finden? Hofft sie wie Hunderttausende in diesen Stunden auf ein Wunder? Ich will mich noch nicht mit dem Tod auseinandersetzen. Noch nicht. Eine Stunde später werde ich in Phuket landen, diese letzten Minuten gehören noch mir. Dem Menschen, nicht dem Reporter. Ich denke an meine Frau, meinen besten Freund, an schöne Dinge. Ich kann nicht denken und noch immer zittert mein Sitz im Rhythmus der Schultern dieser zarten, gebrochenen Frau.

Niemand kann sich darauf vorbereiten, was er in einem Katastrophengebiet erleben, sehen wird. Ich habe ein zerstörtes Land erwartet und werde von der logischen Tatsache überrascht, im Hinterland keine Zerstörung vorzufinden. Ich bin nicht im Krieg, ich muss keine Angst vor Minen, Gewehrschüssen, Überfällen oder einer Entführung haben. Was hier passiert ist, haben nicht Menschen verschuldet, es gibt niemanden, den man anklagen kann, es gibt nur die Trauer, den Tod und die Hilfe.

In der Gemeinde Patong steige ich über die Trümmer der Bungalows und Geschäfte hinunter zum Strand und blicke auf das Meer, das ruhig und sanft gegen den Strand schwappt. Fünf Meter hoch ist hier der Tsunami vor wenigen Stunden in den Ort gedonnert und hat 600 Menschen das Leben gekostet, war Hunderte Meter weit in den Ort geflossen und hatte in einem Strudel aus Wasser und Trümmern jeden mitgerissen, der sich nicht in Sicherheit gebracht hatte. Nur 600 Tote, denke ich, und das bei diesem Grad der Zerstörung? Was muss nördlich von hier in Khao Lak passiert sein, wo der Tsunami weit stärker und tödlicher gewütet haben soll? Das Meer spült frische Holztrümmer, die Reste einer Palme, einen Kühlschrank, ein Fischernetz an meine Füße, während ich hinter mir die Pumparbeiten in einer Tiefgarageneinfahrt beobachte. Am Nachmittag hat man die ersten Toten aus der Tiefgarage bergen können. Sie waren einfach in ihren Autos gefangen und ertrunken, jetzt ziehen die Bergungstrupps die Fahrzeuge aus dem nassen Grab. Eine Gruppe von freiwilligen Helfern zerrt an einem Stofffetzen, der, vom Meer umspült, halb im Sand vor mir begraben liegt, während zwei Helfer sofort loslaufen, um einen weißen Leichensack aus dem Jeep zu holen. Instinktiv trete ich einen Schritt zurück, sehe dann aber sogar ein kurzes Lachen im Gesicht der Helfer. Das Aufatmen der kleinen Gruppe ist nicht zu überhören, als sie mich sehen, hören sie verschämt auf zu lachen und wenden sich wieder ihrer Arbeit zu. Es sind nur die Überreste eines Kleiderschranks, kein Toter. Der Leichensack bleibt trotzdem nicht lange ungenützt.

Auch in der Bangla Road, der bekannten *Vergnügungsstraße,* hatte der Tsunami seine Opfer gefordert. Jene Straße, die sich von der Strandpromenade einige Hundert Meter weit in die Stadt zieht und in der jedem Einsamen und Perversen das geboten wird, weswegen viele hierher kommen: billiger Sex.

Verstehen Sie mich nicht falsch, hatte mir die Frau im Zug zum Flughafen in Wien noch gesagt, aber wenn man doch weiß, was da an diesen Orten passiert ... Ein Tsunami als Strafe Gottes also? Weil *die* es verdient haben?

Auch heute Abend läuft das Geschäft, wenn auch eingeschränkt. Während am Strand vor den Lokalen, in den Tiefgaragen und aus den Trümmern der zerstörten Häuser die Leichen geborgen werden und die Erde von der Flutwelle noch nicht getrocknet ist, verhandeln die *Touristen,* die noch geblieben sind, um den Preis für eine Nacht. 20? – Hast du nicht gehört, was passiert ist? – Du bekommst 10, ansonsten schau, wo du bleibst!

Die Frauen, die die aussichtslose Lage in ihren Heimatorten im Norden zu Tausenden zur Prostitution nach Patong getrieben hat, sind die ersten Opfer der sich anbahnenden Touristenflaute. Angebot und Nachfrage – der Markt reagiert schnell. Die *Touristen,* die geblieben sind, verstehen dieses Spiel und nützen die Chance um einen noch *billigeren* Urlaub zu genießen. Sie hängen noch ein paar Tage an und erregen sich lauthals über die Schlagzeilen in deutschen Boulevardblättern, die es auch hier bald wieder zu kaufen gibt: Tausende sind tot, aber das Bier schmeckt schon wieder. Wie recht kann doch manchmal sogar ein Boulevardblatt haben.

Um fünf Uhr früh breche ich Richtung Khao Lak auf. Es gibt noch immer unterschiedliche Meldungen über das Ausmaß der Katastrophe in diesem Ferienparadies knapp 90 Kilometer nördlich von Phuket. Immer neue, noch höhere Opferzahlen werden veröffentlicht, immer grausamer werden die Schilderungen der Überlebenden, der Helfer, der Betroffenen. Während der gesamten Fahrt überholen wir Lastwagen mit Rettungskräften, Bergungsmaterial und Särgen. Jeder will helfen. An jeder Straßenecke gibt es Trinkwasser, Essen, vielerorts auch Kleidung. Die Solidarität im Volk ist unglaublich. Ein Ruck, ein Schock durchläuft die Bevölkerung noch Wochen nach der Katastrophe, auch wenn viele skrupellose Geschäftemacher das Chaos, die Not der Stunde ausnützen. Tausende stehen an den Straßen und wollen per Anhalter in die am schlimmsten betroffenen Gebiete. Sie stehen mit Schaufeln, Spitzhacken und Flaschenzügen, in kurzen Hosen und handbemalten T-Shirts mit der Aufschrift „Helfer" und bitten um Mitfahrgelegenheit. Wieder packt mich das Gefühl der Ungewissheit.

Wir halten in der Nähe des Tempels von Wat Yan Yao, wo man die ersten Massengräber auszuheben beginnt. Die Bagger stehen bereit, um die ersten Erdlöcher für die Hunderten Toten ausheben, die auf der Straße in Kühl-LKW-Zügen warten. Zwischen Trauernden, betenden Mönchen, den offenen Türen der Kühlfahrzeuge und Aushubarbeiten steige ich live in die Radiosendung ein. Vor mir die Augen der traumatisierten Angehörigen, die nicht verstehen, was ich hier zwischen ihnen mache, mit wem ich spreche. Ihre Blicke wandern hin und her zwischen mir und den Greifarmen der Maschinen, die immer tiefer in die Erde fassen um Bäume und Sträucher auszureißen, und Platz für die Toten zu schaffen. Mir scheint, als würde den Angehörigen selbst mit jeder Greifbewegung des Baggers das Herz wieder und wieder aufs Neue aus der Brust gerissen, als die Männer beginnen, die ersten Leichensäcke vom Kühl-LKW neben das Massengrab zu legen. Noch sind es 20 Kilometer bis Khao Lak. Mit jedem Kilometer scheint es noch mehr Tote zu geben. Vor einer Tempelanlage halten wir erneut. Die Leichen, die eilig auf den Ladeflächen von Kleinlastwagen herangekarrt und hier auf Eisblöcken abgelegt werden um den schon einsetzenden Verwesungsprozess zu verzögern, sollen hier von den Angehörigen identifiziert werden. Der Geruch der Hunderten Toten in dieser unglaublichen Hitze ist kaum erträglich, während Menschen auf der Suche nach Familienmitgliedern auf einem schmalen Pfad durch und über die meist verstümmelten, menschlichen Überreste steigen, stolpern, weinen. Es übersteigt das Vorstellungsvermögen und vor allem das ertragbare Leidensvermögen der meisten Menschen, von denen viele hier *zerbrechen*. Die Intensität des erträglichen seelischen Schmerzes ist überschritten und die Menschen erstarren plötzlich. Starre Blicke, keine Bewegung, als seien sie selbst tot. Nur der Geruch, dieser süßliche, schwere Geruch erinnert mich daran, dass ich nicht in einen Albtraum eingetaucht bin. Die Atmosphäre auf diesem Platz, zwischen Hunderten aufgedunsenen, verbrannten, aufgeplatzten Toten ist surreal, unbegreiflich. An Orte wie diese kann man sich nicht *gewöhnen*, sie widersprechen einfach der menschlichen Natur, dem Überlebenstrieb.

Es ist ruhig, als wir den Hügel, die letzten Kurven nach Khao Lak nehmen. Sieben Jahre vor der Katastrophe war ich schon einmal hier und ich erinnere mich noch an den unglaublichen ersten Blick auf diesen Traumstrand. Jetzt höre ich aus dem Mund meines Kollegen nur ein Oh God, that`s impossible, look at this, can you believe this? Nein, niemand kann glauben, verstehen, was er hier zu sehen bekommt. Das Erschreckendste ist die Dimension. Kilometer um Kilometer Zerstörung, Tod, Leid, Leichensäcke, Verwesung, Trümmerfelder und das Nicht-Verstehen. In Patong hatte ich mir noch eine Übersichtskarte des Strandes organisiert, auf der jedes Hotel, jedes Geschäft und jede Bar in Khao Lak eingezeichnet ist. Die Karte ist wertlos. Es gibt nichts, was man suchen, woran man sich orientieren könnte.

Die Such- und Rettungshunde bellen vergeblich. Es ist immer nur ein Leichensack mehr, der gefüllt werden soll. Der Tsunami hat den Traumstrand in eine tote Wüste verwandelt, alles zerstört, was sich ihm in den Weg gestellt hatte. Nur die Reste der massivsten Gebäude haben die Katastrophe, die Welle, die hier weit über zehn Meter hoch war, überstanden und blicken jetzt als überdimensionale Grabsteine über Trümmer und Leichen hinweg, Zeugen der unglaublichen Gewalt der Wassermassen. Am Strand entdecke ich eine gewaltige, silberne Kugel, die aussieht wie eine riesige, von Hand zerknüllte Kugel aus Silberpapier. Ich berühre die Kugel und suche nach einer Erklärung. Ein freiwilliger Helfer beantwortet meine stumme Frage. Es ist ein Teil des Schwimmbeckens, das im Hotel hinter mir stand und das der Tsunami aus dem Betonbecken gerissen und zusammengeknüllt an den Strand geworfen hat. Gestoppt nur von den Überresten einer in zehn Metern Höhe geköpften Palme, die zwischen den Grundmauern einer verschwundenen Bungalowsiedlung steht und zu deren Wurzeln irgendjemand einen Teddybären so hingesetzt hat, dass er hinaus aufs Meer schauen kann. Der Bär eines Kindes, das hier gelacht, gespielt hat. Zwei Stunden lang irre ich durch die Trümmer, ehe ich weiter nach Takua Pa fahre, dem zentralen Sammelpunkt für die Toten der Region. 2000 Tote liegen aneinandergereiht. Spärlich bedeckt, von der Sonne bereits verbrannt. Die Zeit drängt, man hat Angst, dass Seuchen ausbrechen und die Toten das Grundwasser vergiften könnten. Alles muss schnell gehen. Der Verwesungsprozess in dieser Hitze setzt bereits nach wenigen Stunden ein, es ist höchste Zeit die Opfer zu begraben. Trotzdem will jeder hier einen Blick auf die Toten werfen. Jeder, der hierher kommt, hofft noch, den oder die geliebten, vermissten Menschen zu finden. Eine Identifizierung über das Aussehen ist aber kaum noch möglich, nur selten durchbricht ein lauter Aufschrei das geschäftige Treiben zwischen den internationalen Kameraobjektiven, als Zeichen, dass zumindest ein weiteres Opfer seine Identität zurückbekommen hat und ordentlich, mit Namen versehen, begraben werden kann.

Als Reporter muss man nur die Augen öffnen und geöffnet lassen, wenn man nicht mehr hinsehen will. Geschichten gibt es an jeder Ecke. Eine Naturkatastrophe hat in den ersten Tagen meist auch keine politische Komponente, somit konzentriere ich mich auf die Schilderung der Ereignisse, die über nackte Berichte über ständig neue und höhere Todeszahlen hinausgehen soll. Der Radioreporter gibt der Tragödie eine Stimme, soll den Hörer informieren, ihn aber auch in seiner persönlichen Stimmung bestärken. Die ganze Welt ist geschockt über die Bilder aus Süd-Ost-Asien, der Hörer will diese Bilder vervollständigt haben. Er will mitreden können, will seine Trauer oder das Gefühl des Entsetzens in seinem Inneren bestätigt sehen. Dabei ist man als Radiojournalist auf sich alleine gestellt. Es gibt keinen Produzenten, keine helfende Hand. Man schleppt das Equipment alleine, recherchiert alleine, man *ist* alleine – zumeist 18 bis 20 Stunden am Tag. Die wenigen Stunden Schlaf, die man bekommt, sind nie erholsam. Mit Abenteuer oder gar Romantik hat dieser Job nur wenig zu tun. Es ist ein hartes Geschäft. Wenn wir von der Berichterstattung rund um den Tsunami in Thailand reden, findet es aber zumindest in einem sicheren Umfeld statt. Sicher für Leib, nicht immer aber für die Seele. Am vierten Tag werde ich Zeuge eines Streits am Strand von Patong. Während die Aufräumarbeiten in vollem Gange sind, der Strand gesäubert wird und wenige Hundert Meter entfernt noch immer Tote aus den Trümmern geborgen werden und Hinterbliebene aus aller Welt gegen den Rat ihrer Regierungen nach Thailand fliegen, um sich selbst auf die Suche nach ihren Liebsten zu machen, lassen sich einige Menschen die Freude am Urlaub nicht verderben – im Gegenteil. Sie sagen, sie bleiben hier *um ein Zeichen zu setzen*. Einige ihrer Zeichen sind aber schwer zu begreifen. Der Streit beginnt mit dem Schreikonzert eines Mannes, der sich lauthals darüber beschwert, *weil die Sauerei hier nicht schneller aufgeräumt wird.* Er habe einen Traumstrand gebucht und es sei ihm egal, dass das eine Ausnahmesituation sei. Die Einheimischen können nicht verstehen, wie die Menschen seelenruhig ins Meer schwimmen gehen können, wo doch noch immer Hunderte Menschen im Meer vermisst werden. Die Thais werden das Meer monatelang meiden. Die Bilder der dickbäuchigen Touristen zwischen den Trümmern, ein Bier in der einen Hand und eine Prostituierte an der anderen auf dem Weg zum Baden, sorgen weiter für Schlagzeilen. Natürlich sind diese *Menschen* eine *Geschichte* für die Medien und Sprüche, die mir Touristen ins Mikrofon sagen, wie etwa „Das gepökelte Fleisch hält ja ohnehin länger" und „Die Fische am Abendgrill schmecken damit auch schon würziger" bekommen auch die Einheimischen mit. Aber es ist nicht die Dummheit der Wenigen, sondern die Hände, die mir die Menschen reichen, die Geschichten, die Überlebende in diesen Wochen in Thailand mit mir teilen, die mir in Erinnerung bleiben. Eine Frau aus Deutschland erzählt, dass sie ihr Kind und ihren Mann verloren hat und jetzt Angst davor hat, heimzufliegen, alleine in ihre Wohnung zurückzukehren, weil sie nicht weiß, wie sie diesen Schritt in die Wohnung schaffen soll. Ich kann da nicht mehr hinein, die Erinnerung ist zu stark. Es geht nicht. Es kann sich wohl niemand vorstellen, was es bedeuten muss, aus einem Traumurlaub mit der Familie *alleine* zurückzukehren. Alleine eine Haustür aufzusperren und in die Wohnung einzutreten, die man gemeinsam verlassen hat, das Kind damals noch auf dem Arm, den Mann neben sich mit den Koffern in der Hand und die Vorfreude auf den Urlaub im Herzen. Der Blick auf den Tisch in der Küche, der Blick ins Schlafzimmer, der erste Schritt ins für immer leere Kinderzimmer. Ich kann mir nicht vorstellen wie Menschen diese Schicksalsschläge überstehen können; die einen geliebten Menschen verloren haben und nicht einmal die Möglichkeit haben, ihm die letzte Ehre zu erweisen, weil er einfach vom Meer fortgerissen wurde. Nur vielleicht, vielleicht irgendwann wird er als eines der Tausenden Opfer in den Kühlcontainern mittels DNA-Abgleich, Zahn- oder Fingerabdruck identifiziert. Das Klingeln der Kriminalisten an der Haustür, um Zahnbürsten, Rasierer, Gewebeproben einzusammeln, die die Identifizierung ermöglichen sollen. Das monatelange Warten, die Ungewissheit. Kann es etwas Schlimmeres geben? Am Konsulat treffe ich einen jungen Österreicher. Er hatte mit seiner Freundin ein paar Tage in Khao Lak verbracht. Er erzählt mir, was passiert ist, vor allem aber erzählt er mir von der Frau, die er liebt. Davon, wie er sie das letzte Mal gesehen hat, wie sie vom Tsunami getrennt wurden und er alleine überlebt hat. Er will nicht nach Hause. Er kann nicht nach Hause. Auch er will genau diesen Schritt über die Hausschwelle nicht alleine machen und zumindest *etwas* von ihr mit nach Hause nehmen. Die Notfallpsychologen, die Ärzte und auch der anwesende Seelsorger wollen ihn davon abhalten, alleine auf die Suche nach ihr zu gehen. Eine Suche, die vollkommen sinnlos ist, zu groß ist die Zahl der Toten, das Chaos, zu hoch die Zahl der Vermissten, zu unbeschreiblich der Zustand vieler Toter.

Er weiß es, trotzdem geht er los. Wenige Tage später treffe ich ihn wieder. Tage, in denen er gealtert ist. Er gibt mir die Hand zum Abschied. Ich fahre heim, sagt er und ergänzt, ich solle den Menschen zu Hause doch sagen, sie sollen nicht hierher kommen und suchen. Das kann niemand aushalten, sagt er. Niemand sollte diese Bilder in seinem Kopf haben und sich die schönen Erinnerungen durch jene von grausam entstellten Leichen zerstören.

Wenige Tage später bin ich wieder zurück in Khao Lak. Dieses einstige Ferienidyll ist inzwischen weltweit zum Sinnbild der Katastrophe geworden. Hunderte Journalisten, TV-Teams aus aller Welt drängen sich jetzt am zerstörten Strand zwischen Leichensäcken und Bergungsteams, um die Bilder der Katastrophe über die Satelliten in die Wohnzimmer rund um den Erdball zu liefern. Alle sind sie auf der Suche nach Überlebenden, Opfern, dramatischen Geschichten des Überlebens, des Verlustes. Ich beobachte die Kollegen, die mit den Mikrofonen in der Hand vor den Kameras posieren, wie sie von ihren Produzenten noch rasch ins rechte Licht gerückt werden und über die Kamera mit den Menschen zu Hause kommunizieren, um an den Tischen der heilen Welt eine kurze Nachdenkpause zu inszenieren, in der dem Zuseher vielleicht der nächste Bissen einen Sekundenbruchteil lang im Hals stecken bleibt und die für betroffenes Kopfschütteln sorgt. Im Hintergrund durchsuchen Leichenspürhunde die Überreste einer eingestürzten Hotelhalle, als es plötzlich Alarm gibt. Im ersten Augenblick weiß niemand, was die Sirenen bedeuten, und doch ahnt es jeder. Es gibt nur eine Erklärung. Es muss wieder ein Seebeben gegeben haben, irgendwo da draußen im Indischen Ozean, der Alarm ist eine Warnung vor dem nächsten Tsunami. Alles beginnt zu flüchten, alles stürmt auf die einige Hundert Meter hinter dem Strand gelegenen, steilen, dicht bewachsenen Hügel. Ich beginne zu laufen, zücke noch mein Handy, um kurz zu Hause anzurufen und auch der Redaktion die Situation zu schildern. Meine Frau soll wissen, dass ich in Sicherheit bin, selbst wenn sie in Kürze von einem neuen Tsunami in der Region hört und die Telefonleitungen abbrechen sollten. Ein Moped rast heran, bleibt plötzlich kurz vor mir stehen und ein unbekannter Einheimischer reißt mich auf den Sattel. Nam, schreit er, Nam! Ich weiß. Ich kenne das Wort inzwischen. Wasser. Er steuert eine enge Straße und schließlich einen Schotterweg an, der auf die Hügel führt. Als das Motorrad nicht mehr weiterkommt, steige ich ab und der Mann verschwindet mit einem kurzen O. K., here sir, here O. K. bevor ich mich bedanken kann. Ich bin in Sicherheit und durch die Bäume blicke ich zusammen mit rund 100 Einheimischen auf das noch ruhige Meer, gut 60 oder 70 Meter unterhalb. Erst jetzt fällt mir auf, wie still es hier ist. Es ist immer ruhig, bevor etwas Großes passiert. Die Menschen um mich haben vor wenigen Tagen den tödlichen Tsunami erlebt, viele von ihnen ihre Familien, Hütten, alles bis auf das nackte Leben verloren und warten nun stoisch, ruhig was passieren wird. Ich erwarte, dass sie in Panik geraten, aber sie bleiben ruhig, bis zum Ende. Viele von ihnen sind zu ruhig. In ihren Augen sieht man den Schrecken der letzten Tage, und die meisten von ihnen erleben die Situation wohl nicht bei vollem Bewusstsein. Sie blicken wortlos, wie zu Säulen erstarrt durch die Bäume hinaus aufs Meer. Es herrscht die sprichwörtliche Totenstille. Niemand spricht, niemand bewegt sich, nur am Heben und Senken ihrer Brust ist zu sehen, dass sie noch leben. Ich versuche mit der Redaktion zu telefonieren, aber die Leitungen sind heillos überlastet und so starre ich gespannt mit den anderen aufs Meer. Wie lange wird es dauern, bis die erste Welle kommt? Wie war es vor sechs Tagen, als sich die tödlichen Wassermassen plötzlich am Horizont abzeichneten und niemand wusste, was auf ihn zukam? Als viele noch die Fotokameras zückten und posierten, staunend und nichtsahnend am Strand standen, anstatt wegzulaufen. Und es wird mir schlagartig klar, wie leicht viele Menschen gerettet hätten werden können, wie nahe die Rettung hier auf den Hügeln war. Nur ist niemand gelaufen. Niemand hat die Menschen gewarnt. Ein australisches Mädchen, das wenige Wochen vor der Katastrophe in der Schule einen Film über die Entstehung von Tsunamis gesehen hatte, war wohl eine der Einzigen, die ahnten, was passierte, als sich das Wasser plötzlich Hunderte Meter weit ins Meer zurückzuziehen begann und hatte versucht, die Menschen zu warnen. Es waren nicht viele, die ihr geglaubt haben, aber sie haben mit dem Mädchen überlebt. Warum aber waren die Informationen über das vorangegangene Erdbeben und den drohenden Tsunami, die selbst Experten auf Hawaii an die Kollegen in Thailand weitergegeben hatten, nicht schnell genug bis hierher vorgedrungen?

Ich blicke immer noch auf das Meer hinaus und weiß nicht, was passieren wird. Ich stehe alleine zwischen all diesen Menschen, deren Sprache ich nicht spreche, deren Gedanken ich in diesen Minuten nicht einmal erahnen kann und fühle mich vollkommen alleine, als ich das kleine Mädchen sehe, das seinen Blick nicht auf das Wasser, sondern auf mich gerichtet hat. Es blickt mir in die Augen. Ich muss ein sonderbarer Anblick sein. Ein Europäer, mitten auf diesem Hügel, zwischen den Einheimischen, dazu mein Mikrofon, das ich noch in der Hand halte. Es kommt näher und stellt sich hinter meinen Oberschenkel, als suche es dahinter Schutz vor dem, was von da draußen kommen wird. Dann nimmt es wortlos meine Hand und stellt sich neben mich. Das Mädchen blickt mir in die Augen. Mit Augen, die sprechen. Augen, die mir sagen, alles wird gut. Zusammen stehen wir zehn, fünfzehn Minuten nur da und ich kämpfe mit den Tränen. Nicht ich, sondern sie hat mich an die Hand genommen. Meine Finger zittern in ihrer ruhigen Hand. Wenig später ist klar, dass nichts passieren wird. Fehlalarm, ein Nachbeben, aber kein Tsunami. Die Menschenansammlung auf dem Hügel löst sich auf. Das Mädchen drückt noch einmal fest meine Hand und verschwindet in der erneuten Hektik.

Zusammen mit zwei Kollegen fahre ich weiter nach Pan Nam Khem, einem kleinen Fischerort 30 km nördlich des zerstörten Touristentraums. Vor dem 26. Dezember 2004 lebten rund 4000 Menschen in diesem Ort, nach der Katastrophe steht kein Stein mehr auf dem anderen. Es haben nicht viele überlebt. Die Straßenzüge, die noch zu erkennen sind, sind unpassierbar, weil Fischerboote, die die Flutwelle ins Landesinnere getragen hat, nun die Wege versperren. Der Ort ist durchsetzt von tiefen Lagunen, die der Tsunami mit Wasser aufgefüllt hat und in denen in den nächsten Tagen und Wochen noch Hunderte Tote gefunden werden. Es steht nichts mehr an diesem Ort und die Menschen, die überlebt haben, wissen nicht einmal, wo sie anfangen sollen aufzuräumen.

Der Aberglaube, der in der thailändischen Bevölkerung tief verwurzelt ist, macht die Aufräum- und Aufbauarbeiten nicht leicht. Zwei Delfine, die der Tsunami bei Khao Lak rund 1,5 km weit in eine Lagune ins Landesinnere gespült hat, werden zum Zeichen der Hoffnung für ein ganzes Land. Während die Bergungsmaßnahmen noch am Anlaufen sind, füllen die beiden Delfine und ihr Schicksal bereits die Zeitungen und TV-Nachrichten. Während man noch immer hofft, Überlebende aus den Trümmern zu bergen, wird ein ganzer Trupp an diesen Tümpel verlegt, um die Delfine vor dem sicheren Tod zu retten. Ganz Thailand nimmt an dieser Rettungsaktion teil, deren positiver Abschluss von enormer Symbolkraft für die Menschen ist. Für einige geschäftstüchtige Kriminelle ist dieser Glaube aber auch eine willkommene Einnahmequelle. Selbsternannte Wahrsager, Kartenleser und Scharlatane, die versprechen, mit den Vermissten in Kontakt treten zu können, tauchen plötzlich auf oder bieten ihre Dienste in Zeitungen oder via Internet an. Auch die Hinterbliebenen aus Europa lassen sich vom Glauben an übersinnliche Kräfte anstecken. Die Vermissten seien nicht tot, sagt man den Trauernden, die Vermissten seien am Leben. Das Vermitteln falscher Hoffnungen lassen sich diese Wahrsager teuer bezahlen. Die Behörden bekommen Probleme, weil sich traumatisierte Hinterbliebene in der Folge plötzlich weigern, bereits identifizierte Tote als ihre Verwandten oder Familienmitglieder anzuerkennen. Eine alte Frau, ein bekanntes Medium, hätte ihnen erklärt, ihre Liebsten irrten noch irgendwo in den Wäldern, bekommen die Behörden zu hören. Der Tote ist nicht mein Mann, mein Kind, meine Frau. Viele Hinterbliebene klammern sich an diese falschen und fahrlässigen Versprechungen, einige glauben jahrelang daran.

Halbwahrheiten, Geschichten und angebliche Wunder machen auch den Helfern, Behörden und uns Journalisten die Arbeit nicht einfacher. Ich selbst werde Opfer falscher Hoffnungen, Versprechen und Augenzeugenberichte. Knapp eine Woche nach der Katastrophe ist ganz Österreich vom Schicksal eines vermissten zwölfjährigen Buben betroffen. Sein Bild ist auf den Titelblättern aller Zeitungen, seine Eltern haben die Katastrophe schwer verletzt überlebt. Mein Telefon hört nicht mehr auf zu läuten. Jeder will wissen, was aus dem Jungen geworden ist. Hat ihn jemand gesehen, hat man ihn bereits identifiziert? Gibt es eine Spur? Irgendwann taucht das Gerücht auf, der Junge sei lebend gesehen worden. Hoffnung blüht auf. Alle hoffen jetzt auf dieses Wunder, jeder will ihn in die Arme schließen. Das Rote Kreuz, das Bundesheer, das Konsulat, die Journalisten, wir alle vor Ort hoffen auf dieses Wunder. Das Konsulat gibt Fotos des Jungen an thailändische Medien weiter, sogar im Fernsehen wird über den Jungen, der wahrscheinlich noch lebt und irgendwo im Chaos der Hilfsmaßnahmen von Station zu Station, von Helfer zu Helfer weitergereicht wird, berichtet. Es taucht die Liste eines Krankenhauses auf, in dem der Junge gesehen worden sein soll, ein Helfer glaubt, sich daran zu erinnern, ihn in einem Bus mitgenommen zu haben. Er habe sogar mit dem Jungen, der nur sehr schlecht Englisch verstanden hätte, gesprochen. Es gibt viele Spuren, viele Hinweise, aber was fehlt und nicht auffindbar ist, ist der Junge selbst. Wir beschließen mit der Meldung auf Sendung zu gehen, unser Chefredakteur hat mit dem Onkel des Buben telefoniert und die Erlaubnis bekommen den Namen des Kindes zu nennen. Jeder glaubt, jeder hofft Tage nach der Katastrophe auf dieses Wunder. Ich berichte über den Fall und auch wenn ich immer wieder betone, dass es sich um eine Verwechslung handeln könnte, weil europäische Kinder für Asiaten ähnlich gleich aussehen wie asiatische Kinder für Europäer, vermittle ich trotzdem die Hoffnung, dass er noch lebt. Die Menschen zu Hause in der Heimatgemeinde der Familie schöpfen Hoffnung, beten, gehen zu Hunderten in die Kirche, *glauben,* was sie von der Sprecherin des Auswärtigen Amtes hören, die ich im Interview dazu befrage, und die diese Hoffnung mit weiteren Informationen schürt. Wenige Tage später stellt sich heraus, dass es sich tatsächlich um eine Verwechslung gehandelt hat. Tage, in denen wir den Regierungsvertretern in die Krankenhäuser nachlaufen, wo wir den Jungen zu finden glauben und immer wieder aufs Neue erfahren, dass er gerade wieder verlegt worden sei. Unser Gefühl, einem Phantom nachzujagen, wird immer stärker. Ein Phantom, das wir über die Medien verbreitet haben, weil wir uns von der Hysterie, der Hoffnung haben mitreißen lassen. Ein schwedischer Junge wird gefunden, ein Wunder, ein unglaubliches Geschenk für seine Eltern, aber vom Jungen aus Österreich gibt es keine Spur mehr. Knapp sechs Monate später erhalten seine Eltern die Gewissheit. Ein DVI-Team (DVI steht für Desaster Victim Identifacation) hat den toten Jungen identifiziert.

Es dauerte noch lange , bis ich endlich den Mut aufbrachte, persönlich Kontakt zu seinen Eltern in Tirol aufzunehmen. Sie erzählten mir ihre Geschichte, über die Tage der Hoffnung, den unglaublichen Schmerz und den Moment der Gewissheit, als der Anruf der Kriminalisten kam. Ich bin den Eltern bis heute sehr dankbar für ihre Zeit. Stunden, in denen ich mit ihnen über das Unbeschreibliche sprechen konnte, während wir im leeren Kinderzimmer saßen, das noch immer so voller Leben schien. Das Unbeschreibliche, der Verlust des einzigen Kindes und die vergebliche Hoffnung, die geschürt worden ist. Vor allem über die Medien. Ich habe mich lange für diese falsche Hoffnung geschämt und umso wichtiger waren diese Stunden, diese Gespräche mit den Eltern für meinen Seelenfrieden.

Nach drei Monaten kehre ich wieder nach Phuket zurück. Zum einen wollen wir über den Fortgang der Wiederaufbauarbeiten berichten, zum anderen hat mich der Einsatz im Dezember und Jänner mehr beschäftigt, als ich zugeben will und ich treffe mich wieder mit Einsatzkräften und besuche die Familien in Ban Nam Khem. Großteils hat der Wiederaufbau schon begonnen. Das Militär ist dabei, die ersten Häuser fertigzustellen. In anderen Teilen der Region ist der Wiederaufbau dafür kaum vorangekommen. Nam Khem ist zum Vorzeigeprojekt der thailändischen Regierung geworden. Während etwa die in den Mangrovenwäldern verstreuten kleinen Dörfer der Seenomaden kaum Hilfeleistungen erhalten, wird in Nam Khem, vor den Kameras der nationalen TV-Station, im Akkord am Wiederaufbau gearbeitet. Täglich wird im thailändischen Fernsehen über den Fortgang der Arbeiten des Militärs berichtet – es soll das Bild großzügiger, unbürokratischer und schneller Hilfe vermittelt werden. Doch hinter den Kameras sieht es anders aus. Während das Militär den Bewohnern von Nam Khem unter die Arme greift, machen im Hinterland, in den Notquartieren der Fischer skrupellose Immobilienhaie die Runde, die den nach wie vor trauma-

tisierten Menschen ihre Grundstücke am Meer für unglaublich niedrige Preise und teils unter Druck *abkaufen*. Das steht
offiziell zwar unter strenger Strafe, in Wahrheit wird es aber
von der Obrigkeit geduldet. Internationale Hotelketten und
Immobilienmakler witterten sofort nach der Katastrophe
ein riesiges Geschäft. Jetzt, im Windschatten der Angst, der
Katastrophe und der Trauer kann man die Menschen davon
überzeugen, vom Strand wegzuziehen. Tauschgeschäfte,
schnelle Verträge sind zur Hand. Binnen kürzester Zeit werden auf diesen neuen Flächen Luxushotels und Villen entstehen, die in wenigen Jahren von den Prospekten lachen.
Die Zeit heilt viele Wunden, vor allem aber ist das globale
Gedächtnis ein sehr schlechtes, und dass der Tsunami das
Urlaubsverhalten nachhaltig verändern wird, daran glaubte
bereits nach wenigen Monaten niemand mehr. Die Touristen
werden wieder an die Traumstrände Thailands reisen. Für
Hotels wird Platz geschaffen, störende Einheimische werden mit Geld, neuen Wohnungen und dem Versprechen
der Sicherheit in entlegene Regionen gelockt. Auf Phi
Island formiert sich nur kurz ein zaghafter Protest kämp-
ferischer Einwohner. Grundbucheintragungen oder ähnli-
che Versicherungen sind nicht vorhanden. Schon Wochen
nach der Katastrophe, bei der sie alles verloren haben, müssen sich diese einfachen Menschen mit Immobilienmaklern,
verklausulierten Verträgen, Drohungen und den teuren
Anwälten der Hotelketten auseinandersetzen, um nicht binnen Minuten von jenem kleinen Stück Land am Strand vertrieben zu werden, wo Wochen zuvor ihre Familienangehörigen
gestorben sind. Im Sinne der Sicherheit sollen die Menschen
in die Hügel am Ende der Traumstrände umgesiedelt werden. Viele Einheimische bezeichnen dieses Treiben als den
Tsunami nach dem Tsunami. Während die Folgen der ersten
großen Welle weltweit für Entsetzen gesorgt haben, bleiben
die Menschen vor Ort mit der zweiten Welle alleine. Niemand
interessiert sich dafür. Auch das ist Teil der Medienwelt.

Die Katastrophe nach der Katastrophe – Pakistan im Oktober 2005 – das stille Beben

Der alte Mann bittet verzweifelt um Hilfe. Sie sind doch Reporter? Sie kennen die richtigen Leute, sagt er, schicken Sie mir bitte Hilfe in unser zerstörtes Dorf! Wir sterben! Was soll ich ihm antworten? Dass die Welt sein Dorf vergisst, wie sie die ganze Katastrophe längst vergessen hat? Was sage ich dem 20-jährigen Mädchen, dem in wenigen Minuten beide Beine und der rechte Arm amputiert werden müssen? Dass es noch lebt, ist ein Wunder und doch eine einzige Anklage an die Ungerechtigkeit des Lebens, weil die medizinische Hilfe zehn Tage lang ausgeblieben ist. Was antworte ich dem vierjährigen Buben, der mit mir im Rettungshubschrauber sitzt und dessen dunkelbraune Augen mich nicht mehr loslassen? Seine rechte Hand ist verbrannt und die Haut hängt in Fetzen herunter. Der Eiter in seinen Wunden stinkt zum Himmel. Er wird seine Hand verlieren, weil es nicht genug Ärzte gibt, nicht genügend Medikamente, die nur wenige Euro gekostet hätten. Aber ich werde den kleinen Buben, das Mädchen, den alten Mann nicht mehr sehen. Tausende Kilometer und das Desinteresse der Öffentlichkeit an derartigen Geschichten schützen mich vor weiteren bohrenden Fragen. Schon zehn Tage nach dem Erdbeben, das *geschätzten* – wie immer wird in diesen Regionen stets nur geschätzt – 100.000 Menschen das Leben gekostet hat, interessiert sich fast niemand mehr für diese Katastrophe. Eineinhalb Wochen nach dem Beben, das 16.000 Dörfer auf einer Fläche von mehr als 20.000 Quadratkilometern innerhalb von Sekunden zerstört hat, Zehntausende Familienväter, Mütter, Kinder, Ärzte, Lehrer

getötet und Zehntausende Hoffnungen in diesem hoffnungslos verlorenen Teil der Welt ausradiert hat, wenden wir uns
der nächsten Katastrophe zu. In diesen Tagen sind es ein weiterer Hurrikan, der die amerikanische Atlantikküste heim-
sucht und die Vogelgrippe, die die Seiten der Tageszeitungen,
die Schlagzeilen der TV-Sender dominieren. Täglich sterben Tausende Menschen in Afrika, irgendwo im Kongo,
im Sudan, jetzt eben auch im Norden Pakistans. Ein Hölle
mehr, die wir täglich vergessen können. Selten habe ich mich
so schäbig gefühlt, selten die Ungerechtigkeiten, für die wir
mitverantwortlich sind, so intensiv empfunden wie in diesen
Tagen in der Kashmir-Region. Selten war mir so klar, wie
zynisch unser Dasein ist, wie wenig über Leben und Tod entscheidet. Wie wenig der Begriff Nachbarschaftshilfe, internationale Hilfe, Helfen an sich wert ist und wie alleine man
zwischen Millionen von Menschen sein kann.

Die Menschen, die auf den Trümmern sitzen, hoffen auf
ein Wunder. Noch gibt es sie. Auch jetzt, zehn Tage nach dem
Erdbeben, wird noch ein Kind lebend aus den Trümmern
geborgen, geben die Tonnen Gestein, die auf Schulklassen,
Familien, Arme und noch Ärmere eingestürzt waren, ein
Leben frei. Doch das Wunder, auf das alle hoffen, wird es
nicht geben. Das Wunder der Hilfe von draußen. Von den
Ländern jenseits des Himalayas. Denn diese Hilfe wird nicht
kommen. Man wird die Menschen erfrieren, verhungern,
sterben lassen. Man wird sie nicht vergessen, man *hat* es bereits. Das Wunder des Vergessens. Aus dem Hubschrauber
bekommt man einen Eindruck von der Dimension dieser
Katastrophe.

Von Muzaffarabad aus starten wir in den herbstlichen
Morgen. Wir sitzen in einem Rot-Kreuz-Hubschrauber aus
Afghanistan. Eine Privatinitiative hat zwei Hubschrauber
über die Grenze geschickt. Der kampferprobte tadschiki-
sche Pilot steuert seine alte russische MI-17 sicher über die
Trümmer der Bezirkshauptstadt Richtung Norden nach

Sarran, wo gestern zum ersten Mal seit dem Beben Hilfe von draußen angekommen ist. Wir fliegen über Täler, Berge, zerstörte Ortschaften. Der Horizont ist endlos. Ein Bergkamm reiht sich an den nächsten, Schnee auf den Bergrücken kündigt den nahenden Winter an. Unter uns sind die zerstörten Dörfer wie Perlen auf einer Kette aneinandergefädelt. Überall recken die Menschen ihre Arme in den Himmel empor zu uns, die wir Hilfe an Bord haben. Hilfe, die heute für andere bestimmt ist. Wann den Menschen *unter uns* geholfen wird, weiß niemand an Bord. Zwei Hubschrauber sind zu wenig um allen zu helfen. Am Militärflughafen in Islamabad steigen in diesen Minuten rund 60 Hubschrauber in den Himmel. Für ein Gebiet, das fast ein Viertel Österreichs ausmacht, in dem 80% aller Gebäude zerstört sind, ist das der blanke Hohn. Bei der Lawinenkatastrophe in Galtür, einem kleinen Seitental in Tirol waren ähnlich viele Hubschrauber im Einsatz. Hier sollen sie auf Tausenden Quadratkilometern Wunder wirken – denn weitere Hubschrauber werden nicht kommen, im Gegenteil. Die ersten Helikopter sollen bereits morgen wieder abgezogen werden. Dabei werden die Hände, die sich unter uns der Hilfe entgegenstrecken, nicht weniger. Wie viele flehende Hände hat ein Volk? Zerstörung so weit das Auge reicht und der Horizont ist nicht das Ende. Die Zerstörung erstreckt sich über Hunderte Kilometer unter mir in alle Himmelsrichtungen. Ein Viertel aller zerstörten Dörfer hat man auch knapp zwei Wochen nach dem Beben noch überhaupt nicht erreicht. Niemand weiß, was sich dort abspielt. Die Straßen sind von der Wucht der Natur aufgeplatzt wie die Haut verbrannter Äpfel, ganze Bergflanken hat das Beben erzittern und in die Täler abrutschen lassen, die Straßen unpassierbar gemacht. Hilfe *kann* nur aus der Luft kommen, aber sie wird niemals ankommen. In einer Steilkurve setzt der Pilot nach einer Stunde Flugzeit zur Landung in Sarran an. Ein gefährliches Unterfangen. Der Retter neben mir erzählt, dass sie vielerorts nicht landen können. Nicht, weil die Berge zu hoch oder die Landeflächen zu klein sind, sondern weil die Menschen so verzweifelt sind. Sobald sich ein Hubschrauber nähert, stürmen Hunderte Verzweifelte darauf zu und laufen achtlos in die Heckrotoren. Denn wer zu spät kommt, wird kein Zelt und keine Decke mehr ergattern, wird mit leeren Händen zu seinen Trümmern zurückkehren, wohl wissend, dass keine weiteren Hubschrauber mehr kommen werden. Aber das Militär, das in der nahen, zerstörten Kaserne in Sarran ebenso festsitzt, hat den Acker abgesperrt und hält die wartenden Menschen mit ihren Waffen und Weideruten im Zaum. Als wir aus der grauen Maschine steigen, kommt Bewegung in die Menge. Binnen Minuten sind weit über 100 Schwerverletzte und Sterbende auf improvisierten Tragen auf dem Acker aufgereiht. Drei französische Retter beginnen mit der Erstversorgung, während ich zusammen mit einem jungen Major der pakistanischen Armee durch die Reste des Dorfes klettere. Ich bin der erste Journalist, den er in seinem Leben trifft. Kashmir ist militärisch geteilt. Kriegsgebiet. Ausländer sind hier selten, sagt er, und Kameras und Journalisten war der Zutritt über Jahre überhaupt nicht erlaubt. Aber die Katastrophe macht militärische Belange vorläufig hinfällig. 15.000 Menschen lebten bis vor Kurzem im Umkreis der kleinen Ortschaft, Tausende weniger sitzen jetzt auf den Trümmern. Die Toten sind begraben. Lebende hat man keine mehr gefunden. Weitere Gräber stehen bereit, sagt der Major, viele Verletzte werden ja noch sterben, denn nur wenige von ihnen werden Platz im Hubschrauber finden. Binnen weniger Sekunden hat das Beben am 8. Oktober kurz vor 9 Uhr früh hier alles zerstört. Zurückgeblieben sind Schutthaufen, die nicht mehr an Häuser und Hütten erinnern. Wir hatten Glück, erzählt der Major. Keiner seiner Männer wurde getötet. Die 200 Mann waren auf dem Appellplatz, als sich die Erde unter ihren Füßen auftat. Wenige Sekunden später stand kein Haus mehr in der Kaserne. Eine Minute lang bebte die Erde noch nach, dann wurde es still. Eine Stille, die bis heute anhält. Die Männer sitzen wortlos am Straßenrand und warten. Sie warten auf das nächste Nachbeben, auf Hilfe, darauf, dass sie endlich aus diesem Albtraum aufwachen. Zu ihren Füßen sitzen die wenigen Kinder, die das Beben überlebt haben, die meisten sind tot. Neben dem Acker, auf dem wir gelandet sind, starben sie in den Trümmern der Schule. Eine ganze Generation des Dorfes ist ausgelöscht. Schulbücher, ein einzelner Schuh, die Reste einer Schulbank liegen zwischen den Trümmern. Ein Mahnmal aus Schutt und Gestein, das Massengrab der Zukunftshoffnung des Ortes. Viele werden den Winter nicht überleben, fasst der Major die Lage militärisch kalt zusammen. Es gibt keine Häuser mehr. Das knappe Dutzend Zelte, das wir hier lagern, hilft vielleicht 20 Familien. Der Rest hofft auf einen milden Winter oder macht sich zu Fuß über die Berge Richtung Süden auf. Dort soll es mehr Hilfe geben, haben sie gehört. Ich schweige, anstatt zu lügen.

Die Plätze im Hubschrauber sind rasch vergeben. Zwölf Menschen. Eine Auswahl aus mehr als 100 Verletzten und Sterbenden bekommt das Ticket ins Leben. Es ist diese Auslese, die über Leben und Tod entscheidet. Ein alter Mann liegt bewegungslos auf einer Trage. Mit einem Griff an den Hals vergewissert sich die Ärztin, ob er noch am Leben ist. Er lebt, trotzdem wird er keines der begehrten Tickets in die Stadt erhalten. Er muss Platz für jüngere Opfer machen. Er ist bewusstlos und bekommt nicht mit, dass soeben sein Todesurteil verkündet worden ist. Vielleicht, ja vielleicht mit einem nächsten Hubschrauber. Die Standardnotlüge der Rettungscrew. Für diejenigen, die Platz finden, geht es in eine Stadt knapp 150 km südlich von hier, die viele von ihnen noch nie gesehen haben. Dort wird ihnen in den überfüllten Krankenhäusern geholfen werden können, soweit Hilfe jetzt noch möglich ist. Ein Viertel der Verletzten geht dort sofort zur Amputation. Es hat zu lange gedauert. Wunden und

Knochenbrüche eitern, die Knochensubstanz ist bereits angegriffen, Wundbrand, Eiter, Gestank. Sie wissen nicht, ob sie je wieder das Krankenhaus verlassen werden und wann sie wieder in ihren Ort zurückkehren können. Im Hubschrauber riecht es nach Tod, absterbenden Gliedmaßen, Verzweiflung. Das Einzige, was wir den Verletzten geben können, ist frisches Wasser. Die Hoffnung auf Heilung ist schon vor Tagen gestorben. Niemand weint, niemand leidet laut, es gibt kein Jammern, als ob die Menschen wüssten, dass niemand sie hören wird. Es gibt keine Wunder mehr. Nicht für die Menschen auf den Liegen, nicht für die Menschen, die auf den Trümmern ihres Lebens sitzen. Wunder gibt es nur in der ersten Welt.

Muzaffarabad, die Hauptstadt Kashmirs mit seinen 150.000 Einwohnern, liegt am südlichen Eingang der gebirgigen Region nur wenige Kilometer vom Epizentrum des Bebens entfernt. Zehntausende Menschen starben alleine hier unter den Trümmern. Jene Häuser, die von der Bausubstanz westlichen Ansprüchen entsprechen, sind seit dem Beben einsturzgefährdet, dicke Risse haben die Mauern gesprengt. Die Fahrt durch die Hauptstraße gleicht einer Fahrt durch ein Kriegsgebiet, ähnlich vielleicht dem südlichen Stadtteil Kabuls. Niemand könnte sagen, ob eine riesige Bombe oder eine Naturgewalt die Stadt zerstört hat. Die Überlebenden graben auch Tage nach dem Beben mit bloßen Händen nach Verwandten, Familienangehörigen, Freunden. Schweres Gerät gibt es nicht. Die wenigen Bagger, die vor Ort waren, sind abkommandiert worden und versuchen, die Straße, die Überlebensader hinaus nach Islamabad, freizubekommen. Die enge Straße, die sich für 120 km über mehrere Pässe von Islamabad hierher quält, ist mehrfach von riesigen Erdrutschen und Gerölllawinen verschüttet worden. Für geländetaugliche Fahrzeuge gibt es eine Notstraße, die für wenige Stunden geöffnet werden kann. Schon vor dem Beben wurde die Distanz hier nicht in Kilometern, sondern in Stunden gemessen. Jetzt dauert die Reise fast einen Tag. Jedes Nachbeben, jeder schwere Niederschlag und vor allem der einsetzende Winter wird diese Straße unpassierbar machen. Ganze Bergflanken oberhalb der engen Straße drohen weiter abzubrechen, die Risse sind mit freiem Auge weithin sichtbar und der Fahrer ist nur mit zusätzlichen Dollarscheinen zum Weiterfahren bereit. Die Lebensader einer ganzen Stadt droht für diesen Winter endgültig zu versiegen. Alles ist auf den Beinen um zu helfen: Militär, Polizei, Freiwillige. Trotzdem gibt es nicht genug Hände, die anpacken, zu erdrückend ist die gewaltige Dimension dieser Katastrophe. Der Fluss, der sich zur Linken tief in das enge Tal eingegraben hat, ist dunkelbraun von den Geröilllawinen, dazwischen treiben Leichen, Kadaver, Müll und Unrat. Das Wasser, das Zehntausende versorgt, ist vergiftet. Kolibakterien, Viren, Abwässer. Wer daraus trinkt, wird krank, und wer in diesen Tagen erkrankt, hat wenig Aussicht auf Hilfe und Heilung. Für Alte und Schwache gilt ein einfacher Infekt als Todesurteil, denn mehr als 1000 Kliniken und Krankenhäuser in der Region sind komplett zerstört. Die einstürzenden Bauten rissen noch dazu die Ärzte und Schwestern mit in den Tod, praktisch das gesamte medizinische Rückgrat der ganzen Region. Wer das Beben verletzt, krank oder hochschwanger überlebt hat, ist auf sich alleine gestellt. Es gibt private Hilfe. Nahe der zerstörten Leprastation einer 78-jährigen deutschen Ärztin, die seit mehr als vier Jahrzehnten in der Region lebt, treffe ich einen Arzt aus dem Süden. Dorthin war er vor acht Jahren vor der Armut hier geflüchtet. In Karachi hat er sich eine Klinik für Schönheitschirurgie aufgebaut und ist reich geworden, erzählt er. Jetzt steht er mit seinem Jeep zwischen den Trümmern. Ich kann mich nicht mehr darum kümmern, dass reiche pakistanische Frauen dünner, schöner oder sonst was werden, erzählt er. Ich musste hierher zurückkehren. Was für ein Arzt wäre ich, wenn ich weiter dicke Schecks annehmen und aus der Ferne zusehen würde, wie mein eigenes Volk stirbt, sagt er. Er verschwindet hinter einem Berg aus Schutt in ein gerade entstandenes Notlazarett unter einer Plastikplane. Wenige Schritte weiter, über zwei Hausdächer hinweg, die auf der Straße liegen, steige ich auf frische Gräber, die zwischen den Trümmern einer ehemaligen kleinen Siedlung angelegt sind. Hier ist es den Menschen gut gegangen, erzählt mir ein Mann, der von hinten an mich herantritt. Das war eine neue Reihenhaussiedlung, sagt er. Was Sie hier sehen, war die Spielwiese zwischen den Bungalows. Hier haben wir uns getroffen und zusammen Hochzeiten gefeiert, die Geburten der Kinder bejubelt, gemeinsam gegessen. Es ist ein guter Platz für unsere Toten, sagt er. Er sieht gefasst aus, dabei hat er vor zwei Tagen seine zwei Töchter und seine Frau tot aus den Trümmern geborgen. Er wirkt ruhig, freundlich. Erst als er mir die Gräber seiner Familie zeigt, kommt eine Regung in sein Gesicht. Drei Grabhügel, im Hintergrund die Reste seines Hauses. Auf der zerbrochenen Terrasse steht sein Sohn, der wie er überlebt hat. Was soll ich ihm sagen, denkt er laut. Der Junge will ständig wissen, wie es jetzt weitergeht. Es gibt so viele Fragen, auf die es keine Antworten gibt.

Die Stadt riecht nach Verwesung. Noch immer liegen Hunderte Tote unter den tonnenschweren Trümmern. Ist die Suche erfolgreich, drängt sich sofort eine Hundertschaft an Schaulustigen an den Ort des Geschehens. Jedem geht es gleich, jeder gräbt selbst Tote aus dem eigenen Haus, jeder sieht nach, wenn der Nachbar einen geschundenen, oft schrecklich entstellten, toten Körper aus dem Schutt zieht. Die Überlebenden laufen von einem Haus zum anderen, von einem Toten zum nächsten. Als könnten sie es nicht glauben, als müsste es irgendwann aufhören. Die Toten werden sofort begraben. Es sind kurze, formlose Feiern an jeder Ecke. Am Abend kehren viele wieder zu den Gräbern zurück. Kommen mit Überlebenden und setzen sich in die frische Erde vor den Grabhügeln und trauern leise.

Die ehemalige Leprastation liegt auf einem Hochplateau am Nord-Ende der Stadt. Von hier eröffnet sich ein atemberaubender Blick nach Kashmir. Es ist ein armes, abgelegenes, seit Jahren umkämpftes Land. Wunderschön. Hochtäler, gewaltige Bergflanken, freundliche Menschen. Vier Stunden von hier hat man den ersten freien Blick auf den Nanga Parbat. Ein Paradies für Abenteuerurlauber und Menschen, die sich vor der Welt verstecken wollen. Eine frische Staubwolke zieht über die Stadt. Noch immer ist der Bergsturz am Stadtrand nicht zur Ruhe gekommen und verstopft die einzige Straße, die weiter in den Norden führt bei jedem leichten Nachbeben, jeder neuen Erschütterung immer wieder aufs Neue mit Tausenden Tonnen Gestein. Auf einer Länge von drei Kilometern ist eine ganze Bergflanke abgebrochen. Die nackten, frischen, weißen Felsbrocken lassen die Gewalt der bebenden Natur erahnen. Zu meinen Füßen sehe ich die Risse im frischen Erdreich, die bis zu den ersten Ruinen hinüberreichen. Regen zieht auf und binnen einer halben Stunde fallen die Temperaturen um mehr als zehn Grad. Es ist bitterkalt. Ich verkrieche mich für ein paar Minuten im warmen Jeep. Die Temperaturen fallen weiter: fünf Grad. Draußen suchen die Überlebenden Schutz unter Plastikplanen, Höhlen in den Schuttbergen, in improvisierten Notquartieren. Der Platz reicht bei Weitem nicht für alle. Tausende stehen wortlos im Regen. Ein einfacher Umhang, alles was ihnen geblieben ist, schützt sie keine zwei Minuten vor der Nässe und der Kälte, die alles durchdringt. Ein Junge, er ist vielleicht vier Jahre alt, läuft barfuß vor dem Wagen auf und ab. Kann es wirklich sein, dass hier nicht bald Hilfe kommt? Wo bleibt sie? Sieht denn niemand das Elend der Menschen, will denn hier niemand helfen, fragt mich unser Fahrer.

Zwei Tage später bin ich wieder in Muzaffarabad. Gerade rechtzeitig vor der nächsten großen Schlechtwetterfront setzt der Hubschrauber neben weiteren Rettungshubschraubern am ehemaligen Sportplatz der Stadt auf, wo ich zusammen mit anderen Notärzten vom erneuten Regen eingeschlossen und zum Nichtstun verurteilt werde. Nur mehr die Reste der weißen Kalklinien erinnern an den Sportplatz. Die Tribüne ist eingestürzt, dazwischen sind eine Handvoll Zelte aufgebaut. Tausende Menschen drängen sich im Regen unter improvisierten Dächern zusammen. Wir landen und der Wind der Rotoren reißt die unbefestigten Planen von den Köpfen der Flüchtlinge. Für einen Augenblick wird der Blick auf Verletzte, Kinder und Wartende frei. Die ganze Nacht haben sie unter den Planen zugebracht, Wärme gespeichert. Unser Hubschrauber macht alles mit einem Schlag zunichte. Sobald die Rotoren zum Stillstand kommen, stehen die Männer mit ihren Sandalen knöcheltief im Dreck und versuchen eilig, die Plane erneut zu befestigen. Sie grüßen freundlich. Was bleibt ihnen auch anderes übrig. Sie brauchen Hilfe. Ich gehe über den Sportplatz und beobachte die frierenden und durchnässten Menschen, die versuchen, mit Spitzhacken einige Regenkanäle in das Erdreich zu ziehen. Überall steht Wasser, das sich sofort mit Fäkalien, Blut, Eiter und Dreck vermischt und in die Zelte rinnt. Niemand bleibt hier trocken. Wer einen Platz auf einer Liege unter den Planen ergattern konnte, ist spätestens von der Kälte der Nacht und dem Tau nass geworden. Schwangere, Alte, Kranke. Aus einem Zelt wird eine Schwangere unter großem Geschrei hinüber in das ehemalige Café am Spielfeldrand getragen, wo ein Notlazarett entstanden ist. Die frischgebackene Mutter wird ihr Neugeborenes Estonia (englisch für Estland) nennen. Von dort stammt der Arzt, der ihr das Kind inmitten des Chaos gesund zur Welt zu bringen hilft. Zehn Minuten lang sei Stille und Freude spürbar gewesen, sagt der Arzt später. Für einen Augenblick ist alles vergessen. Danach legen sie die Mutter wieder hinaus in eines der Zelte, hinaus in den Regen, in die Kälte.

Binnen weniger Minuten sind auch wir nass bis auf die Knochen. Unter einem Lastwagen kauern sich vier Einheimische zusammen und suchen Schutz. Ich schlüpfe in das Notlazarett und suche nach einem Arzt, der mir ein Interview gibt. Zwischen Medikamenten, die sich auf einem Plastiktisch stapeln, verbrauchten Spritzen, die den Boden bedecken, blutigen Handschuhen und Mulltupfern finde ich einen jungen Arzt aus Lahore. Die Frage nach den Arbeitsumständen erübrigt sich. Jeder sieht, dass hier notdürftig improvisiert wird. Auf vier Behandlungstischen liegen Verletzte. Mundschutz und sterile Handschuhe sind die einzigen sauberen Gegenstände in diesem *Operationssaal*. An den Fenstern drücken sich Schaulustige und vor dem Regen Flüchtende unter dem schmalen Vordach die Nasen platt. Ein Fotograf aus Frankreich hält die Bilder digital fest. Es dauert nicht lange und er verschwindet kopfschüttelnd. Nein, es gibt nicht genügend Medikamente, erzählt mir der Arzt. Er ist kurz angebunden, er muss weiter. Der nächste Verletzte wartet. In einem Kübel unter dem Tisch entdecke ich ein amputiertes Bein. Er sieht meinen entsetzten Blick. Jeder Vierte, sagte er, kommt inzwischen sofort zur Amputation. Wir schweigen und blicken in den Kübel mit den abgesägten Beinen. Wir können nichts mehr tun. Wundbrand, Maden und Eiter haben bereits die Knochen angegriffen, für die meisten ist es zu spät, sagt er. Der Geruch sagt alles. So riecht der Tod. Wenig später stehe ich wieder vor der Tür im Regen. Durch den Nebel erahne ich die Bergspitzen draußen im Land. 16.000 Dörfer liegen dort abgeschlossen von der Welt, von der Hilfe, von den Blicken der Öffentlichkeit. Kannst du dir vorstellen, was sich da gerade abspielt, fragt mich ein Kollege.

Ich sehe die Menschen in den Zelten am Flugfeld, höre noch die Stimmen im Lazarett, sehe die Verwundeten auf den notdürftigen Feldbetten und weiß, sie haben es *besser* als Hunderttausende andere in diesem Chaos. Da draußen sitzen in diesem Augenblick Menschen vor den Trümmern ihrer Häuser, vor den frischen Gräbern ihrer Familien, die der kalte Regen aufweicht. Niemand wird kommen, um ihnen zu helfen und der Winter kommt mit jedem Tag näher. Sie haben kaum zu essen, kein sauberes Wasser, keine trockene Kleidung. An jede Pore ihres Körpers klopft der Tod. Nein, diese Katastrophe hat in diesen Tagen die Grenzen des menschlich Ertragbaren, Vorstellbaren überschritten. Die Welt sieht zu und überschlägt sich in Warnungen vor der Katastrophe, die noch folgen könnte. Wann hören sie auf zu reden, sich gegenseitig Verantwortlichkeiten zuzuschieben und kommen endlich?

In den nationalen Abendnachrichten wird über eine Annäherung zwischen Indien und Pakistan aufgrund der Katastrophe gesprochen. Indien hat angeboten, Hubschrauber zu entsenden. Hilfe vom Kriegsgegner im Kashmir-Konflikt. Ein Angebot, das die Menschen in Muzaffarabad mitbekommen. Sie hören auch die Antwort ihres Regierungschefs, der bereits in einer ersten Reaktion auf das Beben der Welt verkündet hat, dass die atomaren Anlagen und Sprengköpfe der Militärnation nicht vom Beben beschädigt wurden. Hubschrauber ja, aber nur, wenn pakistanische Piloten die Maschinen fliegen dürfen. Indische Piloten dürfen nicht in den pakistanischen Teil Kashmirs. Politik auf dem Rücken der Betroffenen. Indien erneuert sein Angebot. Die kleine Hubschrauberflotte, die gegenwärtig versucht, die Katastrophe zu bewältigen, würde auf einen Schlag um 50% verstärkt werden. Indien beharrt auf seinen eigenen Piloten; das Gebiet hier stand jahrelang unter indischer Observation, dass die Piloten wahrscheinlich blind im feindlichen Gebiet unterwegs sein könnten. Neue Geheimnisse kann es nicht mehr geben. Pakistan bleibt beim Nein. Die indische Hilfe aus der Luft bleibt aus. Wenige Tage später, als der Druck auf den pakistanischen Präsidenten wächst, kommt ein Gegenangebot aus Islamabad. Pakistan kündigt an, die seit Jahren geschlossene Grenze im Kashmir zum indischen Teil zu öffnen. Nicht für Truppen, nicht für indische Hilfslieferungen, aber für Familienangehörige, die seit der Teilung voneinander getrennt sind. Sie sollen einander helfen können, wenn ihnen schon niemand von außen helfen will. Zuerst müssen aber die Formalitäten abgeklärt werden, betont der Präsident auf einer improvisierten Pressekonferenz. Indien begrüßt den Schritt und wird wahrscheinlich einwilligen. Man müsse allerdings noch die genauen formalen Schritte Pakistans abwarten und die Grenzöffnung für die Familienzusammenführung verzögert sich. Vor einem Fernsehschirm in Islamabad laufen die Angestellten an diesem Abend zusammen. Sie sehen wütende Menschen. Sie schimpfen in die Mikrofone der pakistanischen Journalisten. Die Kellner stecken ihre Köpfe zusammen. Es ist selten geworden, dass die Regierung und der Präsident in diesem Land laut von den Menschen auf der Straße kritisiert werden, sagt ein Angestellter leise. Der Druck wächst und die Regierung verspricht, riesige Zeltstädte für die Erdbebenopfer zu errichten. In Islamabad, Rawalpindi und Muzaffarabad sollen in den nächsten Tagen Zeltstädte für mehr als eine Million Menschen entstehen. Schon jetzt habe man in der Hauptstadt Tausende in Zelten untergebracht, heißt es von offizieller Seite. In Wirklich ist nichts von den Zeltstädten zu sehen. Es gibt nicht einmal genügend Zelte. Zuerst müssten fast 500.000 winterfeste Zelte produziert werden, sagen die Vereinten Nationen. Für Zehntausende werden diese Zelte zu spät kommen. Täglich gibt es neue Opferzahlen. Die Journalisten verfahren vorsichtig mit den offiziellen Angaben der Regierung. Eine Woche nach dem Beben spricht man von 54.000 Toten. Andere Quellen schätzen die Zahl bereits jetzt auf 70 bis 80.000 Todesopfer, es gibt auch Quellen, die von mehr als 100.000 Toten sprechen. Uneinig sind sich die Experten vor allem darüber, wie viele Menschen in den nächsten Wochen, in den

Wintermonaten, sterben werden. Die ersten Hubschrauber sind heute tatsächlich abgezogen worden: Die Hilfe rollt an, titeln die Zeitungen am selben Tag.

Salim trägt einen 15-Liter-Container mit sauberem Trinkwasser auf den Schultern, den er irgendwo ergattern konnte. Der Junge ist hager, 14 Jahre alt und wohnt an einem Berghang nahe Muzaffarabad. Er ist hierhergekommen, um Decken und ein Zelt für seine Familie zu organisieren. *Inschalla,* wenn ich Glück habe, sagt er und senkt seinen Kopf. Inschalla, ja, wiederholt er auf meine Frage. Sie haben das Beben alle überlebt, seine ganze Familie. Allah hat Erbarmen mit uns gehabt. Der Container mit dem kostbaren Wasser ist zu schwer für den mageren Jungen. Seit Stunden ist er unterwegs und zurück hinauf bis zum Dorf ist es noch weit. Alle 100 Meter bleibt er stehen und atmet kurz durch. Er spricht nahezu perfektes Englisch. Er ist die Hoffnung seiner ganzen Familie. Seine Eltern haben für ihn auf viel verzichtet, erzählt er mir. Dafür, dass er auf eine bessere Schule gehen kann, er es irgendwann besser haben wird als sie selbst. Nein, antwortet er, jetzt haben sie nichts mehr. Nichts ist geblieben vom bescheidenen Wohlstand. Die Hütte der Eltern ist zerstört, der Vater ist verletzt, aber nur leicht, *inschallah,* die Mutter ist traumatisiert und trauert mit den vielen Toten ihrer Freunde und Verwandten. Ihnen ist nichts geblieben außer dem nackten Leben. Salim hat gehört, dass es im Tal Hilfe gibt. Zelte, Nahrung, Medizin. Das Gerücht hat sich rasch auch in den abgelegenen Gebieten verbreitet, sagt er, wer den Menschen davon erzählt hat, weiß Salim nicht. Er weiß nur, dass es eine Lüge war. Lügen, die er doch so gut kennt. Seitens der Regierung, des Militärs, der vielen Prediger der Gegend. Lügen, Lügen, nichts als Lügen. Aber würdest du nicht auch losgehen, wenn nur die Hoffnung besteht, fragt er mich. Zelt hat er keines bekommen, auch Decken hat er keine gesehen. Ein paar Kleidungsfetzen sind auf der Straße gelegen. Spenden aus dem reicheren Süden des

Landes. Lumpen, sagt Salim, die dir in den Händen zerfallen, wenn du sie nur aufhebst. Wir brauchen ein Zelt, hat sein Vater zu ihm gesagt, wir brauchen ein Dach über dem Kopf, hat er ihm noch nachgerufen, als er in der Früh losgegangen ist. Herunter über einen engen Pfad, die Füße in kaputten Sandalen, im Bauch nur die Hoffnung auf Essen und Wärme, auf ein Zelt. Vier Stunden lang ist er durch die Stadt geirrt und hat wieder nur Tote gesehen. Wieder nur Grabhügel gefunden und keine Hilfe. Wieder wurde er nur abgewiesen und vertrieben. Wieder war er zu spät dran, ist zu weit hinten in der Warteschlange gestanden, als jemand Reis von einem der bunten LKW verteilt hat. Wieder nur leere Taschen, in denen er seine Hände vergraben kann. Er wollte schon aufgeben, als er von der Trinkwasseraufbereitungsanlage gehört hat. Er hat sie tatsächlich gefunden und musste nicht lange anstehen. Nach 20 Minuten hatte er den durchsichtigen, sauberen Plastikcontainer mit dem sauberen Wasser in seinen Händen gehalten. Der freundliche Mann aus Europa wollte ihm den Container nicht ganz voll füllen, der Container sei zu schwer für ihn, hatte er gemeint. Aber ich bin stark, sagt Salim und stemmt den Container wieder auf seine Schultern. Es dauert nicht lange und er stellt ihn wieder zu seinen Füßen ab. Sauberes Wasser ist wichtig für uns, erklärt er. Ich weiß es, ich habe davon in der Schule gehört. All die Bakterien, die Seuchen. Ohne Nahrung kannst du leben, ohne sauberes Wasser lebst du nicht lange. Sie sind alle so dumm, sagt Salim. Sie glauben es nicht und trinken aus dem Fluss. Es wird nicht lange dauern, sagt er, und sie werden krank werden. Ich habe Wasser für uns, auch wenn es nicht lange ausreichen wird. Ich werde wieder herunterkommen und frisches holen. Salim erzählt gerne, er hört auch gerne zu. Er ist interessiert an der Welt. Was die Welt jetzt unternehmen wird, will er wissen. Wie ich das Beben sehe, ob ich Angst vor den Nachbeben habe? Ob es auch in Österreich Erdbeben gibt, ob ich glaube, dass Bin Laden tot ist, wie viele Länder ich bereits gesehen habe? Er hört nicht auf zu fragen und er saugt die Antworten in sich auf. Den Mund leicht geöffnet, die Augen gegen die Sonne zu schmalen Schlitzen zusammengezogen lauscht er und stellt immer neue Fragen. Wenn ich geantwortet habe, neigt er kurz den Kopf zur Seite, als wolle er die Antwort irgendwo in seinem Kopf verstauen, verzieht seine Lippen zu einem fast fröhlichen Lächeln und fragt weiter. Schließlich beginnt er zu erzählen. Von den Nachbeben, von seiner Angst. Davor, dass er in den nächsten Wochen sicher nicht mehr in ein Haus hineingehen, geschweige denn in einem schlafen wird. Ob ich denn die Nachbeben nicht gespürt hätte, will er wissen. Eben, sagt er, da sagen sie, wir sollen uns aus den Trümmern selbst Notunterkünfte bauen. Was glauben sie, wie lange diese Löcher halten werden, wenn das nächste Nachbeben kommt? Ein Zelt ist alles, was uns vor dem Winter schützen kann, sagt er. Er verschluckt den Satz beinahe, als wolle er jetzt nicht wieder darüber reden. Er will das Zelt, die Decken, die Angst vergessen und erzählt von seinen Geschwistern. Von seinem Traum, ein großer Ingenieur zu werden. Ob ich den Stausee nördlich von Islamabad gesehen hätte? Eines Tages werde ich auch so einen Damm planen, sagt er. Aber jetzt, jetzt weiß ich nicht, wie es weitergehen soll. Was sollen sie machen, all die Schüler, meint er. Die Schulen sind kaputt, die Lehrer sind gestorben, das Beben hat uns der Zukunft beraubt. Er wird nicht aufhören zu fragen, nicht aufhören zu lernen, verspricht er mir. Wenn es sein muss, wird er alles hinter sich lassen, auch seine Familie. Seine jüngeren Brüder müssen sich um seine Eltern kümmern. Er wird noch den Winter abwarten und danach in den Süden gehen. Ohne Geld, ohne Ziel, mit Hoffnung und Träumen in den Taschen und dem leeren Bauch. Irgendwo wird er wieder lernen können, es wurde ja nicht die ganze Welt zerstört, sagt er. Er meint es ernst, ich glaube ihm. Wir verabschieden uns mit einem freundschaftlichen Handschlag.

Er nimmt seinen Container und steigt den Berghang hinauf in die Ungewissheit, ich steige wieder in den Jeep, der mich nach Islamabad bringt, mit der Gewissheit, undankbar für mein Leben zu sein.

Oft beneide ich Zeitungsjournalisten. Sie sind frei und ungebunden im Vergleich zu Radio- und TV-Reportern. Sobald die Technik ins Spiel kommt, wird die Arbeit kompliziert. Um Bilder aus einem Gebiet liefern zu können, ist ein unglaublicher technischer Aufwand nötig. Kameraleute und Techniker, Technik und Logistik. Radio nimmt sich im Vergleich zum Fernsehen einfach aus. Aufnahmegerät, Laptop, Satellitentelefon. Alles zusammen wiegt gut verpackt ca. 10 Kilogramm. Dinge, die man alleine schleppen kann. Das ist man nämlich: alleine. Oft *am anderen Ende der Welt*, um von Ungerechtigkeiten, Katastrophen und Kriegen zu berichten – nicht um Equipment zu hüten. Das erleichtert die Arbeit nicht wirklich. Man braucht einen sicheren Ort mit Stromversorgung, an dem man die Ausrüstung liegen lassen und von dem aus man berichten kann. Das Problem in Pakistan ist für mich nicht nur die extrem schwierige Erreichbarkeit abgelegener Ortschaften, sondern auch die Stromversorgung – ganz zu schweigen von Unterkünften und der Versorgung im Katastrophengebiet. Selten gibt es Gebiete auf der Welt, an denen man nicht mit ausreichend Geld Nahrung heranschaffen kann, eine Unterkunft und Strom bekommt. Die Kashmir-Region ist eine der wenigen Ausnahmen. Sicher, CNN, BBC und die anderen Big Player wissen diese Probleme zu umgehen. Koffer gefüllt mit Geld öffnen alle Türen, beseitigen fast jedes Problem. Nur arbeite ich nicht bei CNN und ich habe als Radioreporter ein sehr beschränktes Budget und noch dazu nicht die Zeit, um mich um Nachschub, Unterkunft und Bequemlichkeiten zu kümmern. Da heißt es improvisieren. Ein Zeitungsjournalist hat es dabei am einfachsten. Er braucht ein Telefon, einen Laptop, zur Not reicht auch ein Schreibblock. Er setzt sich in den nächsten Hubschrauber, fliegt in die Region, hat keine Kamera, kein Mikrofon, nichts, was ihn sofort als Journalisten verrät und kann sich ruhiger, unauffälliger bewegen. Er kann erzählen, berichten, schildern. Er führt keine Interviews, sondern spricht mit den Menschen, schreckt sie nicht mit Mikrofon und Kamera ab. Er beobachtet und hört zu, während wir von den elektronischen Medien stets für Aufruhr sorgen. Sofort springt der halbe Ort zusammen; viele Menschen, speziell Frauen im arabischen Raum, schrecken vor Kameras zurück und man zieht die bösen Blicke der Männer auf sich. Man sitzt auf dem Präsentierteller und fühlt sich beinahe wie eine wandelnde Mattscheibe, in die jeder hineinblickt.

Ich bin es gewohnt, mit den Menschen, über die ich berichte, zu leben bzw. möglichst nahe an sie *heranzukommen*. Nur so bekomme ich das Gefühl, ehrlich und möglichst wahrheitsgetreu berichten zu können. Niemand von uns verwöhnten Europäern würde diese Lebensumstände lange ertragen. Aber man kann es versuchen. Man kann in die Hütten dieser Menschen gehen, ihnen zuhören, den Kontakt zu ihnen suchen. Aber auch diese Nähe ist nicht immer möglich. So geht es mir bei diesem Einsatz. Es gibt in der Region keinen Strom. Es gibt keine vernünftige, sichere Unterkunft für uns Journalisten vor Ort. Ich bleibe eine Nacht in Muzafarrabad und weiß sofort, dass es vollkommen sinnlos ist. Nach kurzer Zeit sind meine gesamten Akkus verbraucht. Ich kann nicht mehr berichten. Ich bin zum Nichtstun verurteilt, bin medial von der Heimat abgeschnitten. Die Kollegen von CNN dagegen kennen dieses Problem nicht. Sie haben immer jemanden, der für alles sorgt. Gibt es keinen Strom, wird ein Generator gekauft, Geld spielt keine Rolle. Gibt es keinen Diesel mehr, wird er eingeflogen. Hat der Moderator keine Lust im Dreck auf seinen nächsten Einstieg zu warten, wird ein Hubschrauber organisiert, der ihn ausfliegt und am nächsten Tag wieder rechtzeitig im Chaos absetzt. Es ist ein Gerücht, dass die großen Starmoderatoren tagelang im Dreck sitzen. Sie kennen den Dreck von den Bildern ihrer Kameraleute, sie kennen den Gestank der Toten von Erzählungen der Tontechniker. Sie machen sich nicht die Hände schmutzig, wenn sie ein Kind umarmen, außer eine Kamera steht bereit, um Emotionen medienwirksam zu transportieren. Sie haben die Macht, selbst das pakistanische Militär davon zu überzeugen, dass sie Hubschrauber für den Transport ihres Equipments, ihrer Moderatoren, ihrer Mannschaften brauchen.

Der Rettungshubschrauber ist bis auf den letzten Platz mit Verletzten gefüllt. Ich bekomme eine Maske gegen den Geruch von Eiter, Verwesung und abgestorbenem Gewebe sowie sterile Einweghandschuhe, damit ich mich auf dem Flug nützlich machen kann. Aber es gibt nur wenig Arbeit für mich. Ich habe auch keine Ahnung, wie ich einem Schwerverletzten wirklich helfen könnte. Die Ärzte sind zurückgeblieben und erst nach der Landung werden die Verletzten wieder von Experten übernommen. Ich versuche kurz mein Know-how vom letzten Erste-Hilfe-Kurs zusammenzukratzen, verwerfe den Gedanken aber sofort. Wenn jemand während des Fluges stirbt, kann ich nichts dagegen tun. Es gibt keine Medikamente an Bord, wozu auch, wir alle sind medizinische Laien. Wir können nur hoffen und auf die Landung warten. Ratlos sitze ich mit zwei weiteren Journalisten zwischen den Verletzten und halte meine Wasserflaschen bereit, um wenigstens den Durst der Menschen stillen zu können. Sie sind aber alle ruhig, nur ein junger Mann zu meiner Linken äußert seinen Schmerz. Sein Bein ist schwer verletzt. Am linken Knöchel ist die Haut, das Fleisch bis auf die Knochen abgeschabt, bereits verfault. Man sieht, dass die Knochen und das Gelenk freiliegen, jede leichte Berührung, jeder Ruck muss ihm unsägliche Schmerzen bereiten. Er legt seinen Kopf zurück auf das Bein meines

Kollegen, der ihm zu trinken gibt, ansonsten aber nichts tun kann. Ich blicke in die Augen eines kleinen Buben, der hinaus in das Kinderkrankenhaus nach Islamabad gebracht werden soll. Ich glaube nicht, dass er weiß, dass er in einem Hubschrauber sitzt, geschweige denn, was mit ihm passieren wird. Schon wieder ein Kind, dessen Augen ich nicht vergessen werde. Augen habe ihre eigene Sprache, sie blicken direkt in deine Seele. Als ich wieder zu meinem Kollegen hinüberblicke, sehe ich, dass auch er mit den Tränen kämpft. Er ist ebenso machtlos wie ich. Auch er kann nur zusehen, wie der junge Mann den Kopf auf sein Bein legt und versucht den Schmerz zu überstehen, den nächsten Tag zu erleben.

Überleben. Überleben für eine Zukunft, die nur Schmerzen, Entbehrungen, Leid bereithält. Überleben, um die Hoffnung am Leben zu halten. Überleben, um vielleicht vom Leben positiv überrascht zu werden. Überleben, um vor dem Nichts zu stehen, ohne es zu verstehen. Auf einem Pfeiler vor dem Eingang zum Kinderkrankenhaus in Islamabad reihen sich die Namen der Kinder aneinander, die ihre Familien verloren haben. Vier ausgedruckte Seiten mit je mehr als 50 Namen, Angaben zum Alter, zum Ort ihres Auffindens. Kinder, die die Naturgewalt zu Waisen gemacht hat. Waisen in einem Land, in dem das Erwachsenwerden auch in einer intakten Familie nicht garantiert ist, aufwachsen in einer Region, in der die Kindersterblichkeit extrem hoch ist. Hunderte Namen alleine in diesem einen Krankenhaus. Ich gehe um den Pfeiler herum. Auf allen vier Seiten hängen die Blätter. Aus 100 werden mehr als 500 Namen. Aus 100 Tragödien werden mehr als 500. Wer notiert die Namen der Kinder, die nicht gerettet werden, die niemals einen Weg in die Krankenhäuser finden, weil sie nicht verletzt worden sind, weil sie keine Rettung erfahren, weil sie still und heimlich irgendwo, verlassen von all ihren Bekannten, Familienangehörigen und Freunden sterben und anonym in ein Grab gelegt werden? Einfach vergessen werden, vom Erdboden verschwinden, ohne dass jemand Notiz davon nimmt? Die mehr als 500 Kinder auf der Liste haben Glück. Sie haben überlebt, um vor dem Nichts zu stehen. „In diesem Krankenhaus sind Adoptionen verboten", steht in dicken Lettern über den Listen. Es gibt keine Hölle, aus der man nicht noch weiter absteigen kann. Selbst hier ist die Angst groß, dass Menschen- und Organhändler oder Perverse die Situation ausnützen und die hilflosen, verletzten Kinder entführen, verkaufen, töten. Auch Tage nach dem Beben, mitten hinein in das nächste Nachbeben kommen im Fünf-Minutentakt Rettungswagen beim Krankenhaus an. Im Chaos werden Kinder herausgehoben und in das Krankenhaus getragen. Es werden immer mehr Kinder und auf dem Pfeiler mit den Zetteln ist kaum noch Platz. Die Kinder liegen in ihren Betten auf den Gängen, an allen Ecken und Enden wird improvisiert. Was auch hier auffällt, ist die Ruhe in den Räumen. Nur selten schreit ein Kind nach seiner Mutter, als wüssten sie, dass es zwecklos ist, als spürten sie, dass es keine bekannte Hand, kein Gesicht, keine Träne mehr gibt, die sie kennen. Aber es gibt auch Eltern, die hierherkommen, um nach ihren Kindern zu suchen. Im Chaos der vergangenen Tage wurden sie getrennt. Jetzt eilen Eltern aufgelöst in Angst, das Herz voller Hoffnung von Krankenhaus zu Krankenhaus, um den Tod vielleicht doch noch zu überlisten. Wir hören nur von den Glücklichen, immer wieder erzählt man sich von den Zufällen und den unerwarteten Wiedersehen, ich hingegen sehe nur Tränen. Ein Mann in meinem Alter hält seine kleine Tochter auf dem Arm. Den kleinen Kopf dick verbunden trägt er sie auf seiner Schulter durch die Gänge des Krankenhauses. Er dreht sich so zu mir hin, dass ich dem kleinen Mädchen über den dick verbunden Kopf streicheln kann. Sie will nicht mehr essen, erzählt der Vater. Die Ärzte haben alles versucht, aber sie will nicht. Ihre Mutter fehlt ihr, sagt er weiter. Ich brauche nicht zu fragen, wo sie ist. Ich habe sie mit ihrer Schwester begraben müssen, kommt über seine Lippen. Sie wollen meine Tochter künstlich ernähren, erzählt er. Tränen schießen in seine Augen, er wendet sich wieder ab und bleibt so stumm wie seine Tochter. Ich bleibe noch ein paar Minuten auf der Kinderstation. Als ein anderes Mädchen laut nach der Mutter zu schreien beginnt und mir der Pfleger, der mich begleitet, mit einem Kopfschütteln zu verstehen gibt, dass der Hilferuf vergeblich auf den nackten sterilen Wänden verhallt, stehle ich mich davon. Hinaus aus der Station, vorbei an dem Mann mit seiner Tochter auf dem Arm, vorbei an den Listen der Waisen, hinaus, wo ich wieder Luft bekomme.

Zehn Tage nach dem Beben lässt das Interesse der Weltöffentlichkeit an der Katastrophe weiter nach. Immer mehr Journalisten reisen ab. Über dem Atlantik wird der Hurrikan immer stärker, die Welt spricht bald nur noch über die Hochwasserkatastrophe in New Orleans. Der Ölpreis hat einen Rekordwert erreicht, auch jetzt müssen wieder Plattformen, die das schwarze Gold aus dem Golf von Mexiko pumpen, geschlossen werden. Die Energiekonzerne befürchten einen weiteren Engpass. Das erwartete und erhoffte Wirtschaftswachstum wird angesichts dieser Prognosen zurückgestuft, die Welt richtet sich auf einen Sturm ein. Die Weltöffentlichkeit hat einen neuen Schauplatz gefunden. Ich bleibe noch drei Tage vor Ort, treffe Menschen, die unglaubliche Arbeit in den vergessenen Ortschaften leisten, sehe wie immer weniger Maschinen mit Hilfsgütern landen, wie nach wie vor kaum Zelte nach Pakistan gebracht werden. Das Wetter wird immer schlechter, der Winter hält Einzug. Ich reise ab, mein Einsatz ist beendet.

Wenige Tage lang hat die Welt zwischen Frühstücksei und Abendessen beim Zeitunglesen, Radiohören oder Fernsehen vielleicht einen Augenblick innegehalten, um nach Pakistan zu blicken. Das Entsetzen war groß, einen kurzen Augenblick lang, ehe man in der Zeitung weiterblätterte oder die Nachrichtensprecher an den Sport übergaben mit diesen zwei kleinen, mächtigen Worten, die genügen, um unsere kurzen, flüchtigen Gedanken an die großen Katastrophen abzuschalten. ... *Und jetzt* ... zum Wetter von morgen, sagt der Nachrichtenmoderator.

Die Geschichte einer Flucht (von Millionen) – Hesmat

Mehr als 51 Millionen Menschen* befinden sich in diesem Augenblick weltweit auf der Flucht. Ein Großteil von ihnen sind Flüchtlinge im eigenen Land, 16 Millionen sind aber zur Flucht, einer Reise verurteilt, deren Ausgang mehr als ungewiss, oft tödlich, in allen Fällen menschenunwürdig ist. Sie flüchten vor Krieg oder Terror gegen Minderheiten. Vor korrupten Regimen, wahnsinnigen Kriegsherren und Politikern. Sie werden von religiösem Fanatismus, von Armut, Hunger und Naturkatastrophen vertrieben. Millionen sind auf der Flucht, weil ihnen das Wasser ausgeht, ihre Tiere sterben, Landstriche veröden, ihnen die Klimaerwärmung die Lebensgrundlage nimmt, die sprichwörtlich unter ihren staubigen Finger zerbröselt.** 51 Millionen Menschen fristen ein Leben, das diesen Namen nicht verdient. Sie träumen von Sicherheit, einem Leben in Würde und werden doch gezwungen alles aufzugeben. Millionen von ihnen werfen sich dabei Schleppern und Menschenhändlern in die Arme, verschulden sich auf Jahre, alles in der Hoffnung auf ein besseres Leben, das aber nur wenige finden. Die organisierte Flucht ist ein Milliardengeschäft zwielichtiger Banden, korrupter Beamter und Politiker. Es gibt nicht einmal Schätzungen darüber, wie viele Vertriebene und Hoffnungslose diese Flucht

---

*) Weltflüchtlingsstatistik des UN-Flüchtlingswerks UNHCR (2014).
**) Bis zum Jahr 2050 könnten rund 200 Millionen Menschen aufgrund des Klimawandels ihre Existenzgrundlage verlieren und auf der Flucht sein, so Schätzungen der Internationalen Organisation für Migration.

nicht überleben. Sie kommen aus dem Irak, aus Afghanistan, dem Sudan, dem Kongo oder anderen Teilen Afrikas. Aus Aserbaidschan, Tschetschenien oder Syrien. Sie überqueren in klapprigen Booten die Meere, um am Ende aufgegriffen und wieder zurückgeschickt zu werden. Sie werden in Transportcontainer gepfercht und tagelang eingesperrt, sie werden geschlagen, misshandelt, gedemütigt. Sie verlieren ihre Menschlichkeit und werden zur Ware degradiert. Sie werden verladen, gelagert, weiterverschickt. Auf der Flucht verlieren sie das letzte Stück Würde, das ihnen geblieben ist. Wer ankommt, wird registriert, katalogisiert, stigmatisiert, befragt und durchleuchtet, um sofort oder nach Wochen, Monaten, nicht selten nach Jahren menschenunwürdigen, nervenaufreibenden Wartens wieder abgeschoben zu werden. Der Traum eines besseren Lebens erfüllt sich nur für wenige, und wer die Erlaubnis erhält, wem die Gnade zuteilwird in einem sicheren Land Aufnahme zu finden, wird doch nie dazugehören. An den Rand der Gesellschaft gedrängt wird er sein Leben fristen ohne je das zu finden, was er sich erhofft hat: eine neue Heimat. Immer wird er die Blicke spüren und die Unsicherheit, die Vorurteile, wenn er den Menschen in die Augen sieht. Und er wird lernen, diese Vorurteile zu verstehen. Auch er kennt die Schlagzeilen, die Verbrechen und spürt täglich am eigenen Leib, wie sich die Blicke der Menschen in seinem Umfeld verändern, ihre Angst, ihre Vorurteile wachsen. Er ist einer von Hunderttausenden, die täglich einer schlecht bezahlten Arbeit nachgehen, Aufgaben erledigen, die die Menschen hier nicht mehr machen wollen. Er zahlt brav seine Steuern und hofft in Ruhe leben zu können und vielleicht, vielleicht irgendwann dazuzugehören. Er spürt, wie die Unruhe, die Unsicherheit bei seinen Landsleuten wächst. Er sieht, wie sie sich versammeln um ihr Selbstbewusstsein zu stärken, wie sie Parallelgesellschaften errichten, in denen er sich nicht wohlfühlt. Er bemerkt, wie sein Gefühl der Machtlosigkeit wächst und er die Hoffnung verliert, einmal nicht mehr mit gesenktem Kopf durch die Stadt gehen zu müssen, die auch zu seiner werden *muss,* weil es kein Zurück mehr gibt. Er beschwert sich nicht, denn er ist in Sicherheit, seine Kinder gehen zur Schule. Aber er wird immer noch nervös, wenn ihn die Kinder in die Eisdiele drängen, sich an die Tische zwischen die Einheimischen setzen wollen. Er bringt seinen Kindern bei, den Menschen auf dem Bürgersteig Platz zu machen, die Straßenseite zu wechseln, wenn ihnen Feindseligkeit entgegenschlägt. Er spürt die Blicke, das Wegrücken der Stühle, die Unsicherheit, die Vorurteile. Und doch ist er zufrieden. Er hat nie von Luxus geträumt, sondern von Sicherheit und dieser Traum ist ihm erfüllt worden. Er ist dankbar. Am Wochenende geht er zum Fußball, im Dezember zur Weihnachtsfeier, auch wenn es kein Fest seines Glaubens ist. Sie klopfen ihm auf die Schulter, dem Arbeitskollegen, dem *Freund* und doch weiß er, dass ihn nie einer von ihnen besuchen wird, nie einer von ihnen diese unsichtbare Barriere durchbrechen wird. Sie bleiben unter sich, so wie er alleine bleibt.

Ich treffe Hesmat zum ersten Mal ein paar Tage vor dem Weihnachtsfest 2002 im Jugendwohnheim und blicke in Augen, die so gar nicht zu einem Zwölfjährigen passen. Nichts an ihm passt zu seiner Geschichte. Es ist die Lebens- und Leidensgeschichte eines Erwachsenen, nicht die eines kleinen, dünnen Jungen, der nervös auf dem Stuhl vor mir herumrutscht. In ein paar Sätzen umreißt mir der Junge aus Afghanistan seine Flucht, schildert, wie seine Mutter stirbt, der Vater von den Taliban ermordet wird und wie er sich mit Hilfe eines Freundes seines Vaters zur Flucht entschließt. Er will nach London. Die Stadt, von der seine tote Mutter immer gesprochen hat. Die Stadt, die sie ihm auf einem alten, zerfledderten russischen Schulatlas im Lichtschein einer flackernden Kerze gezeigt hat. Die Stadt, von der sie immer geträumt hat, in der es die Freiheit gibt, von der sie immer gesprochen hat. Die Freiheit, die ihr als Frau in

Afghanistan nicht erst von den Taliban genommen wurde. Es war der eigene Schwiegervater, der Clan, in den sie eingeheiratet hatte, in den sie mit ihrer weltoffenen Art nicht gepasst hat. Angeführt vom mächtigen Großvater, der ihren Sohn in die Koranschule zwingen wollte und gegen den sie vergeblich, mit aller Macht einer kranken afghanischen Frau ankämpfte. Ein Kampf, der mit ihrem Tod endete und nur der erste bittere Vorgeschmack auf das sein sollte, was den kleinen Buben in den kommenden Monaten erwarten sollte. Die Taliban hatten die Macht ergriffen und alles verboten, was Hesmat neben der Verachtung für Glaubensfanatiker von seiner Mutter geerbt hatte: das Interesse an der Welt, an Sprachen, fremden Kulturen. Internationale Filme, Bildbände über die Welt *da draußen*, die Pläne auszuwandern und ein neues, besseres Leben zu beginnen. Sein Vater geriet ins Visier der Taliban und neiderfüllten Nachbarn. Die neuen Herren hebelten die Gesetze aus, die Anhänger der Taliban eröffneten daraufhin die Jagd auf Andersdenkende. Hesmats Vater hatte in den 80er-Jahren auf die russischen Besatzer in Afghanistan gesetzt. Von ihnen erhoffte er sich Stabilität, vom Kommunismus ein besseres Leben für alle. Er lernte Russisch und hatte sich als Kenner des Nordens seines Landes bald einen Namen gemacht. Die Russen schätzten seine Dienste, gaben ihm neue Aufgaben, beförderten ihn. Bald hatte es sein Vater zum angesehen Mann mit Macht in Mazar-i-Sharif gebracht. Ansehen und Macht, die in jenem Augenblick verschwanden, in dem sich die stolze Rote Armee geschlagen aus Afghanistan zurückzog und das Land in neuerliche Anarchie und Gesetzlosigkeit abdriften ließ. Von der Macht, dem Ansehen seines Vaters blieb nichts übrig. Als Hesmats Mutter krank wurde, schlug er sich als Schmuggler durch, nutzte seine guten Kontakte nach Pakistan, um Waren, die er zusammen mit Freunden über tödliche, verminte Wege über die Berge nach Mazar-i-Sharif schmuggelte, gewinnbringend zu verkaufen. Er eröffnete eine kleine Apotheke und versorgte die Menschen mit teuren Medikamenten aus dem Ausland. Als die Macht der Taliban größer wurde und sie immer weitere neue Teile des Landes zu kontrollieren begannen, wurde der Schmuggel zur lebensgefährlichen Angelegenheit. Immer öfter wurden Hesmats Vater und seine Helfer aufgegriffen und verhaftet und mussten sich mit Lösegeld teuer freikaufen. Die Ersparnisse gingen zu Ende und die Lage spitzte sich von Tag zu Tag bedrohlich zu. Als sich die Familie zur Flucht entschloss, war es längst zu spät. Hesmats Mutter war zu geschwächt, der harte Weg über die Berge nach Pakistan oder in den Iran wäre einem Todesurteil gleichgekommen. Außerdem waren die Grenzen längst dicht. Sie waren Gefangene im eigenen Land.

Und dann, eines Morgens, hat sie den Kampf gegen die Krankheit verloren, erzählt Hesmat. Sie war tot. Ich war neun, sagt Hesmat und ich habe gewusst, dass sich alles ändern wird. Er legt eine lange Pause in seiner Erzählung ein. Ich sehe, wie die Gedanken hinter seinen dunklen Augen rasen, sehe, wie er nach den richtigen Worten in meiner Sprache sucht. Eine Sprache, die er unglaublich schnell gelernt hat und mit der er spielt wie ein Erwachsener. Seine Gedanken, seine Worte passen nicht zu einem Zwölfjährigen. Vielmehr erzählt er wie ein alter, gebrochener Mann. Sie war tot, sagt er und schweigt. Als ich über seine Geschichte im Radio berichte, wendet sich das Blatt für Hesmat. Er darf in Österreich bleiben, eine Lehre beginnen und von einer Zukunft träumen. In diesen Träumen ist aber kein Platz für Hoffnung. Nacht für Nacht holt ihn die Vergangenheit ein, bringt ihn zurück in seine Heimat und pfercht ihn wieder in das Versteck, ein kleines, vollkommen dunkles Erdloch unter ihrem Haus in Mazar-i-Sharif, in dem ihn sein Vater vor den Verfolgern versteckt, in dem er verängstigt, alleine über Wochen fast verrückt wird, beinahe verhungert und in dem ihn nur das Versprechen hält, das er seinem Vater gegeben hat: Stark zu sein und nicht aus dem Loch zu kriechen, nicht an die Oberfläche zu gehen, bis sein Vater alles für die Flucht organisiert hätte. Aber der Hunger, die Verzweiflung, vor allem die Angst wird von Tag zu Tag stärker. Seit über einer Woche hat er nichts mehr von seinem Vater gehört, ist sein Vater nicht mehr gekommen, um ihm etwas Brot und Wasser zu bringen, ihm Mut zuzusprechen. Die Ungewissheit, die Angst, die Dunkelheit, der Gestank der eigenen Exkremente, der Hunger im *Loch* werden unerträglich und treiben ihn völlig abgemagert ins Freie. Es dauert Wochen, bis mir Hesmat seine ganze Geschichte erzählt, die Mauer niederreißt, die er vor seiner Vergangenheit aufgebaut hat und nie mehr antasten wollte. Es ist die Geschichte einer Flucht, erzählt von einem Kind, das darüber sprechen kann, weil es die Flucht überlebt hat. Es ist der direkte, unmittelbare Einblick in eine Welt, ein Leben, ein Drama, ein Trauma, das so viele erleiden, über das aber nur so wenige sprechen können. Sei es aufgrund der Sprachbarriere, sei es wegen fehlenden Vertrauens, sei es, weil es keine Zuhörer gibt, die sich für das Schicksal jener Menschen am Rande der Gesellschaft interessieren. Hesmat redet mit niemandem über seine Vergangenheit, sagt sein Betreuer. Er hat kein Vertrauen mehr zu den Menschen, dir aber beginnt er sich zu öffnen. Es ist wichtig für ihn, über das Erlebte zu reden. Er muss alles loswerden, damit abschließen, wenn das überhaupt möglich ist, ergänzt er. Wir treffen uns regelmäßig, über Monate, meist einmal pro Woche. Hesmat gräbt immer tiefer in seinen Erinnerungen, spricht über Schmerz und Wut, die er so lange mit niemandem teilen konnte. Irgendwann brechen alle Dämme, stürzt die Mauer, die er in seinem Kopf errichtet hat ein, bricht alles aus ihm heraus. Es ist ein schönes Gefühl wieder jemandem vertrauen zu können, sagt er eines Abends, als ich mich verabschiede. *Vertraue niemandem.* Zwei Worte seines Vaters, die ihn auf seiner Flucht begleitet haben, zwei Worte, die ihm sein Vater, so lange sich Hesmat zurückerinnern kann, immer und immer wieder vorgesagt hat. Bei den ersten Schießübungen mit dem Gewehr, das er kaum halten konnte, dessen Rückschlag und die davon blaue, schmerzende Schulter ihm immer in Erinnerung bleiben werden, so wie die Zusammenkünfte mit den Stammesältesten oder den Mudschaheddin. Und sein Vater sollte recht behalten, *er* konnte niemandem vertrauen. Nicht den Nachbarn, nicht den Menschen, die jahrelang neben ihm gelebt hatten. Ihnen allen hatte das Gerücht um das Geld, das Gold, das sich sein Vater angeblich während der Besatzungszeit auf die Seite geschafft hatte, den Kopf verdreht. Jahrelange Freundschaften zählten nicht mehr, jeder, dem er einmal vertraut hatte, schien sich in eine gierige Bestie verwandelt zu haben. Als die Taliban Mazar-i-Sharif eingenommen hatten, die neuen Gesetze verkündet und die Jagd auf ihre Feinde, auf Ungläubige, auf jeden, der ihnen nicht passte, eröffnet hatten, hatten sie damit auch Hesmats Vater zum *Abschuss* freigegeben. Die Menschen kamen, um sich den angeblichen Schatz zu holen, sie schlugen ihn zusammen, aber noch ließen sie ihn am Leben. Die letzte Warnung. Sie würden wiederkommen. Es blieb nicht mehr viel Zeit, hastig versuchte er die Flucht vorzubereiten, aber seine Verfolger kamen ihm zuvor. Während Hesmat im Loch verzweifelt, verunsichert und verängstigt auf seines Vaters Rückkehr wartete, hatten sie ihre Drohung wahr gemacht. Sie waren gekommen und wollten das Geld, das Gold, das es nicht gab. Er bettelte, flehte sie an ihm zu glauben, aber die Schläge hörten nicht auf. Auf offener Straße, vor seinem Haus, unter dessen Keller der kleine Junge in einem Loch auf seinen Vater wartete, zückte schließlich einer seine Waffe und tötete ihn mit einem Schuss in den Kopf. Die Nachbarn sahen zu, keiner griff ein, erhob das Wort für seinen Vater. Als Hesmat Tage später, abgemagert, verdreckt und stinkend vor ihrer Tür stand und nach seinem Vater fragte, brachten sie ihn zu seinem Großvater. Zum

Großvater, der Hesmat stets verstoßen hatte und der jetzt Angst bekam, dass der unerwünschte Enkelsohn die Taliban in sein Haus locken würde. Er wusste, dass nach Hesmat gesucht wurde, um von ihm das angebliche Geheimnis zu erpressen, das sein Vater nicht preisgegeben hatte, nicht preisgeben konnte und dessen Schwüre und Beteuerungen sie nicht hören wollten. Hesmat wurde zur Gefahr für die Großfamilie und während sie seinen kleinen, vier Jahre jüngeren Bruder längst zu sich genommen hatten, wurde ihnen Hesmat zur Last. Sie versteckten ihn vor der Welt. Bei Verwandten, Bekannten und Freunden, die sich nach Monaten schließlich weigerten, den Jungen, *die Gefahr,* länger in ihren Wohnungen zu akzeptieren. Es war nur eine Frage der Zeit, bis ihn die Männer finden und töten würden, wenn er ihnen nicht gab, was sie wollten und was er doch nicht besaß. Als sich kein Versteck mehr für den Zehnjährigen finden ließ, niemand den Jungen wollte, ihm niemand mehr zur Seite stand, beschloss er in jene Stadt zu fliehen, die ihm in seiner Erinnerung allgegenwärtig war: London. Der Traum seiner toten Mutter. Niemand glaubt, dass er die Flucht überleben wird und trotzdem hält ihn niemand zurück. Einzig der letzte Freund seines Vaters versucht, den Jungen von seinem verrückten, selbstmörderischen Plan abzuhalten. Vergeblich. Und so küsst Hesmat seinen schlafenden Bruder ein letztes Mal auf die Stirn, nimmt sich drei Eier aus der Vorratskammer des Großvaters, etwas Brot, bindet sie mit einem zweiten T-Shirt zu einem Beutel zusammen und geht. In seiner Hosentasche etwas Geld, das ihm ein Onkel besorgt hat und ein Zettel mit den Namen der Städte, die er passieren muss, fremde Namen, fremde Länder, aufgereiht wie auf einer Schnur. Tuffon, der Freund des Vaters, hat sie aufgeschrieben, zusammen mit einem Namen: Sayid, einem Bekannten in Moskau, der ihm helfen soll, nach Europa zu kommen. Hesmat erzählt ruhig, überlegt, selten kommen Emotionen auf – wenn doch, dann erdrückt ihn aber die Last der Erinnerung, des Schmerzes, der Angst, die er in den folgenden Monaten ausstand. Wochenlang ist er mit Schmugglern im Hindukusch unterwegs, ständig im Grenzbereich der verfeindeten Nordallianz und der Taliban. Sein Leben hängt am sprichwörtlich seidenen Faden, als er schließlich alleine weitermuss, weil die Schmuggler umkehren. Er gerät in die Fänge von Menschenschmugglern und Drogenhändlern, wird gefangen genommen und wochenlang zusammen mit Schwerverbrechern eingesperrt. Ihre Hände, ihre Gier und ihre Misshandlungen lassen den jungen, hübschen Knaben noch heute schweißgebadet aus seinen Alpträumen hochschrecken. Und trotzdem bleibt er am Leben und findet an entscheidenden Punkten seiner Flucht etwas, das er nicht kennt: Warmherzigkeit und Menschen, die ihm selbstlos helfen. Menschen, deren Namen er oft nicht einmal erfährt und die dem Jungen Mut geben und weiterhelfen. Schließlich begegnet er einem Gleichgesinnten, Fahid. Auch er ist auf der Flucht. Auch er träumt von einem besseren Leben, auch er will nach Europa. Es ist Fahid, sagt Hesmat heute, dem ich alles zu verdanken habe. Wir haben uns getroffen, als es nicht mehr weiterging. Ich war am Ende. Abgemagert, verletzt von den Schlägen, vollkommen hoffnungslos. Ich wusste, dass ich Moskau nie erreichen würde, dass ich sterben würde, sagt er und macht eine jener minutenlangen Pausen in seiner Erzählung, in denen er das gerade Erzählte noch einmal aufs Neue erlebt. Ich sehe, wie der Junge kämpft. Mit dem Erlebten, mit den Erinnerungen, mit dem Schmerz, der zurückkehrt und ihn verstummen lässt. Wenn die Pausen zu lang werden, wenn er nicht mehr in diese Erinnerungen eintauchen kann, nicht mehr eintauchen will, sprechen wir über meine Arbeit, mein Leben, das Leben in Österreich. Immer wieder vergesse ich sein Alter. Wir unterhalten uns bereits seit Monaten, inzwischen ist er dreizehn Jahre alt. Dreizehn Jahre erfüllt von Leid und Schmerz, die für ein ganzes Leben reichen. Wir gehen zur

Tür, wir verabschieden uns, draußen ist es längst dunkel geworden und die winterlichen Temperaturen sind weit unter null Grad gesunken. Er bleibt stehen, denkt nach, ich spüre, dass er nicht will, dass ich gehe. Die Kälte war das Schlimmste, beginnt er wieder zu erzählen und ist mit einem Satz wieder zurück am Hindukusch, in der Kälte, die ihn einmal in eine Höhle trieb, um dort die Nacht zu verbringen. Seit Tagen hatte er niemanden auf seinem Weg gesehen, längst war er sich sicher, dass er sich verlaufen hatte. Seine Vorräte waren zu Ende, nur mehr wenig Wasser in der gebrauchten Plastikflasche, die ihm, zusammen mit einer Taschenlampe, ein Fremder auf einem Markt in einem namenlosen Ort irgendwo in den tiefen Schluchten gekauft hatte. Es ist diese Höhle, die ihm in diesem Augenblick an der Haustür wieder einfällt. Der Geruch, der ihm entgegenschlug, der Anblick im Lichtkegel der Taschenlampe, alles ist in diesem Moment wie in so vielen Träumen wieder da. Er sieht die Toten vor seinen Augen, die verwesenden, von den wilden Tieren angenagten Körper, er spürt, wie der Ast, auf dem er steht, nachgibt und er erkennt, dass es der abgetrennte Arm eines Menschen ist. Ich hasse diese Kälte, sagt er und gibt mir die Hand. Es sind bald zwei Jahre vergangen, aber ich komme nicht aus dieser Höhle, sagt er.

Zusammen mit Fahid schafft er es schließlich über die Grenze nach Tadschikistan, weiter nach Usbekistan und in den Zug nach Moskau. Eine Zugfahrt, die nicht enden will. Immer wieder werden sie aus den Verstecken gezogen, von Soldaten und Grenzpolizisten, die nach Drogen suchen. Immer wieder werden sie festgenommen, verhört, geschlagen, in Gefängnisse gesteckt und überall wartet hinter den steinernen Mauern die Hölle auf die Kinder. Wochen, Monate vergehen, bis sie wieder freikommen, wieder in den Zug steigen und wieder, das Ziel Moskau vor Augen, verhaftet werden. Wieder die Schläge, wieder frische Narben auf verlorenen Kinderseelen. Ich sehe nur diesen Jungen vor mir, sehe die Kinder meiner Freunde im gleichen Alter, vergleiche die heile Welt der einen mit seiner Welt voller Trümmer, Schmerz und Leid. Inzwischen hat er eine Lehre begonnen, verdient sein erstes, eigenes Geld in diesem Land. Eines Tages besuche ich ihn bei seiner Arbeit als Elektriker und sehe, wie ihm die Arbeitskollegen in einer Pause zuhören. Ich sehe, wie sie an seinen Lippen hängen, wenn er vom Leben erzählt. Er kann dir bessere Ratschläge geben, besser zuhören als jeder Erwachsene, sagen seine Kollegen, er ist ein alter Mann im Körper eines Jugendlichen. Sein Gesicht ist runder geworden, der Brustkorb mächtig angeschwollen, die Muskeln an seinem Oberarm spannen das T-Shirt. Es hilft, sagt er, wenn ich die Gewichte stemme, wenn jeder Muskel schmerzt und ich keine Luft mehr bekomme, dann kann ich alles vergessen. Jeden Tag ist er im Fitnessstudio. Wenn ihn die Erinnerungen nicht einschlafen lassen oder ihn die Alpträume plagen, rennt er mitten in der Nacht Kilometer um Kilometer am Inn entlang. Inzwischen würde mich im Gefängnis keiner mehr anrühren, sagt er.

Moskau ist zum Greifen nahe. Es sind nur noch zwei Tage Zugfahrt, die sie von der Stadt, von der ihm sein Vater so viel erzählt hat, entfernt sind. Wieder sind Kontrollen angesagt, erinnert er sich, wieder schiebt sie der Schaffner, den sie mit etwas Geld bestochen haben, in eines der Löcher im Zwischendach er alten Eisenbahn. Es ist das letzte Versteck für Fahid. Er wird in diesem Loch ersticken. Die Luft reicht nur für eines der beiden Kinder und während Hesmat selbst um immer weniger Luft ringt, verliert sein Freund den Kampf. Als Hesmat wenig später wieder zu sich kommt, liegt er auf dem Boden und sieht aus den Augenwinkeln, wie die Mitfahrenden, die für alle Probleme, alle Kontrollen den versteckten Flüchtlingen wie Hesmat die Schuld geben, eines der Fenster öffnen und Fahid aus dem fahrenden Zug werfen. Er wirft sich ihnen entgegen, sein Geschrei ruft aber einen kräftigen Mann auf den Plan, der ihn mit einem Fausthieb bewusstlos schlägt. Siehst du, sagt er jetzt und zeigt auf seine rechte Schläfe. Siehst du die Narbe? Sie erinnert mich bei jedem Blick in den Spiegel an diesen Augenblick. Sie haben ihn einfach aus dem Fenster geworfen, sagt er. Einfach aus dem Fenster, wiederholt er leise, wie ein Stück Abfall. Er ist irgendwo verrottet, ohne Grab, wie einer der toten Esel, die wir so oft gesehen haben. Als Hesmat blutüberströmt wieder zu sich kommt, sind Stunden vergangen. Mit Fahid haben sie all meine Hoffnung aus dem Fenster geworfen. Ich war sicher, dass es jetzt vorbei ist, erzählt er. Aber plötzlich war alles kein Problem mehr. Keine Kontrollen, keine Festnahmen mehr. Es war Fahid, der auf mich aufgepasst hat. Nach einem halben Jahr, nach 2000 Kilometern Fußmarsch über den Hindukusch, einem Weg durch Minenfelder, zwischen Kriegsfronten und Söldnern, durch usbekische und russische Gefängnisse, kommt Hesmat schließlich nach Moskau und findet auf einem Marktplatz tatsächlich Sayid. Als er Tuffon, den Freund seines Vaters, in Mazar-i-Sharif am Telefon erreicht, will ihm niemand glauben, dass er tatsächlich noch am Leben ist. Gott ist groß, sagt Tuffon, wie hast du das alles nur überleben können? Von Moskau aus wird alles viel leichter, du wirst es sehen. Ich wünsche dir alles Glück der Welt. London scheint zum Greifen nahe. Du bist bald da, sagt Tuffon. Sayid ist anderer Meinung. Tuffon hat keine Ahnung, sagt er, Afghanistan ist weit weg, er weiß nicht wie schwer, wie gefährlich der Weg nach Europa ist. Doch nichts kann ihn aufhalten, nichts von dem Plan abhalten, nach London zu gehen. Er hat es seiner toten Mutter versprochen, seinem Vater und Fahid. Sie sollen stolz sein auf ihn, er will ihren Traum leben und ist bereit alles zu riskieren. Sie sollen nicht umsonst gestorben sein. Er muss es einfach schaffen. Auch für seinen kleinen Bruder, den er irgendwann zu sich nach London holen will. Weg vom Großvater, weg von Afghanistan, dem Krieg, dem Elend, der ständigen Lebensgefahr. Aber wie kann ein

Elfjähriger so eine Entscheidung treffen, frage ich Hesmat. Was muss passieren, dass ein Elfjähriger in der Früh seine Tasche packt und sich auf einen aussichtslosen Weg macht? Weiß er nicht, was es heißt zu sterben? Ist es nicht nur die Naivität eines Elfjährigen? Doch, sagt er mit einer Spur Resignation in seiner Stimme, glaub mir, ich weiß, was es heißt zu sterben, elend zugrunde zu gehen. Ich hatte aber keine andere Möglichkeit, sagt er. In Afghanistan wäre ich gestorben. Entweder hätten mich die Männer gefunden oder mein Großvater hätte mich vor die Tür gesetzt, was hätte ich dann tun sollen? Und als ich in Moskau war, konnte ich sowieso nicht mehr stehen bleiben. Europa, London war doch so nahe. Sayid konnte ihn einige Wochen zurückhalten. So lange, bist du wenigstens wieder etwas zugenommen hast, sagte er. Du siehst ja aus wie ein abgenagter Knochen. Hesmat musste lachen. Dasselbe hatte sein Vater stets zu ihm gesagt, wenn dieser nach wochenlanger Abwesenheit von seiner *Arbeit* zurückkam. Nach ein paar Wochen fühlt sich Hesmat schließlich stark genug um weiterzugehen und es ist Sayid, der Schlepper für Hesmat organisiert. Er hat seine Kontakte. Kontakte, die in den kommenden Wochen über unsichtbare Kanäle dafür sorgen, dass der Junge weiterkommt, am Leben bleibt. Sayids Macht reicht bis in die Ukraine, wo ihn einer der Schlepper auf Sayids Anordnung hin aus einem Gefängnis freikauft, nachdem er nach einem tagelangen Marsch durch die Wälder Soldaten in die Hände gefallen war. 200 Dollar ist er den Beamten wert. 200 Dollar, der aktuelle Preis für ein Menschenleben, sagt Hesmat. Als ihn die Schlepper aber wenig später in einem Versteck bei Kiew schließlich vor die Wahl stellen, den ausbleibenden Betrag zu zahlen oder zurückzubleiben, endet Sayids Macht. Hesmat muss bezahlen. Die brutalen, fremden Männer kennen kein Pardon mit dem Jungen. Am Telefon bettelt er Sayid an, dem Mittelsmann der Schlepper in Moskau die letzte Rate zu bezahlen. Während seine Bewacher auf den Anruf aus Moskau warten, wird Hesmat von der Gruppe separiert. Die Männer tragen Waffen, sie stecken ihn in einen Raum, der mit Plastik ausgelegt ist, es gibt Blutspuren, Hesmat weiß nicht was passiert, wenn sie wieder die Tür öffnen. Er weiß, woher die Blutspuren kommen. Vor zwei Tagen hat er das Schreien gehört, das Flehen. Hat er den Schwarzafrikaner gesehen, den die Schlepper mitgenommen und in das Zimmer gesperrt haben. Auch er konnte nicht mehr bezahlen. Auch er war seit Monaten unterwegs und, statt in Europa zu landen, immer noch auf der Flucht, irgendwo weitab der ursprünglichen Route, in der Ukraine. Nach ein paar Stunden haben sie ihn zurückgebracht. Gebrochen, blutend. Es war ihnen vollkommen egal, dass ich noch ein Kind war, sagt Hesmat. Sie kannten kein Erbarmen, wir waren keine Menschen für diese Männer. Ich hatte einfach Angst, sagt er, ich habe ihre Schritte vor der Tür gehört, sie haben diskutiert, schließlich hat ein Telefon geläutet. Ich habe gebetet, dass Sayid rechtzeitig bezahlt, dass er sich nicht stur stellt. Er war weit weg in Moskau, sagt Hesmat, er hat nicht gewusst, wie ernst die Männer es gemeint haben. Sie hatten das Geld für zwei Drittel der Strecke bekommen, sie wollten den Rest, bevor es weiterging. Sayid bezahlte.

Die Flucht endet knapp drei Monate später am Brenner, an der österreichisch-italienischen Grenze. Hinter ihm liegen weitere Wochen voller Angst, Hoffnung, Schmerzen und Enttäuschungen, als er zu Heiligabend 2001 schließlich von österreichischen Grenzsoldaten aufgegriffen und in das Flüchtlingslager in Traiskirchen gebracht wird. Er will über Italien, wo er Geld verdienen will, weiter nach England. Am Brenner ist jedoch erneut Schluss. Es gibt kein Weiterkommen. Die Züge sind zu modern, es gibt keine Verstecke. Immer wieder wird er von der Polizei aufgegriffen und in ein kleines Flüchtlingslager gebracht. Immer und immer wieder verschwindet er von dort, treibt ihn der blinde Wille, der Traum von London an, steigt er wieder in den Zug und wird wieder festgenommen. Dreimal, viermal, die Hoffnung stirbt. Im Flüchtlingscamp trifft er schließlich einen jungen Sozialarbeiter aus Österreich, der ihn überzeugen kann zu bleiben, nicht weiterzugehen. So endet Hesmats Flucht in einer Einrichtung für unbegleitete Flüchtlingskinder in Österreich, wo er vorläufig bleiben kann. Hier treffe ich ihn auch ein Jahr später zufällig wenige Tage vor Weihnachten, ein Jahr nachdem er im Bus der Soldaten ins Flüchtlingsheim Traiskirchen gebracht worden war. Ich habe nicht begriffen, was ich damals gesehen habe, erinnert er sich an diese Nacht im Bus. Das ganze Land war verschneit, alle Häuser waren hell erleuchtet, überall dieses Licht, diese funkelnden Sterne an den Häusern, bis mir jemand erklärt hat, dass sie die Geburt Jesu feiern, das schönste Fest des Jahres. Ich bin mit anderen Aufgegriffenen in diesem Bus gesessen und wir haben uns alle die Nasen an den Scheiben platt gedrückt. Es hat mich an die Märchen erinnert, die mir meine Mutter immer erzählt hat. Es war so friedlich, so wunderschön, sagt er. Es muss so schön sein, sagt er, in einem friedlichen Land wie dem euren zu leben.

Lange gibt es keine Chance für Hesmat. Die Amerikaner haben nach den Terroranschlägen vom 11. September 2001 Afghanistan von den Taliban befreit. Noch sind alle euphorisch, träumen vom Frieden im Land am Hindukusch. Warum sollte der Junge nicht zurück? Die Asylbehörden haben kein Verständnis, wollen nichts von einer Gefahr für Hesmat in seiner Heimat wissen. Die Geschichte vom angeblichen Schatz, dem Gold, die nach wie vor in den Köpfen der Neider weiterlebt, sei kein Grund ihn nicht abzuschieben, heißt es kurz. Außerdem gäbe es ja Verwandte im Land, die sich um den Jungen kümmern könnten. Und es gehe mit Afghanistan bergauf, die Taliban seien verschwunden, alles werde besser, wird ihm erklärt. Die Liste der Argumente gegen ein Asyl ist nicht enden wollend, sein Antrag wird abgelehnt. Es ist purer Zufall, dass sich unsere Wege wenige Tage vor dem

Weihnachtsfest 2002 erneut kreuzen. Ich berichte im Radio über den Jungen, lasse ihn von seinen Eindrücken erzählen, damals, als er an Heiligabend über den Grenzfluss nach Österreich gekommen ist. Er spricht von seinem Wunsch, ein friedliches Land zum Leben zu finden. Eine Heimat. Es sind diese Eindrücke seiner letzten Tage auf der Flucht, die er für mich ins Mikrofon spricht. Der damalige Innenminister hört den Beitrag zufällig im Radio, diese Geschichte, diese Erzählung des kleinen Jungen, die Gedanken, die ihm damals durch den Kopf gingen. Wenige Tage später erhalte ich den Anruf, Hesmat könne in Österreich bleiben. Es ist purer Zufall, eine Laune des Schicksals, die menschliche Geste eines Politikers, ein Geschenk des Himmels für den Jungen. Er schließt seine Elektrikerlehre mit ausgezeichnetem Erfolg ab, gewinnt neue Freunde. Aber die Trauer in seinem Blick ist geblieben. Vier Jahre später ist es nicht mehr nur die Trauer um seine Eltern, das Trauma des Erlebten, es ist die Sorge um seinen Bruder Hasip. Über Jahre hat Hesmat nichts mehr von ihm gehört. Wir wissen nicht, ob er überhaupt noch am Leben ist. Nach vier Jahren, im Jahr 2005, gibt es das erste Lebenszeichen von Hasip. Ein Onkel hat das Erbe von Hesmats Vater angetreten, die Apotheke wiedereröffnet und hat ihn zu sich genommen. Hesmat ist längst für tot erklärt worden, die Familie seines Vaters macht inzwischen gute Geschäfte. Nach vier Jahren spricht Hesmat zum ersten Mal wieder am Telefon mit seinem Großvater, der ihm aber nichts über seinen Bruder erzählen will, er beschimpft seinen Enkel nur. Als Hesmat davon spricht, Geld nach Afghanistan zu schicken, erfährt er im Gegenzug, dass sein Bruder noch am Leben ist. Wochen später kann er zum ersten Mal mit ihm telefonieren. Als Hasip dann bei einem Terroranschlag verletzt wird, kehrt die Angst in Hesmats Träume zurück. Er ist doch alles, was ich noch habe, sagt er, er ist alles, was von meiner Familie noch übrig ist, ich muss ihn da rausholen, ich muss ihm helfen. Wieder beginnen die Mühlen der Asylbehörden zu mahlen. Sie mahlen über Monate, zermalmen Hesmats Hoffnungen. Es gibt kein Asyl für Hasip. Es sind Monate der Verzweiflung. Ein ständiges Auf und Ab. Signale für einen positiven Bescheid werden von Rückschlägen abgelöst. Irgendwann glaubt niemand mehr, dass es klappt, die zwei Brüder in Österreich zu vereinen. Hesmat verzweifelt. Ich bekomme zum ersten Mal eine Vorstellung davon, wie unendlich schwierig und kompliziert es für einen Menschen sein muss, als Fremder in einem Land zu leben und diese Behördengänge, diese Behördenbetteleien, Schikanen und Verzögerungen hinzunehmen. Hinnehmen zu müssen, weil man sich im Paragrafen-Deutsch nicht auskennt, die Kenntnisse der neuen Sprache nicht für die verworrensten, verstecktesten Seiten des Gesetzbuches ausreichen. Gesetze, die auf öffentlichen Druck und auch zum Schutz vor Asylmissbrauch geschaffen wurden, Gesetze, die durchaus eine Berechtigung haben. Trotzdem aber sollten Gesetze, Befragungen, Auflagen, Schikanen und Behördengänge ehrliche, asylsuchende, hilfs- und schutzbedürftige Menschen, in Hesmats Fall sogar Kinder, im Zweifelsfall schützen und nicht zwischen den schweren Deckeln der Gesetzbücher zermalmen. Im Juni 2009, nach vier weiteren Jahren, macht sich die Arbeit von einer Handvoll Unterstützern und Freunden von Hesmat bezahlt. Ich kann ihn holen, ruft er ins Telefon, ich kann es nicht glauben!

In den folgenden Tagen wird Hesmat nach Afghanistan reisen und seinen Bruder wiedersehen. Er wird zusammen mit ihm das Grab seiner Eltern besuchen, sich zusammen mit ihm für lange Zeit von diesem Ort verabschieden. Er wird seinen Bruder auf die Stirn küssen, aber nicht zum Abschied, sondern um ihn in seinen Armen willkommen zu heißen. Er wird in diesen Wochen seine Sandkastenliebe wiedertreffen, die beiden werden sich erneut verlieben, sie werden einander versprechen. Ende August kehrt er nach Österreich zurück. Er ist in diesen Wochen *erwachsen* geworden, es ist nicht mehr der junge Bursche, der aus dem Flugzeug steigt. Ich habe jetzt Verantwortung, sagt er stolz. Verantwortung für den Bruder, von dem er glaubte, ihn verloren zu haben. Verantwortung für den Bruder, den er wieder geschenkt bekommen hat.

Hasip geht zur Schule. Er kämpft, lernt Deutsch. Aber er ist nicht wie Hesmat. Er kann mit diesen Blicken in der Straßenbahn, im Café nicht leben. Diese Blicke, die ihm sagen, du gehörst nicht hierher. Die Frauen, die die Handtaschen fest an sich drücken, wenn er ihnen auf dem Gehsteig begegnet. Er ist fremd in diesem Land und erträgt dieses Fremde nicht. Er träumt von einer Karriere als Fußballer, aber hier findet er niemanden, mit dem er spielen kann. Keine Freunde, keine Familie. Nur Fremde. Nach eineinhalb Jahren geht er zurück nach Afghanistan. Hesmat lässt ihn ziehen. Eine letzte Umarmung, ein letzter Gruß und der Bruder, den er längst für tot gehalten und schließlich doch nach Jahren der Angst wiedergefunden hatte, verschwindet im Bauch des Flugzeugs. Hasip hat Glück. Er kann in Afghanistan ein paar Dollar als Dolmetscher für die deutschen Truppen am Flughafen verdienen und spielt derzeit bei einer Auswahlmannschaft in den Emiraten.

Hesmats Flucht, sein Schicksal ist kein *besonderes*. Es ist nur eines von Millionen Flüchtlingsschicksalen, das im Gegensatz zu Hunderttausenden anderen aber ein *menschenwürdiges* Ende hat. Mir bietet diese zufällige Freundschaft bis heute die Möglichkeit, einen Blick in eine Welt zu werfen, die uns normalerweise nicht zugänglich ist. Weil wir normalerweise nicht genau hinsehen, weil wir mit unseren eigenen Problemen beschäftigt sind, vor allem aber, weil wir nicht hin- und zuhören.

Ich habe wieder gelernt, dass es doch Hoffnung gibt, sagt Hesmat heute.

(Die Geschichte von Hesmats Flucht von Wolfgang Böhmer wurde 2008 als Jugendbuch bei Random House verlegt.)

Uganda

Ein Baby stirbt. Immer langsamer, kraftloser wird sein Saugen an der Brust der Mutter. Es ist nicht mehr viel Kraft im kleinen Körper, nur mehr der Wille zu leben. Seit Stunden kämpft es verzweifelt ums Überleben. Jetzt ist alle Kraft verbraucht. Der kleine, von Mücken zerstochene Körper windet sich, leise wimmert das kleine Mädchen, setzt ein letztes Mal an der Brust an, macht mit aller Gewalt einen letzten Versuch, Leben aus seiner Mutter zu saugen. Aus der Mutter, die seit Stunden tot ist. Die beiden waren unterwegs zu den Feldern vor ihrem kleinen Dorf im Norden Ugandas, die Provinzhauptstadt Gulu liegt nicht weit entfernt. Die Mutter band sich das kleine Mädchen gerade auf den Rücken, machte sich zusammen mit ihrem Mann auf den Weg, um das Wenige, Lebensnotwendige anzubauen, das sie vor dem Verhungern bewahren sollte. Gerade hat sie noch mit ihrem kleinen Mädchen gesprochen, ein leises Lied in den Nordwind gehaucht, als die Truppen plötzlich aus dem Nichts auftauchen und ihr Dorf überfallen. Instinktiv beginnt sie zu laufen, sucht dabei verzweifelt nach ihren anderen Kindern. Sie ist schon außerhalb des kleinen Dorfes, mitten auf dem Feld, als sie die Rebellen ins Visier nehmen. Die ersten Schüsse peitschen über ihren Kopf, sie versucht ihr Baby schützend vor ihre Brust zu halten, es schreit, im Rhythmus der Schritte schlägt der kleine Kopf jetzt gegen ihre Brust. Sie weiß, dass es kein Entkommen gibt, zu nahe, zu brutal, zu rücksichtslos sind die Männer. Im Dorf beginnen sie inzwischen die älteren Kinder zusammenzutreiben und nach Alter, nach Geschlecht zu sortieren, während sie ihre Eltern in die kleinen Hütten sperren und sie vor den Augen der Kinder anzünden. Die Kinder müssen zusehen, wie ihre Eltern verbrennen. Sobald sie ihre Augen schließen, prügeln die Männer auf sie ein, so lange bis sie ihre Augen wieder öffnen oder unter den Schlägen sterben. Aber auch noch so verzweifelt geschlossene Augen helfen nicht. Die Schreie ihrer Eltern in den Flammen werden ihnen ewig in den Ohren, in ihrer Erinnerung haften bleiben. Die Schreie ihrer Eltern, die minutenlang über dem kleinen, brennenden Dorf hängen und nur langsam verstummen, als die Flammen die letzten Winkel der kleinen Hütten auffressen. Zwischen den Hütten liegen die Leichen jener Männer, die sich den Angreifern entgegengestellt haben, mit Buschmessern und bloßen Fäusten auf die Maschinengewehrträger losgegangen sind. Irgendwo unter ihnen liegt auch der Vater des Babys. Es ist zu klein, es versteht nicht, was passiert ist. Jetzt spürt es nur die Angst, die Panik, das rasende Herz seiner Mutter, die immer weiter auf das Feld hinausläuft, bis ein lauter Knall ihre Schritte stoppt. Sie fällt der Länge nach hin, dreht sich mit letzter Kraft, mit letztem Lebenswillen im Sturz noch auf die Seite um ihre kleine Tochter nicht zu erdrücken, schlägt hart auf, dreht sich weiter und bleibt mit verlöschenden Augen auf dem Rücken liegen. Noch ist ihr Körper und das Blut, das über das kleine Mädchen strömt, warm, noch ist ein wenig Leben in ihrem Körper, noch spürt das Baby ein leichtes Zucken, einen leisen Herzschlag, der es seit den ersten Tagen im Mutterleib begleitet hat. Es ist das vertraute Geräusch, das es kennt – dieses afrikanische Herz, das ihm alle Angst genommen hat, es behütet, es begleitet hat, das es auch jetzt noch in der Brust der Mutter fühlt. Aber da ist auch dieses neue Geräusch, das ihm Angst macht. Das leise Röcheln, das erstickende Atmen, das Schlucken im Hals der Mutter bis das Herz, der Herzschlag für immer erlischt. Die Mutter ist tot und es ist nur noch die erbarmungslose Sonne, die auf die beiden herabbrennt und die den Körper der Mutter wärmt. Die Schüsse sind längst verhallt, das Schreien im Dorf hat aufgehört, über ihnen treibt mit einer dunklen

Rauchschwade der Geruch von Tod, Menschenfleisch und Elend über das Feld. In langen Reihen treiben die Rebellen die Kinder in den Wald. Seit Jahren fürchten sie die Rebellen, die meist in der Nacht zuschlagen und sich die Kinder holen, die Eltern töten und ihre Dörfer verbrennen. Die Eltern schicken die Kinder in die Stadt, um die Nächte dort zu verbringen. Sobald sich die Sonne dem Horizont nähert, ergießt sich ein Schwarm Kinder über die Stadt, um sich vor den marodierenden, mordenden Truppen von Joseph Kony in Sicherheit zu bringen. Kilometer um Kilometer, viele Stunden lang marschieren sie auf ihren kleinen Beinen, in zerrissenen, dreckigen Kleidern auf die Stadt zu, um im Busbahnhof, in der Kirche, in Straßengräben oder auf den Straßen einen sicheren Platz zum Schlafen zu finden. Die *Schlafwandler* nennen sie die Einheimischen, die den täglich mit der hereinbrechenden Nacht anschwellenden Strom an Kindern von ihren Häusern aus beobachten. Hustend, keuchend drängen sich die Kleinen zu Hunderten auf die Plätze, in die Vorgärten, die Balkone der Häuser. Die Jüngsten sind gerade drei, vier Jahre alt. Wer Glück hat, hat eine Decke. Wenn er stark genug ist, kann er sie vielleicht auch über Nacht gegen jugendliche Diebesbanden verteidigen. Selbst unter den Kindern bilden sich gefürchtete Banden. Einige von ihren Anführern sind selbst Opfer von Entführungen geworden, konnten mit Glück vor Konys Truppen flüchten, um hier jetzt selbst Angst und Schrecken zu verbreiten. Was sie im Busch gelassen haben, ist ihre Menschlichkeit, ihre Kindheit. Man sieht in ihren Augen, dass sie keine Seele mehr haben, erzählt ein Barbesitzer, Kony hat sie zu Bestien gemacht. Bestien, die jetzt die *Schlafwandler* terrorisieren. Regelmäßig werden kleine Mädchen überfallen, vergewaltigt, verstümmelt. Sie alle flüchten vor Kony, dem sie übernatürliche Kräfte nachsagen. Keine Regierungstruppen, keine Geheimdienste, keine Killerkommandos können den Rebellenführer stoppen, der die Region seit Jahren mit unbeschreiblicher Gewalt mit seiner *Widerstandsarmee des Herren* terrorisiert. Er spricht mit Geistern, flüstern die Menschen, regelmäßig opfert er Jungfrauen, um sich seine übernatürlichen Kräfte zu sichern, wird erzählt und niemand glaubt an eine Erfindung. Zu grausam, zu unbeschreiblich sind die Taten seiner Truppen, die niemand genau beziffern kann. Ein Großteil der Widerstandsarmee besteht aus Kindern, die er sich auf den nächtlichen Beutezügen in der Region holt. Billige Soldaten. Sie verlangen keinen Sold, werden mit Drogen und Alkohol bei Laune gehalten. Wenn sie verloren gehen, sterben oder im Kampf fallen, gehen seine Männer auf neue Beutezüge in die Ortschaften im Norden Ugandas, um sich Nachschub für ihr Kinderheer zu holen. In einem der kinderreichsten Länder Afrikas machen sie regelmäßig reiche Beute. Offizielle Stellen sprechen von 20.000 Kindern, die Kony über Jahre entführt, getötet, vergewaltigt, zu Killermaschinen gemacht hat. Wie viele es wirklich schon sind, weiß niemand. So wie niemand die Schar an Kindern beziffern kann, die im Herbst 2003 täglich die Stadt als *Schlafwandler* aufsuchen. Manche sprechen von 15.000, andere von 25.000 Kindern. Tagsüber gehen sie zur Schule, helfen den Eltern auf den Feldern, spätestens mit der Dämmerung machen sie sich auf den bis zu 20 km langen Marsch in die Stadt, während sich die Eltern in den Feldern, im Busch vor den herumziehenden Truppen verstecken. Größere Geschwister tragen die Kleinsten im Arm, manchmal sogar Säuglinge. Aber auch der Weg ist gefährlich. Mädchen werden entführt und vergewaltigt, wer nicht vorsichtig ist, wird in der Dunkelheit von den großen Lastwagen erfasst und stirbt im Straßengraben. Der Kinderschwarm wandert weiter, Stehenbleiben bedeutet Gefahr, und erst in der Stadt scheinen die Kleinen sicher. Jeder weiß, wovor sie in der Nacht flüchten. Bei Sonnenaufgang gehen sie mit müden Augen viele Stunden zurück nach Hause, um wieder auf den Feldern zu helfen und um am Abend wieder in die

Stadt zurückzukehren. Tage-, wochen-, monatelang geht das so. Manchmal *schaffen* es die Geschichten des Wahnsinns aus der Region sogar in die Schlagzeilen. Dann etwa, wenn Konys Truppen allen Erwachsenen eines ganzen Dorfes Hände, Füße und Köpfe abhacken, kochen und die überlebenden Kinder zwingen, den Sud aus den Resten ihrer Eltern zu essen. Oder wenn Dutzende Kinder von den Rebellen aneinandergekettet in einen Fluss geworfen werden, um die Wassertiefe zu messen und alle ertrinken. Aber niemand kommt, niemand wird ihnen helfen, die Welt hat auf die Kinder hier vergessen, sie dem sprichwörtlichem Teufel, Kony, überlassen, über Jahre schon.

Das kleine Mädchen an der Brust der toten Mutter mitten im Feld nördlich der Stadt liegt im Sterben. Seit Stunden ist nichts mehr zu hören, auch der Rauch der verbrannten Eltern im Dorf hat sich gelegt. Die Nacht und mit ihr die Stechmücken und die Tiere sind über das Baby hereingebrochen, sie kühlt das von der Sonne überhitzte, sterbende Handvoll Leben ab, legt Feuchtigkeit auf die tote Brust der Mutter, an der das Baby immer noch saugt. Plötzlich heben zwei mächtige Hände das Bündel Willen in die Höhe, bekreuzigen sich und beginnen zu laufen. Das kleine Bündel Willen hat überlebt. Heute ist Fiona vier Jahre alt und rauft sich mit dem kleinen Joseph gerade um einen Ball vor dem Haus ihrer Kinderdorfmutter Teddy. Sie hat Glück, sagt Teddy, sie kann sich an nichts erinnern, sie war zu klein. Ihre anderen Kinder hatten weniger Glück, sie müssen mit ihrer Vergangenheit leben, die sie vor allem in den Nächten, in den Träumen einholt und sie in das alltägliche Leben hineinverfolgen. Viele von ihnen kommen aus der Gefangenschaft, wurden monate- nicht selten jahrelang missbraucht, gequält, gebrochen. Die Mädchen wurden sehr bald mit einem der Anführer von Konys Schergen „verheiratet", versklavt. Vergewaltigt, geschlagen und, selbst noch Kinder, geschwängert. Manchen gelang die Flucht oder sie konnten bei einem

Angriff der Regierungstruppen fliehen um vor den Trümmern eines Lebens zu stehen, das eigentlich erst beginnen sollte. Andere, wie die kleine Elizabeth, wurden in Gefangenschaft geboren. Ihre Mutter, selbst noch ein Kind, war entführt, verheiratet, geschwängert worden. Als die Truppen angriffen und das Lager überfielen, starb ihre Mutter und Elizabeth sah zum ersten Mal mit vier Jahren das Leben in Freiheit. Ein Bett, elektrischer Strom, Menschen ohne Waffen. Es dauerte Monate, bis sie Vertrauen zu den Menschen gewann, über ein Jahr, bis sie zu reden begann. Mitten in denselben Angriff hinein wurde ihre jetzige Freundin, die kleine Grace, geboren. Eine Kugel hatte ihre Mutter in den Bauch getroffen, sterbend hatte sie die kleine Grace auf die Welt gebracht, die *das Glück* von Fiona teilt und zu klein war, um sich an den Tod der Mutter zu erinnern. Aus dem Busch kehrten auch die vergewaltigten Mädchen mit ihren Kindern zurück, klammerten sich an die wenigen Überlebenden ihrer Familien in Freiheit und wurden verstoßen, weil der Anblick dieser Kinder, bei Vergewaltigungen durch die Mörder ihrer Eltern und Verwandten gezeugt, *zu viel* für die Familie war. Zur Prostitution gezwungen starben die Mädchen in den kommenden Jahren an Aids. Andere Kinder kehrten zurück und werden doch in ihren Gedanken nie den Busch, die brutale Welt ihrer Kindheit vergessen können. Hilfsorganisationen versuchen ihnen zu helfen, werden aber doch nie in die abgestumpften, *toten* Köpfe der ehemaligen Kindersoldaten vordringen können. Die äußeren Narben der Kämpfe, der Misshandlungen sind zu sehen, ihr Innerstes ist nur in den Augen zu erahnen. Sie sprechen bruchstückhaft, erzählen von Händen, die sie abhacken mussten, abgeschlagenen Köpfen, die sie aufspießten und als Trophäe tagelang trugen, von Schädeln, die sie aufbrachen und von den übernatürlichen Kräften ihres Anführers Kony, der nach wie vor irgendwo im Grenzgebiet mit den letzten Resten seiner Truppen, Kindersoldaten und Sexsklavinnen frei herumläuft. Allein das Zuhören verursacht Übelkeit, die monotonen Erzählungen der Kinder hämmern sich in das Langzeitgedächtnis ein und machen sich beim Zuhörer in Träumen selbstständig. Es gibt Grenzen des Vorstellbaren, Grenzen der Gewalt, Grenzen der Bestialität in unseren Köpfen, Grenzen, die an diesem Ort von Kindern nicht nur erweitert, sondern niedergetrampelt werden und derart ausarten, dass sie praktisch nicht zu beschreiben sind, weil eine Sprache nicht die passenden Worte bietet, um diese diabolische Gewalt zu umschreiben. Eine Dimension der Brutalität, die nicht von unserer Welt zu stammen scheint und doch gerade von den reinsten Seelen ausgeht. Wer überlebt und freikommt, wird doch nie wieder frei sein. Das Erlebte wird diese Kinder nie wieder freigeben. In ihren Köpfen, ihren Erinnerungen, ihren Träumen werden die Geister der Toten sie auf ewig verfolgen. Werden sie die Bilder der massakrierten, verstümmelten Leichen, der abgehackten Köpfe und Gliedmaßen, das Blut auf den Klingen ihrer Beile und Messer jedes Mal einholen, wenn sie die Augen schließen. Die Gräuel des Erlebten, die Gräuel der erzwungenen Taten, *ihrer* Taten, hat sie zerstört, hat ihre Kinderseelen aufgefressen, wie einer der Betreuer es nennt, und bloße Schatten, leere Menschenhüllen zurückgelassen. Kinder, als Mörder missbraucht, sind die gefühllosesten, brutalsten Tötungsmaschinen. Zuerst wird ihr kindlicher Wille gebrochen, danach sind sie leicht zu manipulieren. Während jeder Erwachsene eine Grundvorstellung von Recht und Unrecht hat, fehlt den Kindern oft noch ein ausgeprägtes Rechtsverständnis oder die elterliche Moral. Wem Gewalt, Massaker, Tod und Mord als Selbstverständlichkeit anerzogen werden, wird zur kaltblütigen Killermaschine. Die Verrohung, die Gewaltbereitschaft erreicht unter Alkohol- und Drogeneinfluss ein Ausmaß, das nicht möglich scheint. Dazu werden Gewaltausbrüche, perverse Verstümmelungen von den Ausbildnern gefördert. Bevor sie in den ersten Kampf ziehen, werden die Kinder erniedrigt,

ausgepeitscht, gedemütigt. Angst haben sie nicht nur vor den
erwachsenen Soldaten, viel mehr fürchten sie meist die nur
wenig älteren Aufseher, die nur eines wollen: herrschen. Sie
drohen, die Kleinen zu töten, ermorden zur Untermauerung
ihrer Drohungen die Schwächsten, um den Willen der Kinder
zu brechen. Der Terror erreicht meist mit dem Befehl die
Spitze, Nachbarn, Verwandte, Gefangene zu ermorden und
beginnt bereits in den Stunden der Entführung. Wenn Kinder
gezwungen werden, das gekochte Fleisch der Familie zu
essen oder den abgetrennten Kopf der Mutter tagelang auf
einer Lanze aufgespießt vor den Truppen herzutragen, brechen diese barbarischen Rituale den letzten Willen der
Kinder. Wer nicht tötet, wer sich weigert zum Tier zu werden, wird selbst ermordet. Wer einmal einen Verwandten,
nicht selten den eigenen Vater ermordet hat, kennt keine
Hemmung mehr, sagen die Betreuer, er wird fortan zu jeder
bestialischen Grausamkeit fähig sein. Kindersoldaten sind
die brutalsten, gefühlslosesten und damit effizientesten
Soldaten. Gewalt bringt Anerkennung in der Gruppe, und
welches Kind buhlt nicht um Lob und Anerkennung? Dazu
erhalten die Knirpse Waffen und somit ein Machtgefühl, das
ihnen als Unbewaffnete nie zuteilwürde. Eine Waffe bedeutet Macht und schnell haben sie gelernt, sich mit der Waffe
zu nehmen was sie sich wünschen. Kleidung, Geld, Mädchen.
Weil die gesamte Einheit das Gleiche macht, hat keiner der
Kindersoldaten ein schlechtes Gewissen, niemand muss sich
in dieser eigenen Welt schuldig fühlen. Selbstentgrenzung
nennen Kinderpsychologen das Phänomen. Selbstentgrenzung, die jede Grenze verschwinden lässt und dazu
führt, dass Buben ein Mädchen stundenlang vergewaltigen
und ihr Martyrium schließlich mit einem Schuss aus dem
Revolver in die Vagina des Mädchens beenden. *Bestien* nennen sie die Opfer, die noch am Leben sind, *Opfer* nennen sie
die Betreuer, die in engagierten, aber oft stümperhaften
Programmen versuchen, die ehemaligen Kindersoldaten wie-

der in die Gesellschaft einzugliedern. Jahrelang auf Mord, Gewalt und Tod trainierte, missbrauchte Kinder sollen binnen weniger Monate ihre Kindheit wiederfinden, wieder zum Kind werden. Vergessen zu töten, wenn sie nur gereizt werden, vergessen zu vergewaltigen, wenn ein Mädchen Nein sagt. Und es gibt viele Mädchen unter den Schlafwandlern, die Nein sagen und Nacht für Nacht von ehemaligen Kindersoldaten missbraucht werden, wenn sie zum Schutz vor Konys Truppen von den Eltern in die Stadt geschickt werden. Wenn sie der Hunger plagt oder sie Schuhe an den Füßen anderer Kinder sehen, erinnern sich viele von ihnen daran, dass sie einst, das Gewehr in der Hand, allmächtig waren. Mit unglaublichem Gewaltpotential, dem Wissen, wie man tötet und dem Fehlen jeglichen Mitgefühls, weil es ihnen über Jahre im Busch unter Bestien abtrainiert und aus den Köpfen geschlagen wurde. Dieses Mitgefühl wird niemals wieder in die zerstörten Kinderseelen zurückfinden, sie werden weiter zuschlagen, sich mit Gewalt holen, was sie glauben zu verdienen. Gerettet vor Kony, befreit aus den Händen seiner mörderischen Truppen, der Gewalt, der Erziehung der Teufel entkommen, werden viele darüber hinaus erneut dazu missbraucht, das zu tun, was sie am besten können: Angst und Terror zu verbreiten. Von geschäftsgierigen Soldaten oder Verbrechern in Banden zusammengefasst, werden sie auf die Stadt losgelassen um Schutzgelder zu erpressen, Stadtviertel zu kontrollieren. Bezahlt werden sie mit Alkohol, mit Drogen, mit Mädchen. Nur wenige schaffen den Absprung, gelten als resozialisiert, besuchen Schulen und versuchen, ihre geraubte Kindheit nachzuholen, sich an ein Leben zu gewöhnen, das ihnen gestohlen wurde, eine Arbeit zu finden und die Bestie zu zähmen, die in ihnen schlummert und die nur mehr nachts wach wird und die sie hochschrecken lässt, wenn sie in ihren Träumen den Menschen in die Augen blicken, die sie ermordet haben. Sie sind Henker und gleichzeitig die unschuldigsten, ersten

Opfer. Kinder, die keine Wahl hatten und deren Leid hunderttausendfach andauert und nur aus den Archiven der TV-Networks geholt oder von Politikern angeprangert wird, wenn ihre abscheulichsten Gräuel und Abartigkeiten über Umwege wieder Eingang in die Randnotizen engagierter, leider viel zu wenig gelesener Zeitungen und damit in unsere heile Welt finden. Wie sonst ist es zu erklären, dass zwei Millionen Kinder weltweit in den letzten Jahren als Kindersoldaten missbraucht worden sind, Geldgier, Bürgerkriege, die Sucht nach Rohstoffen, Blutdiamanten und Land, religiöse Fanatiker und skrupellose Politiker täglich neues Leid in die Dörfer Unschuldiger bringen, ihre Kinder rauben und sie zu billigen, skrupellosen Mördern ihrer Eltern, ihrer Stämme, ihrer Völker machen, ohne dass ein Aufschrei zum Schutz dieser Kinder aus dem Mund der ersten Welt zu hören wäre?

Aber den größten Zoll fordern in Uganda nicht mehr marodierende Söldnertruppen, nicht mehr Soldaten, Banden und Mörder, die dieses landschaftliche Paradies über Jahrzehnte knietief im eigenen Blut versinken ließen. Es sind nicht mehr die Gewehre und Macheten, Granaten und Pistolen, die das Leben aus diesem Land, der sogenannten „Perle Afrikas" schöpfen, es ist das eigene Blut, das dieses Land vergiftet. Aids. Die Krankheit ist allgegenwärtig und man kann die Augen nicht vor der Immunschwächekrankheit verschließen wie in Europa. Je weiter man aus den Großstädten Afrikas hinaus aufs Land fährt, umso greifbarer wird das Massensterben. In vielen Hütten, in die man blickt, liegen Sterbende. Auf jedem Friedhof sind frische Gräber zu sehen, die täglich, in größeren Städten beinahe stündlich, um neue Gruben im tiefroten Lehmboden erweitert werden. Blut zu Blut, beschreibt mir ein Friedhofswärter das Bild. Massengräber, in die die Ärmsten gelegt werden, um Kosten zu sparen. Und es gibt ja auch immer noch andere Familien, denen das Virus den Vater, die Mutter, die

Eltern zur selben Zeit raubt. An den Gräbern stets Kinder, ganze Horden, aufgestellt wie die Orgelpfeifen, oft auch alleine oder an der Hand einer selbst sterbenden Frau oder der gebrechlichen Großmutter. Eine Million Kinder stehen alleine in Uganda jährlich am Grab ihrer Eltern, eine Million Kinder, denen das Virus die Eltern genommen hat. Eine Million Kinder, die auf sich alleine gestellt sind, und täglich werden es Tausende mehr.* Die Babys auf die gebeugten Rücken gebunden, stehen die älteren Geschwister an den frischen Gräbern ihrer Eltern und werfen einen letzten Blick in diese rote Erde, die die Erwachsenen gieriger verschlingt als jeder Krieg, jeder Völkermord. Täglich, stündlich türmen die Totengräber die frischen Erdhaufen auf die Gräber und sehen den Kindern nach, wie sie über die frischen Gräber hinaus auf die Straßen stolpern, um sich in den kommenden Monaten und Jahren durch ein Leben zu kämpfen, das sie nicht bewältigen können. Überall plagen sich die älteren Geschwister ab, um die Kleinsten am Leben zu erhalten, verkaufen zwölf-, dreizehn-, vierzehnjährige Mädchen ihre Kindheit in billigen Lokalen, um den kleineren Geschwistern zumindest alle paar Tage eine Schüssel Reis oder etwas Brot bieten zu können – und gehen binnen weniger Monate selbst physisch wie psychisch an der Gewalt der brutalen Freier zu Grunde. Auch Beatrice, die ich nördlich von Gulu treffe, weiß, dass sie sterben wird. Bald, sagt sie leise und zögert mir ihre Hand zu geben. Die Dolmetscherin wartet auf meine Fragen, ich suche nach den richtigen Worten, um sie nach ihrer Krankheit, dem bevorstehenden Tod, die Angst um ihre neun Kinder zu fragen, die sich im Kreis um uns gesetzt haben. Die entstandene Stille macht mich unsicher. Als Journalist ist man nicht an Stille gewöhnt. Man stellt Fragen, erwartet Antworten. Formuliert Fragen auch um,

---

*) Die WHO und UNICEF sprechen von 25 Millionen Aidswaisen in Afrika.

um ihnen die Härte, die Unmenschlichkeit zu nehmen, trotzdem weiß ich nicht, wie ich diese Frau neben ihren Kindern über ihre Angst um ihre Kinder, die sie zurücklassen wird, fragen kann. Sie wissen es, erklärt mir die Dolmetscherin, die meine Vorsicht spürt und nicht auf meine Frage wartet. Ich brauche keine Übersetzung. Die Verzweiflung, die Angst, die Frage nach dem Warum, vielleicht auch das Vorurteil, das sie in meinen europäischen Augen erwartet, ist in diesem einen Blick zu lesen, der in mein Innerstes dringt und der so viel mehr sagt, als es Worte jemals könnten. Ihr Mann hat sie mit dem tödlichen Virus angesteckt, ehe er gestorben ist, sagt sie. Er hat seine ehelichen Rechte eingefordert, versucht die Dolmetscherin zu umschreiben, und hat sie angesteckt. Angesteckt mit dem Virus, das er sich bei einer Prostituierten geholt hat. Angesteckt, weil er den Medizinmännern geglaubt hatte oder, noch schlimmer, den Politikern auf diesem Kontinent und nichts von Kondomen hielt. Gesundheitsminister, die raten, Aids mit Knoblauch zu bekämpfen, Präsidenten, die erklären, sich nach ungeschütztem Sex mit Prostituierten zu duschen, was als Schutz gegen die todbringende Krankheit ausreichen würde, beherrschen die Länder dieses Kontinents. Wie so viele Frauen wusste Beatrice von der Krankheit, von der Möglichkeit sich mit Kondomen zu schützen, aber wenn der Mann alkoholisiert nach Hause kommt und sich zu seiner Frau legt, gibt es keine Diskussion über Schutz, sagt Beatrice. Wie soll sie über die Angst sprechen, die ihr seit Monaten die Luft zum Atmen nimmt, wie über eine Krankheit, die der eigene Mann in die kleine Hütte eingeschleppt und damit alles zerstört hat, was sich vier arbeitsame Hände aufgebaut hatten. Wie über etwas sprechen, das sie umbringt und 18 Kinderhände hilflos zurücklassen wird? 18 Kinderhände, die sich ihr jetzt entgegenstrecken und sie umfangen, während aus der Dunkelheit ihrer Hütte ein Schleifen zu hören ist. Irgendetwas wird über den lehmigen Boden gezogen, nähert sich der kleinen

Tür, vor der wir auf dem Boden sitzen, während beißender Rauch aus der Hütte über unsere Köpfe in den strahlend blauen Himmel steigt. Angela, die Großmutter, erklärt die Dolmetscherin. Seit Jahren schon hat sie die Hütte praktisch nicht mehr verlassen und kann sich nur im kleinen Radius um die Hütte schleppen, soweit eben die Kraft ihrer Armen reicht, um die leblosen, spindeldürren, gelähmten Beine hinter sich herzuschleifen. Als ihre Erklärung endet, hat die alte Frau längst meine Hand ergriffen, lacht und scherzt, ohne dass mir jemand übersetzen will, was die Frauen und die Kinder in dieser Trostlosigkeit zum Lachen gebracht hat. Sie hat gesagt, endlich der Richtige für ihren Lebensabend, übersetzt die Dolmetscherin schließlich. Ich beobachte, wie sich zwei der Kinder an die Seite der Großmutter drücken, um zu verhindern, dass sie auf ihren schwachen Armen einknickt und zu Boden fällt. Angela, die Großmutter, die ihre neun Enkel großziehen wird. Angela, die Gott noch nicht haben will, weil sie noch eine große Aufgabe zu erfüllen habe, sagt sie. Jahrelang hat sie sich gefragt, warum sie überlebt, warum Gott sie nicht will. Warum Gott ihr die Bürde auferlegt hat, ihre acht Söhne im Krieg und an Aids zu verlieren, mitansehen zu müssen, wie das älteste Enkelkind, das sich eigentlich um die Geschwister kümmern sollte, vor ihrer Hütte von einem Lastwagen überfahren wurde und in ihren Armen starb. In denselben Armen, auf denen sie hinaus zum zerquetschen Körper auf die Straße gerobbt war, um ihm zu helfen und die nichts ausrichten konnten, als ihn beim Sterben zu begleiten. Gott allein weiß es, sagt sie, ich habe seine Entscheidung einfach zu akzeptieren. Wenn es soweit ist, wird es meine Aufgabe sein, sagt sie, blickt Beatrice ins Gesicht und streicht ihren Enkeln über das Haar. Eine lokale Einrichtung hat versprochen zu helfen, sagt die Dolmetscherin, auch das SOS-Kinderdorf in der Nähe will sich um Angela kümmern. Der Älteste macht jetzt eine Ausbildung, er soll die Geschwister irgendwann durchbringen, sagt Beatrice, wenn wir beide gegangen sind, ergänzt sie leise in Richtung Angela. Im Garten hinter der Hütte haben sie das Saatgut eingepflanzt, das man ihnen in die Hände gedrückt hat. Mit dem Gemüse sollen sie genug Geld zusammenbekommen um nicht verhungern zu müssen. Es ist nicht immer genug zu essen da, sagt Angela, sie haben Hunger, sie sind jung, sie müssen wachsen.

Mit Glück können sie es schaffen, sagt Veronika Nansai, die die sogenannten Familienstärkungsprogramme in der Region für SOS-Kinderdorf leitet, die Chancen stehen nicht schlecht. Die beiden ältesten Söhne könnten ihre Geschwister wirklich durchbringen, sie sind alt genug für die Verantwortung, meint sie. Hunderttausende haben nicht einmal eine Chance. Sie sind zu jung, können selbst kaum laufen, sind zu schwach, zu hungrig um die drei, vier, sechs, sieben hungrigen Münder ihrer Geschwister zu füttern. Wer glaubt, Glück zu haben, weil entfernte Verwandte ihn aufnehmen, findet sich nicht selten in der Hölle auf Erden wieder. Wie auf einem Markt teilen sich die Verwandten die kräftigsten Geschwister auf, verbieten den Mädchen den Schulbesuch und stecken sie als Köchinnen, Putzfrauen oder als Pflegerinnen für die sterbenden Alten in die eigenen überfüllten Häuser. Sie missbrauchen sie und verbieten ihnen, das Haus zu verlassen. Ihrer Rechte beraubt und sexuell ausgebeutet verbringen sie das restliche Leben in Löchern, schlafen meist im Freien. Zu essen bekommen sie, wenn überhaupt, die Reste, die die *eigene* Familie übrig lässt, um auf jenen Tag zu warten, an dem sie selbst die Diagnose Aids gestellt bekommen. Und schließlich folgen sie ihren Eltern in den Tod, ohne jemals wieder von ihren Geschwistern gehört zu haben.

Manchmal träumt sie von den Medikamenten, erzählt Florence. Von den Medikamenten, die sie sich niemals leisten können wird, und die doch Wunder wirken, sagt sie. 50 $ monatlich, der blanke Hohn, sagt sie ohne Empörung in ihrer Stimme. 50 $ für Medikamente, die es ihr mit etwas

Glück ermöglichen würden, ihren einzigen Sohn heranwachsen zu sehen. Medikamente, die in Europa, in den USA Aidskranken über Jahre, Jahrzehnte ein lebenswertes Leben ermöglichen. 50 $ und sie könnte sehen, wie der vierjährige Bashi, den sie an ihre Brust drückt, irgendwann in die Schule gehen, heranwachsen wird und es besser haben soll als sie selbst. Am Tag von Bashis Geburt ist sein Vater verschwunden, er hat sie alleine hier im kleinen Fischerort am Nordrand des Victoriasees, nahe Entebbe, zurückgelassen. Den Kleinen an ihre Brust gebunden hat sie in den Lokalen gearbeitet, in denen sich die Fischer vergnügten und wo sie ihre zweite große Liebe kennenlernte. Eine einseitige Liebe, die nach einer brutalen Nacht endete und für die sie mit einer HIV-Infektion auch noch den höchsten Preis bezahlte. Die Region um den Victoriasee gehört zu den Gebieten mit der höchsten HIV-Rate in Afrika. In das Leben der Fischer passt kein Kondom, keine Vorsichtsmaßnahme. Wöchentlich sterben sie draußen auf dem Binnenmeer, ertrinken Freunde, Bekannte. Es ist nur eine Frage der Zeit, bis man selbst an der Reihe ist. Wer auf den klapprigen Booten hinausfährt, weiß nicht, ob er je zurückkehrt. Ihre tägliche, heile Rückkehr feiern die Fischer dann in den schummrigen Lokalen mit Alkohol, Frauen und ungeschütztem Sex wie eine Wiedergeburt, bis das Dröhnen der mannshohen Lautsprecherboxen in den Lokalen verstummt. Am nächsten Tag stechen sie wieder in See und wenn sie Glück haben, spült sie der nächste Nachmittag wieder lebendig mit ihren Booten ans Ufer. Der Tod ist ihr ständiger Begleiter. Es ist unmöglich, ihnen klar zu machen, dass es wichtig ist, sich vor Aids zu schützen, einer Krankheit, die sie *erst* in einigen Jahren umbringt, erzählt mir Richard, der Arzt einer nahe gelegenen Krankenstation. Zusammen mit seinen Mitarbeitern kümmert er sich um die Opfer dieses Lebenswandels, versucht den Sterbenden und den künftigen Waisen mit Hilfe der Dorfältesten mit Essen, Medikamenten und Ausbildungsplätzen unter die Arme zu greifen. Auch der kleine Bashi soll nach dem Tod seiner Mutter nicht auf der Straße landen wie so viele vor ihm, die sich in den Nächten in der nahe gelegenen Hauptstadt als Diebe über Wasser halten, sich zu Jugendbanden zusammenrotten oder ihre Körper verkaufen, noch bevor die Pubertät die kindlichen Züge aus ihren Gesichtern gelöscht hat. Bashi soll zur Schule gehen, eine gute Familie finden, die ihn aufnimmt und die ihn nicht missbraucht. Das ist der größte Wunsch seiner sterbenden Mutter. Überall bleiben die Kinder zurück, die einem in Uganda, dem Land mit dem höchsten Bevölkerungswachstum Afrikas, auf Schritt und Tritt über die Füße stolpern. Kinder soweit das Auge reicht. Aber immer seltener werden Erwachsene, die auf diese Kinder achtgeben, während der Totengräber mit jedem Atemzug weitere Gruben in den lehmigen Boden treibt. Die Erde ist zumindest weich, sagt er, das macht uns die viele Arbeit wenigstens leichter.

Es ist die Bestie Krieg, die ihre reißenden Zähne in das Land gehauen hat, Kinder zu Monstern machte und das brutale Morden in einem Alter lernen ließ, in denen unsere europäischen Kinder am ersten Schultag stolz ihre Schultüten nach Hause tragen. Es sind die Männer, die Aids in ihre Familien tragen, den Kindern die Eltern nehmen; es sind die Politiker, die sich ihrer Verantwortung nicht bewusst sind und einen ganzen Kontinent verarmen, verhungern, sterben lassen, um sich die eigenen Taschen zu füllen. Es sind skrupellose internationale Großkonzerne, die stillschweigend Menschenrechtsverletzungen in Kauf nehmen, um bessere Margen zu erzielen. Es sind aber auch die Menschen selbst, die Afrikaner, die den Mut verloren haben, an keine bessere Zukunft mehr glauben, für keine bessere Zukunft mehr arbeiten. Viele Einheimische können den von so vielen Experten gern auf Kongressen, vor Politikern und den internationalen Journalisten zitierten Hoffnungsschimmer am Horizont nicht sehen. Die Spirale aus Armut, Misswirtschaft, Gewalt, Aids und Hoffnungslosigkeit ist in ihren Augen nicht mehr zu stoppen. Mit der Ausrottung einer ganzen Generation sehen sie den Untergang nur beschleunigt. Sie haben ihr Land, ihren Kontinent aufgegeben, ihn zum Verkauf freigegeben, um ihre Heimat zu verlassen, bevor das Schiff sinkt. Die Probleme sind vielerorts hausgemacht und haben nichts mit den Nachwehen europäischer Kolonialpolitik zu tun, vielerorts sind die Afrikaner selbst schuld an ihrer Misere. Aber neben all den unglaublich schwierig zu bewältigenden Problemen ist es im Sommer 2009 auch ein gar nicht afrikanisches Problem, das Chrisam Butabe, dem jungen Bezirksvorstand von Fort Portal nahe dem Dreiländereck von Uganda, Ruanda und dem Kongo, schlaflose Nächte bereitet. Seit Wochen ist er in seinem Bezirk unterwegs und schleppt sich von einer schlechten Nachricht zur nächsten. Hier müssen Schulen geschlossen werden, weil die Schüler nicht mehr kommen, dort schließt die einzige medizinische Notversorgung ihre Pforten, weil die Menschen sich die Behandlungen nicht mehr leisten können. Die Steuereinnahmen in seinem Bezirk sind wie in vielen Regionen um fast zwei Drittel zurückgegangen und er weiß seit Wochen nicht mehr, wie er seine Angestellten im öffentlichen Dienst bezahlen soll. Der Straßenbau steht still, die Arbeiter sind mit leeren Taschen zu ihren Familien heimgekehrt, die wenigen Hotels für die internationalen Gäste stehen leer. Schuld an allem ist die *Global Financial Crisis*, ein Begriff, den die meisten Einheimischen erst mühsam lernen müssen. Dabei haben viele der Menschen hier noch nie in ihrem Leben eine Bank betreten, noch nie ein eigens Konto gehabt, sagt Butabe, und trotzdem sind sie es, denen diese Krise wirklich weh tut. Es ist eine Katastrophe, sagt er. Eine Katastrophe, die von Immobilienspekulationen in Kalifornien ausgehend die ganze Welt getroffen hat, sprichwörtlich. Im letzten Winkel Ugandas, am Fuß des malerischen Ruwenzori-Gebirges an der Grenze zum Kongo, im Gebiet, in dem die letzten Pygmäen leben, wissen die Menschen nichts von Börsenkursen, Aktienspekulationen, Hedgefonds und Börsenaufsichten. Etwas holprig, aber mit jeder Wiederholung etwas flüssiger bringt inzwischen auch Jennifer das *neue* englische Wort über ihre Lippen. Ja, die Finanzkrise, sagt sie und schüttelt den Kopf, das ist wirklich ein Problem. So wie Zehntausende andere hat auch ihr Onkel während des Terrorregimes von Idi Amin in den 1970er-Jahren das Land verlassen. Während Amin Hunderttausende ermorden ließ, bauten sich die oft gut ausgebildeten Flüchtlinge in Europa und den USA neue Existenzen auf. Dieser Massenexodus war es, der den Wiederaufbau nach dem Terrorregime erst möglich machte, das Land wieder aus dem Mittelalter in die Gegenwart zurückholte. Milliarden fließen seitdem jährlich von den Auslands-Ugandern zurück in ihre Heimat, als Unterstützung für ihre Großfamilien, die sie zurücklassen mussten. Gelder, die nicht nur die Familien, sondern als Steuereinnahmen auch den gesamten öffentlichen Dienst aufrechterhalten. Das Geld, das wir vom Onkel aus England bekommen haben, hat uns alles ermöglicht, erzählt Jennifer. Die 200 Dollar im Monat reichten für das Schulgeld unserer Kinder, die Arztrechnungen der Großeltern, die Medikamente und dann ist auch immer noch genug für Essen übrig geblieben. Mit dem Ersparten haben wir auch begonnen, uns ein kleines Haus zu bauen. Und dann, vor ein paar Wochen, war plötzlich Schluss, erzählt sie. Er hat seinen Job bei einer dieser großen Banken verloren, und das war's. Er hat gesagt, er hat kein Geld mehr, kann uns nichts mehr schicken, weil ihm selbst das Wasser bis zum Hals steht. Mit dem Job, den der Onkel verloren hat, hat eine ganze Großfamilie 5000 Kilometer entfernt, am Rande des Urwaldes ihre Existenzgrundlage verloren. Arbeit gibt es praktisch keine in der Region. Das Geld, das wir für das Saatgut brauchen um Gemüse anzubauen, das wir dann am Markt verkaufen, kann der Onkel auch nicht mehr bezahlen, und auf uns selbst gestellt fressen uns die steigenden Lebenserhaltungskosten langsam auf, erzählt sie. Hunderttausenden geht es gleich wie Jennifer und ihrer Familie. Die Überweisungen der Verwandten im Ausland sind eingestellt. Die Krise verschärft auch die Inflation im Land, die Preise steigen täglich, die Währung, der Uganda-Schilling, verfällt und für die Kleinstverdiener ist ein Gang auf den Markt inzwischen zum Luxus geworden. Dass wir das kleine Haus fertig bauen können, wird wohl nur noch ein Traum bleiben, sagt sie. Allein der Preis für den Zement hat sich in den letzten zwei Wochen verdreifacht, schüttelt sie den Kopf. Seit Wochen versucht sie verzweifelt Arbeit zu finden, was schon vor der Krise praktisch aussichtslos war. Vor ein paar Jahren habe ich noch in einem der Hotels hier gearbeitet, erzählt sie, aber als ich jetzt bei ihm war, hat der Manager nur den Kopf geschüttelt. Keine Gäste mehr, hat er gesagt, du weißt, die Finanzkrise. Die letzte Chance ist vielleicht Chrisam, der Bezirksvorstand, sagt sie, ein Bekannter meines Mannes. Er hat immer gesagt, er braucht gute, intelligente Menschen wie mich im Büro. Sie gibt mir zum Abschied die Hand, dann überquert sie die überfüllte Straße um den Job zu ergattern. Doch der Bezirksvorstand kann ihn ihr nicht mehr bieten. Die Finanzkrise, sagt er und zuckt die schmalen Schultern, ich habe auch schon die anderen entlassen müssen.

Ich weiß nicht mehr, was ich tun soll. Ein Satz, der einen quer durch dieses Land begleitet und den ich wieder höre, als ich an meinem letzten Tag auf der Terrasse im SOS-Kinderdorf hier in Gulu stehe. Die Kinderdorfmutter Teddy spricht ihn aus, während wir ihren Kindern beim Spielen zusehen. Es sind Kinder, die im Bürgerkrieg ihre Eltern verloren haben, Mädchen, die entführt und als Sexsklavinnen missbraucht worden sind, Buben, die als Kindersoldaten Waffen getragen und gelernt haben zu töten, bevor sie richtig sprechen konnten. Sie sagt es mit leiser Stimme, damit es die Kinder nicht hören. Manchmal weiß ich einfach nicht mehr, was ich tun kann. Die Kinder raufen sich gerade um einen Fußball, die Welt scheint in Ordnung. Der zweijährige Ruban, Teddys Jüngster, schleppt den Ball unter schallendem Gelächter quer über den Platz. Kinderlachen wie wir es aus aller Welt kennen, über alle Grenzen, Religionen und Schichten hinweg. Aber wir sind in Gulu, im Norden Ugandas, und die Kinder, die hier spielen, sind die Opfer eines Krieges, in dem längst niemand mehr weiß, worum es eigentlich geht. Manchmal, wiederholt Teddy, als das Gelächter abklingt, manchmal kann ich nur mit ihnen weinen. Es gibt Fragen, auf die es keine Antworten gibt, sagt sie. Der Schmerz dieser Kinder ist nicht zu beschreiben und ich kann ihnen nicht helfen, ich kann sie nur in den Arm nehmen und jetzt beschützen. Es ist schön, wenn sie essen, sagt die 37-jährige Kinderdorfmutter, es ist schön, wenn sie eine Nacht durchschlafen und manchmal sogar wieder lachen. Ihre Geschichten verursachen nur Schmerz. Ein Schmerz, der umso mehr unter die Haut geht, wenn man selbst Kinder zu Hause hat. Sexueller Missbrauch der Kleinsten, Verstümmelungen, Prügel, man will gar nicht zuhören, um nicht den letzten Glauben an die Menschheit zu verlieren. Wenn man von den Vergewaltigern hört, die jede Nacht wieder in den Träumen eines elfjährigen Mädchens zurückkehren und sie jede Nacht aufs Neue dasselbe Trauma durchlebt. Wenn die Kleinsten, aufgeschreckt von den Explosionen, den Gewehrsalven in ihren Träumen schreiend erwachen, in den kleinen Betten nach den Eltern tasten, die es längst nicht mehr gibt. Wenn sich die Kinder bei jedem Donnern auf den Boden werfen, zu zittern beginnen, erklären, dass es wieder losgeht, die Truppen, der Tod wiederkommt, um erst mit dem einsetzenden Regen zu verstehen, dass nur ein Gewitter aufzieht und keine Kanonen. Wenn die Kinder erwachen und nach ihren Brüdern fragen und Teddy keine

Antwort weiß. Nicht weiß, ob die verlorenen Geschwister selbst zu Mördern, zu Vergewaltigern, zu Kindersoldaten gemacht worden sind oder längst tot im Busch liegen. Teddy weiß nicht, wie sie die Kleinen wieder zum Essen überreden soll, wenn sie am nächsten Tag erwachen. Wenn sie tagelang nichts essen, alles verweigern, starr und apathisch vor sich hinstarren und niemanden an sich heranlassen. Teddys Kräfte und ihr Wissen reichen nicht aus, um neben einer liebevollen Pflegemutter auch noch Psychologin zu sein. Und doch beruhigen sich die Kinder irgendwann wieder. Teddy vergräbt sich zwischen einem Berg Wäsche und ist verzweifelt, weil sie nicht weiß, wie sie den Kindern helfen kann.

Todeszone Sahel –
Biblische Plagen

Es ist still. Zu still. Seit über zwei Jahren vermisst sie den Atem ihres Mannes an ihrer Seite. Nacht für Nacht träumt sie von ihm, sieht sein Gesicht während er sein Leben aushaucht. Die Krankheit hatte ihm seinen Lebenswillen genommen. Die Krankheit, die er sich irgendwo bei einer anderen Frau in der Stadt geholt und in ihre Familie, ihre Hütte gebracht hatte. Jetzt ist sie alleine. Mit den Kindern, den Sorgen, dem Feld, das keine Früchte mehr trägt. Alleine mit ihrer Angst und der Krankheit, die er in sie gepflanzt hat. Sie spürt, wie sie immer schwächer wird, wie die Krankheit sich immer weiter ausbreitet. Sie spürt die Angst, die ihr längst alle Freude genommen hat. Sie weiß nicht, wie lange sie noch leben wird und betet jede Nacht für einen weiteren Tag. Ein weiterer Tag für ihre Kinder, ein weiterer Tag, an dem sie versuchen wird, ihnen ein gutes Vorbild zu sein, ihnen alles mitzugeben, was sie zum Überleben brauchen. Sie weiß, dass sie nicht mehr genug Zeit hat. Zu klein sind die Kinder, zu weit fortgeschritten die Krankheit. Ihr Größter ist gerade einmal zwölf Jahre alt. Er versucht zu tun, was er kann. Die weiße Frau, die gekommen ist, hat Hilfe versprochen. Ein paar Tage später ist sie mit einigen weißen Männern zurückgekommen. Zusammen haben sie einen kleinen Ofen vor ihre Hütte gestellt. Tag für Tag schleppt er jetzt Schlamm vor ihre Hütte, formt ihn zu Ziegeln, schiebt sie vorsichtig in den Ofen und wartet. Die Ziegel trägt er auf den Markt. Jeden Tag ein paar Stück. Er treibt auch die kleinen Geschwister an, ihm zu helfen. In jeder kleinen Kinderhand ein Ziegel.

Sogar die fünfjährige Schwester trägt Ziegel, doch sie lässt sie fallen. Sie sind einfach zu schwer, spätestens nach ein paar Schritten, draußen auf der sandigen Straße, verlassen sie die Kräfte. Dann hört die Mutter ihren Sohn fluchen, wie ihr Mann geflucht hat. Die Ungeduld hat er von seinem Vater, erzählt sie. Die weiße Frau hat ihnen einen Karren versprochen, sie tut, was sie kann. Sie will auch eine Ziege bringen. Das bedeutet Milch für die Kleinen und sobald die Ziege Junge bekommt, können sie die Zicklein verkaufen. Aber sie will nicht träumen. Träume machen Hoffnung und enttäuschte Hoffnungen schmerzen. Sie hat längst gelernt, dass das Geld der Weißen nicht endlos strömt. Das Geld ist knapp geworden, sogar bei den Weißen. Ihr Sohn wird es schaffen, sagt die weiße Frau, aber ihre Angst kommt jede Nacht zurück. Dann ist sie überzeugt, dass er sich und die vier kleinen Geschwister nicht ernähren wird können. Sie muss durchhalten. Nur noch ein paar Jahre durchhalten und so betet sie weiter, dreht sich auf ihrer Matte um und tastet nach dem leeren Platz zu ihrer Linken, wo ihr Mann immer lag. Sein ruhiger Atem hat sie jede Nacht begleitet, ihr jede Angst genommen. Sei ruhig, hat er gesagt, überlass das mir. Jetzt ist da nur noch Stille, und diese Stille macht sie nervös. Sie schreckt aus ihrer Angst hoch. Die Kinder sind ruhig. Zu ruhig. Schon oft hat sie gehört, dass sie einfach aufhören zu atmen. Sie verhungern im Stillen. Sie quält sich auf, dreht sich auf die Seite, ihr Rücken schmerzt von der Arbeit am kleinen Feld, tastet nach den Kindern, die doch nur ruhig neben ihr liegen. Früher hat sie gesungen, wenn ihre Kinder nicht schlafen konnten, jetzt hat sie keine Lieder mehr. Die Angst hat sie ihrer Lieder beraubt, dabei muss sie den Kleinen noch so viel vorsingen. Sie dürfen ihre Ahnen nicht vergessen. Die Geschichten ihres Volkes. Die Abenteuer der Vorväter, ihr Stammbaum, der hier immer noch in Liedern weitergegeben wird, das Wissen ihres einst so stolzen und großen Stammes. Immer wieder nimmt sie doch ihre Kraft zusammen, stimmt die alten Erzählungen an. Aber es fehlt die Freude in den Liedern, den alten Weisen ihres Volkes, die sie selbst so oft am Feuer gehört hat, wenn ihr Vater den Stammbaum aufgezählt und die Ahnen für eine gute Ernte angerufen hat. Die Lieder gehen zurück bis zum Beginn ihrer Familie. Lieder von Kämpfen, Kriegen, von Freude und Leid. Vom Kampf der tapfersten Stammesmitglieder gegen die wilden Tiere, die es längst nicht mehr gibt. Sie sind verschwunden wie die Zeiten, in denen das Leben hart, aber gerecht war. Das Wissen der Väter gibt längst keine Antworten mehr. Sie machen kurz Mut, leise flackert die alte Hoffnung auf, aber sie geben keine Antworten. Sie kennen das Leid nicht, das sie ertragen muss. Sie erzählen von Dürren, die ein Ende hatten, von Regen, der ausblieb um doch immer wiederzukommen. Von Krankheiten und dem Medizinmann, der sie heilte. Aber die Ahnen kannten diese neue Dürre nicht, den Hunger, die Krankheiten, die es erst seit ihrer Jugend gibt. Auch wenn es in der Hütte stockfinster ist, spürt sie den Tag, der draußen anbricht, erkennt ihn an jedem Geräusch, den Rufen der Tiere der Nacht, die langsam erlöschen, wie sie selbst. Sie weckt ihren Sohn. Er weiß, was zu tun ist. Er wird weiter Ziegel brennen, ungeduldig mit den Kleinen sein. Sie hat eine Handvoll Früchte, die sie gestern gefunden hat. Vorsichtig wiegt sie sie in ihrer Hand und steckt jedem ihrer Kleinen einige davon in den Mund. Gehorcht eurem großen Bruder, sagt sie und geht auf ihren müden Beinen hinaus, um mit den anderen Frauen in den Süden zu ziehen. Es soll etwas zu essen geben, haben die Frauen gesagt. Sie verteilen Mais, Bohnen und Öl. Jetzt ist sie da, die Hoffnung, sie keimt auf und lässt sich nicht unterdrücken. Essen. Mais, Bohnen, etwas Öl und zum ersten Mal seit Langem spürt sie diese Hoffnung, die ihr die Kraft gibt, einen Fuß vor den anderen zu setzen, viele Tausend Mal, stundenlang, ehe die große Hitze einsetzt. Es hat 34 Grad und 17 lange, quälende Kilometer liegen vor ihr.

Ich will und vor allem kann mir nicht vorstellen, meinen Kindern nichts zu essen geben zu können, die eigenen Kinder vor mir zu sehen, hungrig, weinend, bettelnd und ihnen nichts geben, nichts kaufen zu können. Wie brutal kann das Leben sein? Ich kann mir nicht vorstellen, wie man es ertragen kann, die eigenen Kinder sterben zu sehen. Sehen zu müssen, wie das eigene Fleisch und Blut verhungert und man nichts, absolut nichts dagegen tun kann. Wie viel Verzweiflung, nackte Panik, Angst kann ein Mensch ertragen? Wie verloren, wie vergessen von der Welt, wie alleine kann man sein? Ich glaube nicht, dass man es ertragen kann.

Schnell lenke ich mich ab, dränge diese Gedanken weit von mir fort. Ich sitze im Jeep Richtung Norden. Niamey, die Hauptstadt Nigers, haben wir hinter uns gelassen, die Ordensschwestern, bei denen wir untergekommen sind, haben uns Brot, Butter, Käse und Marmelade zum Frühstück gegeben. Hier, an einem der ärmsten Flecken der Welt, ist eine Mahlzeit ein Geschenk. Die Schwestern selbst haben nichts gegessen, erzählt mir der Fahrer später. Der Gedanke schmerzt. Hunger ist für uns ein vollkommen abstrakter Begriff. Das Gefühl von Hunger, das uns regelmäßig befällt, hat nichts mit dem Hunger zu tun, den Millionen Menschen auf der Welt täglich erleiden, erdulden müssen, bis sie ihn nicht mehr ertragen können. Ein Kind im Arm zu halten, das leicht ist wie eine Feder, erschreckt uns. In diesem Moment ist der Hunger federleicht und zerbrechlich spürbar. Das Gewicht, das fehlt, liegt schwer in der Magengrube. Hunderte Meter lange Warteschlangen, Massen Hungernder, ganze Camps mit tausenden Hungernden vor einem Dutzend Reis- oder Maissäcke sind bereits nicht mehr überschaubar, rücken Hunger in einen größeren Rahmen, der es ermöglicht, über Zahlen, Statistiken, Hilfsprogramme und Maßnahmen zu philosophieren. Das hungernde Kind im Arm zu halten richtet die Gedanken jedoch wie ein Brennglas auf das Häufchen Elend, auf diesen

einen, kleinen Menschen, der keine Chance bekommen hat.
Auf dieses Häufchen Existenz, das um sein Leben kämpft.
Dieses Kind hat Hunger, dieses Kind stirbt. Nicht Millionen
anonymer, verzweifelter Afrikaner, die uns in regelmäßigen
Abständen aus diversen Zeitschriften, Bildschirmen und
Online-Berichten anstarren und kurz erschüttern und viel-
leicht die Brieftasche so weit öffnen, dass ein paar Euro he-
rausrollen; sondern dieses eine Kind *ist* in diesem Moment
der Hunger, die Ungerechtigkeit und die große, quälende
Frage, dass es das doch nicht geben darf, nicht geben kann.
Als Journalist soll man sich auf die Fakten konzentrieren.
Mit den Fakten bleibt man sachlich, bleibt in rechtlich sicheren Gewässern und schützt sich vor Emotionen, die in
einer objektiven Berichterstattung nichts zu suchen haben.
Ein Journalist ist da um faktenbasiert zu erzählen, zu schildern, und nicht um uns allen ein schlechtes Gewissen zu machen. Der Überbringer schlechter Botschaften wurde schon
in der Antike häufig für seine Botschaft bestraft. Heute bezahlt man nicht mit dem eigenen Leben, aber mit Sehern,
Hörern und Lesern, die abschalten, umschalten, eine andere Zeitung kaufen. Ich muss den Menschen nicht erklären, dass das Leben verdammt mies sein kann. Bleib bei den
Fakten. Aber wenn man selbst Kinder hat, erlebt, wie diese
Wunder heranwachsen, leben und strahlen, und dann plötzlich ein Kind im Arm hält, das am Verhungern ist, zieht es
einem den Boden unter den Füßen weg.

Ich bin einmal durch Zufall in diese Situation gekommen
und habe dieses Kind, das für mich für den Hunger dieser
Welt steht, in Somalia im Arm gehalten. Auch dort wurden
Lebensmittel verteilt und die Mütter stürmten das Gelände.
Ich stand in der Mitte der Hilfsstation, in der auch sogenannte kritische Fälle behandelt wurden. Kinder, die jeden
Augenblick sterben konnten, wenn die Infusion zu spät kam,
weil der Körper schon so geschwächt war. Die Mütter dran-
gen in die Station ein und der Arzt drückte mir das Kind

einfach in den Arm, um wild gestikulierend und laut fluchend für Ruhe zu sorgen. Er hatte sichtbar Angst, dass die Menschenmassen die Holztische, auf denen die Kinder lagen, im Chaos und dem Kampf um das Essen einfach umwerfen würden. Ich war vollkommen überrumpelt und es war dieses fehlende Gewicht, dieses Nichts, das ich im Arm hielt, das mich so erschütterte. Dieses vollkommen ruhige Kind, die Nadel mit der Infusion im Handrücken. So federleicht, so alleine, so verlassen von der Welt. Ich drehte mich vorsichtig hin und her, damit es reagierte, ob mit einem Laut oder einer Bewegung. Aber es war ganz still. Schlief es, war es tot, im Koma? Ich wusste es einfach nicht. Ich blickte mich um, suchte Hilfe, wollte Antworten. Die Wahrheit: Ich wollte das Kind am liebsten abgeben, es loswerden. Ich schämte mich, wühlte in meinem Kopf nach einem vernünftigen Gedanken. Ich weiß nicht, wie lange ich inmitten des äußeren Chaos und der inneren Panik so dastand. Schließlich kam der Arzt zurück, entschuldigte sich, breitete seine Arme aus. Vorsichtig legte ich das Häufchen Leben in seinen Arm zurück. Das Kind bewegte sich, es lebte. Seine Augen waren geschlossen, mechanisch hob ich meine Hand, strich ihm über den Kopf und hörte mich sagen, Gott bitte, gibt ihm eine Chance. Warum wir immer Gott ins Spiel bringen müssen, wenn wir Menschen versagen? Der Arzt verstand mich nicht, er sagte nur, es sei kritisch, aber es gäbe Hoffnung.

Noch heute zittern mir die Knie, wenn ich an diesen Jungen denke. Als wir im Jeep sitzen, geht mir ein Gespräch mit der Caritas-Helferin ein paar Stunden zuvor durch den Kopf. Sie ist in den letzten Tagen hier gewesen, um zu kontrollieren, wie es mit der Verteilung der Lebensmittel läuft. Tage, an deren Ende die Hungernden vor ihr standen, als die Säcke längst leer waren und sie die Menschen mit leeren Händen davonschicken musste. Sie kämpft mit ihrer Stimme, mit den Tränen und spricht von der Würdelosigkeit dieses Augenblicks. Wenn ich gefragt werde, ob wir nicht schon längst genug gespendet haben, denke ich immer an diese Momente. Wie viel ist genug? Soll ich der Frau, der Mutter, dem Kind sagen, wir haben doch schon so viel gespendet, ist nicht bald Schluss? Soll ich der Mutter, die mit leeren Händen zu ihren hungernden Kindern nach Hause geht, sagen, es tut mir leid, aber wir haben schon so viel gegeben? Was wird sie den Kindern sagen, wenn sie nach Hause kommt? Auch ein Gedanke, den man lieber weit wegschiebt. Die Kinder stehen vor der Hütte, wenn sie noch Kraft haben, oder liegen in der Hütte, wenn die Kraft zu Ende geht. Die Mutter, der Vater waren den ganzen Tag unterwegs, haben von Essen, von Mais, von Bohnen gesprochen, und da hinten kommen sie. Da hinten, unter den Bäumen kommt der Vater. Der Älteste hält Ausschau. Was trägt Vater über seiner Schulter? Wie groß ist der Sack, was hat er bekommen? Aber je näher er kommt, desto klarer wird, dass ihn sein erster Blick nicht getäuscht hat. Er trägt nichts über der Schulter und er balanciert auch nichts kunstvoll und fotogen auf dem Kopf. Es gibt kein Essen. Was sagt die Mutter, der Vater, wenn sie vor den Kindern stehen? Ich kann es höchstens erahnen, aber welche Worte sie wählen, davon fehlt mir jede Vorstellung.

Es ist kurz vor elf Uhr vormittags, als ich mit ein paar Journalisten aus dem Wagen steige. Die Sonne ist erbarmungslos am Äquator. Die Sahelzone ist wie eine Herdplatte, die auf Höchststufe läuft. Unser Leben passt nicht in diese Zone, die sich von Ost nach West fast 7000 Kilometer quer durch die breiteste Stelle Afrikas zieht. Ihre Länge entspricht der Strecke von Wien nach New York. Sie ist die Heimat von 100 Millionen Menschen, die kein Geld haben um von hier zu fliehen. Jene, die die Flucht nach Europa antreten, die es bis in unsere Schlagzeilen schaffen, sind, so unglaublich und zynisch das klingt, nicht die Ärmsten. Sie haben Geld für die Flucht. Die Menschen, die hier leben, können nicht einmal von einer Flucht träumen, die viele wie sie mit dem Leben bezahlen. Als wir für den Pressetermin bei einer lokalen Hilfsorganisation eintreffen, drängen sich die Frauen schon längst im Schatten der wenigen Sträucher. Von überallher sind sie gekommen, angetrieben von der Hoffnung auf Essen. Für sie bedeutet ein Sack Mais Leben, für die Fotografen eine Möglichkeit, an *gute Bilder* zu kommen, die die Herzen zu Hause etwas erweichen sollen. Brieftaschenöffner nennt man diese Bilder. Die Helfer sollen doch endlich damit anfangen die Lebensmittel auszuteilen, schimpft der Caritaspräsident. Die Menschen sollen sich nicht bedanken müssen, wenn man ihnen das Überleben für weitere Wochen *schenkt*, sagt er. Ich bin über die Jahre vorsichtig geworden. Für die lokalen Helfer ist Essen ein derart wertvolles Gut, dass sie nicht davor zurückschrecken Grenzen zu überschreiten. Hungernde werden hingehalten, bis die Medien kommen, die Kleinsten werden gewogen, die Mütter befragt. Nicht einmal fünf Kilo hat der kleine Odo, den uns einer der Helfer präsentiert. Er ist am Verhungern, viel zu klein für seine zwei Jahre. Der lokale Helfer legt das schreiende Häufchen Leben auf den Boden und streckt die Arme und Beine des Kleinen um erneut seine Größe zu messen. Wir sollen fotografieren, aber keiner kann mitansehen, wie das Kind schreit, während es kameratauglich auf der Messlatte gestreckt wird. Hier will keiner mitspielen, keiner drückt den Auslöser und wieder und wieder gibt die Dolmetscherin den Befehl, den kleinen Odo endlich zurück in die Arme seiner Mutter zu legen.

Nein, sagt der Helfer, es gibt nicht genug zu essen, auch heute nicht. Auch heute müssen sie Mütter wegschicken, zurück in die Hitze ohne Essen, ohne Öl, ohne Bohnen. Vor den leeren Säcken fällt der Schlagbaum. Die Verteilung ist beendet. Die Frauen bleiben ruhig, trotz Hunger, Verzweiflung, Hoffnungslosigkeit. Eine Frau hält ihr Neugeborenes an die Brust und drückt sich in den spärlichen Schatten eines Strauches. Unsere Blicke treffen sich. Sie sieht mir lange in die

Augen, dann reißt sie sich die Kleidung vom Oberkörper und schlägt sich auf die schlaffe, leere Brust. Ich schäme mich, als sie die Hand zum Himmel hebt und wieder und wieder zu ihrem offenen Mund führt. Ich höre dieses Klatschen der dünnen Hand auf der leeren Hautfalte ihrer Brust. Wortlos sehen ihr die anderen Frauen zu. Mein Handy läutet. Selbst hier, am Ende der Welt, läutet das Handy. Die Welt ist zusammengerückt und praktisch jeder leidlich dicht besiedelte Fleck ist mit Handymasten versehen, die uns alle im globalen Dorf zu Nachbarn machen. In diesen Regionen ist es oft das Militär, das die Kommunikation ausbaut, um schneller agieren, besser spionieren und besser kontrollieren zu können. Erreichbar ist man überall, und selbst dort, wo es keine Masten gibt, läutet das Satellitentelefon im Rucksack. Die Frau hat ihre Hand gesenkt, sie wartet und hört dem ungewohnten Geräusch aus meiner Hosentasche zu. Ich hebe ab und höre Lachen. Meine Freunde wissen nicht, dass ich nicht im Land bin. Wo bist du? Grillparty! Ich höre über das Mobiltelefon das Zischen des Fleisches am Grill nur ein paar Flugstunden entfernt. Wir trinken auf dich, halt die Ohren steif. Die *schöne, satte* Welt ist nur einen Tastendruck entfernt und während an meinem linken Ohr das Steak durch das Telefon brutzelt, blickt mir die Frau immer noch in die Augen. Die Welt mag zu einem globalen Dorf zusammengewachsen sein, aber wir sind weiter voneinander entfernt, als ich es mir je eingestehen kann. Am Ohr der fette Norden, vor den Augen der hungernde Süden. So nah und doch so fern. Eine Entfernung, die gut tut, die Sicherheit vortäuscht und die vielen Tausend Kilometer, die Google Earth zwischen uns und der Sahelzone zeigt, machen es uns doch so leicht, uns zu belügen. Dabei ist der Hunger nur einen Anruf entfernt.

Eine Woche lang bin ich in Niger. Alleine hier hungern 5,5 Millionen Menschen. 18 Millionen sind es im Westsahel. Es fehlen 700.000 Tonnen Getreide, während auf unseren

Börsen mit Lebensmitteln spekuliert wird, die Speicher im Norden voll sind und das Angebot bewusst knapp gehalten wird. Banker sitzen auf Dutzenden Lagerhallen, in denen Millionen Tonnen Getreide gehortet werden. Und zwar so lange, bis der Preis passt. Knappes Angebot, hoher Preis, hohe Rendite für die Banker und Spekulanten, die Saatgut, Getreide und Lebensmittel zu ihrer neuen Cashcow erklärt haben. Die Schreckensberichte über Tragödien, Hungersnöte und tote Kinder liefern sich in den Zeitungen ein Match mit den Wirtschaftsnachrichten und den großen Gewinnern der künstlichen Krise, der gesteuerten Knappheit. Ein paar Flugstunden südlich sterben die Menschen für diesen Gewinn. Und die Spekulationen sind nur eines der Übel, die über die Unschuldigen im Westsahel hereinbrechen.

Einmal noch. Biba nimmt die letzte Handvoll Hirse aus der Tonne. Einmal noch fühlt sie das kostbare Gut in ihren Händen, bevor sie vor ihrer Hütte, irgendwo hier draußen auf einem vertrockneten Feld bei Makalondi, mit dem Stampfen, Zerdrücken beginnt. Einmal noch kann sie ihren Kindern den Brei machen, dann ist es vorbei. Es gibt nichts mehr zu essen. Sie wird die Schüssel verkaufen, den Stock, den sie seit Jahren zum Stampfen verwendet, dann den Pflug. Sie wird so lange alles verkaufen und zu Geld und damit zu Lebensmitteln machen, bis sie nur mehr die Kleidung an ihrem Körper hat. Dann wird sie für ihre Kinder vielleicht noch Beeren sammeln können, falls sie reif sind und Blätter haben. Dann, dann ist es vorbei. Ihr Mann hört ihr lange zu. Ich kann nicht mehr schlafen, erzählt er schließlich. Was bin ich für ein Mann, der seine Frau, seine Kinder nicht mehr ernähren kann. Ich war ein stolzer Krieger, aber vom Stolz wird man nicht satt. Er dreht sich weg, weg von mir und seiner Frau und blickt hinaus auf sein Feld, das verdorrt wie die Menschen. Es ist Regenzeit, aber es ist staubtrocken und hat 37 Grad. Das Wort Klimawandel kennt er nicht. Er kennt die Trockenheit aus seiner Kindheit, aber sie fand immer ein

Ende. Jetzt hört sie nicht mehr auf. So wie im Jahr zuvor, und auch im Jahr davor, insgesamt fünf Mal in den letzten zehn Jahren, sagt er. Ich weiß nicht, was hier passiert. Ich weiß es nicht, sagt er und steht auf. Langsam, unter Schmerzen. Er geht am Stock hinüber zu einem kleinen Speicher, den er neben seiner Hütte gebaut hat. Zweimal bleibt er stehen, weil ihn die Kräfte verlassen. Seit Mai sollte es hier regnen, regelmäßig regnen. Bis auf wenige, heftige Schauer, die die letzte Erde weggespült haben, ist nichts gekommen. Er schiebt den Deckel von seinem Speicher und blickt hinein. Nichts, sagt er. Nichts mehr. Er hat es versucht, erzählt seine Frau, wir haben es wirklich versucht. Er war sich sicher, dass es ein hartes Jahr werden würde. Täglich haben wir mit dem Essen gespart, selbst als der Speicher noch voll war. Jeden Tag haben wir uns ein paar Maiskörner gespart, die eiserne Reserve, das letzte Saatgut. Seit Mai warten wir jetzt darauf, dass der Regen kommt. Genug Regen, damit der Mais wächst. Sie erzählt weiter. Noch nicht, hat er immer gesagt. Noch nicht, wenn sie aufs Feld wollte, um endlich den Mais in die Erde zu bringen, ihn endlich wachsen zu sehen, um nicht zu verhungern. Noch nicht, hat er immer gesagt, wiederholt sie, der Regen reicht nicht. Wir müssen auf den großen Regen warten. Dann waren es der Hunger, die Angst, die Hoffnung, die ihn dazu trieben, das Saatgut aufs Feld zu bringen. Zwei Tage lang hat es geregnet. Zwei Tage Hoffnung. Dann war es vorbei. Für Wochen vorbei. 40 Tage braucht der Mais, sagt der Bauer. 40 Tage Regenwetter. Auf dem Feld hat es der Mais gerade ein paar Zentimeter aus dem steinharten Boden geschafft, dann ist er verdorrt. Er bezahlt den Höchstpreis. Er bezahlt mit seinem Leben und weiß nicht einmal, dass ihm seine Gebete nichts nützen werden. Sein Gott ist nicht schuld an der Misere, einer der Schuldigen steht in diesem Moment nur einen Handschlag entfernt. Und jetzt, will ich fragen, halte aber den Mund. Es gibt kein „und" mehr. Nur noch Punkt,

Ende. Ein paar Autostunden nördlich haben die Bauern auf Wassergräben und eine alte Pumpe gesetzt, die ihnen eine Hilfsorganisation vor Jahren gekauft hatte. Der Mais blüht, bald wird er reif sein. Die Kinder sitzen vor den Feldern und spielen in der unerträglichen Hitze. Sie spielen und warten. Warten, bis das Hungern ein Ende hat. Bis der Mais endlich geerntet werden kann. Alle warten. Die Alten, die Eltern, die Kinder. Warten mit leerem Bauch. Nur noch ein, zwei Wochen, dann haben sich all das Hungern für das Saatgut, die Gebete, die Hoffnung bezahlt gemacht. Wieder ein Jahr überlebt. Aber über den Bergen, die die Grenze zu Mali bilden, ziehen Wolken auf. Helle Wolken, die schnell wandern, die zu schnell wandern. Bald hört man sie. Aber es ist kein Donner, kein Regen. Es sind die Flügel von Millionen und Abermillionen Wanderheuschrecken. Sie kommen aus dem Norden, aus Mali. Von dort, wo jetzt Krieg herrscht, wo die Bauern von ihren Feldern geflüchtet sind, vor allem hierher nach Niger oder Burkina Faso westlich von uns. Geflüchtet vor dem Tod, dem Terror, mit Zehntausenden Rindern in eines der ärmsten Länder der Welt. Mit ihren Herden sind sie über die Berge, sind die Brüder aus dem Norden mitten herein in das verhungernde Land gezogen und ihre Herden haben das letzte Gras gefressen, bevor sie weitergezogen sind und die Einheimischen vor den verhungerten Kadavern ihrer Rinden standen. Die Ernte wird uns retten, sagten die Männer und legten alles Geld zusammen, um Diesel für die alte Wasserpumpe zu kaufen. Während ringsherum die Ernte auf den Feldern vertrocknet, wächst der Mais. Jeden Tag einen Fingerbreit. Ein Fingerbreit Hoffnung, ein Fingerbreit Leben. Weil aber die Brüder im Norden geflohen sind und ihre Felder aufgeben mussten anstatt, wie seit Menschengedenken, die Eier der Heuschrecken ausgegraben und verbrannt zu haben, sammelte sich jenseits der Berge die biblische Plage, die jetzt in einer Wolke über das Feld hereinbricht. Feld um Feld vernichten sie binnen weniger Minuten und ziehen weiter. Hinter sich eine Schneise der Zerstörung, des Todes. Sie kommen näher. Die Familien flüchten in ihre Hütten, hinter Bäume. Sie können nur zusehen, wie die Heuschreckenwolken über ihre Felder hereinbrechen. Der Lärm ist ohrenbetäubend. Wie eine Wolke direkt aus der Hölle. Nach wenigen Stunden ist alles vorbei. Die Wolke verzieht sich. Es ist nur noch der Motor der Pumpe zu hören, die noch immer läuft, Wasser auf die Felder pumpt, für die es kein Saatgut mehr gibt. Klimawandel, Spekulationen, Heuschrecken, Hunger. Dazu Zehntausende Familienväter, die im Norden, in Tunesien, gearbeitet haben. Über Jahre haben sie als Gastarbeiter in den reichen, arabischen Mittelmeerstaaten ihre Familien zu Hause ernährt. Der Arabische Frühling hat alles verändert und sie aus Tunesien und Ägypten vertrieben, zurück in ihre Heimat, nach Niger. Wenn es einen Ort gibt, an dem man biblische Plagen suchen wollte, er liegt genau hier. Im Nordwesten Nigers.

Der Hunger frisst das Mitgefühl auf. Wer hungert, kann es sich nicht leisten mit anderen mitzufühlen, er will überleben. Und oft ist das die einfachste, brutalste Erklärung, die einzige, die es auf die Fragen Wie, Warum, Wie kann man nur, Darf denn das wahr sein, gibt. Sobald die Menschen alles verkauft haben, das sich irgendwie zu Geld machen lässt, um auf den Märkten, auf denen für gewöhnlich mit dem Hunger die Preise steigen, irgendwie etwas zu Essen aufzutreiben, bleibt nur mehr das tagelange, wochenlange Hungern. Das Hoffen auf Hilfe von außen, das Hoffen auf ein Wunder, das doch meist ausbleibt. Wer noch Kraft in sich spürt, wer noch über mehr als den bloßen Überlebenswillen verfügt, der wird alles tun, um nicht zu sterben oder um seine Kinder nicht sterben zu sehen, bevor er selbst verhungert. Er ist zu allem bereit. Als wir auf dem Rückweg von der Lebensmittelverteilung in die Hauptstadt einbiegen, sehe ich eine Kolonne Lastwagen auf eine bewachte Schotterpiste einbiegen, die geradeaus ins Nichts führt. Immer geradeaus, sagt der Fahrer und hebt seine Hand, gut zwei Stunden, direkt in die Hölle. Wie so viele der ärmsten Länder ist auch Niger reich an Bodenschätzen. Immer wieder sieht man entlang der Straßen riesige Schuttberge, davor Zäune, Bewachung. Internationale Konzerne holen hier seltene Erden, die für die Elektronikindustrie genutzt werden, und Bodenschätze aus der Tiefe. In Niger ist es vor allem Gold. In riesigen Minen werden täglich Tausende Tonnen Gestein bewegt, um an Gold zu kommen. Sind Siedlungen und Dörfer im Weg, müssen sie weichen. Die Gewinne werden mit staatlichen Stellen geteilt und nach Südafrika, Europa, Asien oder Übersee transferiert. Wer hier arbeitet, kann überleben und weil jeder überleben will und es sonst keine Arbeit gibt, gehen die Arbeitskräfte nicht aus, egal wie niedrig die Sicherheitsstandards, wie brutal die Bedingungen sind. Für jede freie Stelle gibt es Hunderte hungernde Arbeitslose, die alles tun, um zu überleben. Seit Jahrzehnten wird das Land ausgebeutet. Von korrupten Einheimischen, rücksichtslosen Geschäftsleuten, internationalen Konzernen. Das Land ist übersät mit alten, unrentablen und aufgelassenen Minen. Seit der Goldpreis vor wenigen Jahren explodierte, ist jedes Gramm Gold ein Lebensretter. Quer durchs Land werden die aufgelassenen Minen gestürmt, die vom Hunger Getriebenen steigen in die ungesicherten, nicht versiegelten Minen oft über viele Hundert Meter in die Tiefe. Durch Erdlöcher hinunter in unbeleuchtete Schächte, die keine Luft zum Atmen lassen. Die meisten von ihnen sind längst eingestürzt, aber die Verzweifelten graben sich durch das Gestein, durch den Sand, der ständig nachrieselt. Weil die Gänge eng und die wenigen Spalten, die es in den eingestürzten Minen gibt, für einen Erwachsenen zu schmal sind, sind es meist Jugendliche, die in die Tiefe geschickt werden. Meist teilen sich einige Einheimische die alten Minen, verteidigen sie mit Waffen, Peitschen und brutaler Gewalt. Wer nicht hierher gehört, wird mit viel Glück *nur* vertrieben. Auf keinen Fall fahre ich dorthin, sagt der Fahrer. Ein Weißer hat in Koma Bangou nichts zu suchen, außerdem hat er den klaren Auftrag uns sicher zum Treffpunkt zu bringen. Der Dolmetscher erzählt mir von einem Sozialhelfer, Toumani Saley, der regelmäßig in den alten Minen unterwegs ist. Zwei Stunden später treffen wir Toumani. Er hat ein paar Fotos mitgebracht von den Erdlöchern, in die 14- und 15-Jährige mit Seilen um den Hüften in die Tiefe steigen. Erst letzte Woche, sagt er, sind wieder ein paar Dutzend von ihnen umgekommen. Ein Stollen ist eingestürzt, irgendwo in 120 Metern Tiefe. Man hat nicht einmal nach ihnen gesucht. Die Kinder kommen von überallher. Oft sind sie alleine im Lager und werden dort von den Anführern kontrolliert. Ihre Familien schicken sie quer durchs Land in die Minen. Stirbt ein Kind, kommt das nächste dran. Solange es genug Kinder gibt, die ihr Leben riskieren – und sehr oft damit bezahlen – kann man Geld verdienen. Gutes Geld, sagt der Sozialarbeiter, selbst wenn die Aufseher noch den größten Teil des Geldes von den Kindern abzweigen. Das Geld reicht aus, um ihre Familien am Leben zu halten. Manchmal ziehen auch ganze Familien in die Minen, in Koma Bangou sind auf diese Weise neun Dörfer entstanden. Der älteste Sohn geht in die Tiefe und die anderen Kinder durchwühlen die Steine, die die älteren nach oben bringen. Meist sind es die Sechs- bis Zwölfjährigen, die die Steine durchwühlen, sagt Toumani. Kinder sind rein, so der alte Aberglaube, sie haben einen Blick für das Gold, das matte Strahlen des Gesteins, erzählt er. Die anderen erledigen das Schleppen der Steine, brechen und waschen die sandkorngroßen Goldstücke heraus, hantieren mit Quecksilber und anderen Giften, die sie dabei unbedingt brauchen und vergiften sich damit. Viele erblinden, sagt er, sie bekommen Spritzer der Flüssigkeiten in die Augen. Andere leiden an Hautkrankheiten. Das Gefährlichste ist aber die Arbeit in der Tiefe. Bis zu 200 Meter gehen die Löcher inzwischen hinab. Dort unten wühlen sie sich durch die Gänge. Wenn nichts mehr geht, setzen sie Dynamit ein. Eine Lunte ist 30 Zentimeter lang, gerade lang genug, um eine brennende Zigarette anzubinden – dann heißt es, so schnell wie möglich hinauszukommen. Keiner kann genau sagen, wie lange es bis zur Explosion dauern wird – es ist jedes Mal ein reines Glücksspiel. Immer wieder kommt es zu schweren Unfällen mit dem Sprengstoff. Aber solange sie arbeiten, lebt die Familie, leben die kleinen Geschwister. Die Frage, wie die Eltern das zulassen können, stellt sich den Verhungernden nicht, sagt Toumani. Da ist wieder diese Grenze, die wir nicht verstehen. Wer einen vollen Bauch hat, kann nicht verstehen, wie man Kinder und Jugendliche in die Tiefe, wie man sein eigenes Kind in den praktisch sicheren Tod schicken kann. Aber gibt es eine Alternative? Ist es *besser* zuzusehen, wie alle Kinder der Reihe nach verhungern und sterben? Niemals, höre ich mich denken. Ich würde es niemals tun, eher würde ich selbst sterben. Aber wem wäre damit gedient? Wenn die einzige Chance zu überleben darin liegt, ein Kind in eine Mine zu schicken – kann jemand, der Hunger, der das Verhungern nicht kennt, ein Urteil fällen? Es ist immer das Urteil von außen, immer das Urteil eines vollen Bauches. Wer in der Hölle lebt, kann sich keine Moral nach unseren Standards leisten. Die Eltern versuchen so viele Kinder wie möglich zu retten und sei es, dass dabei einige ihrer Söhne dafür in der Tiefe sterben. Jeder muss Opfer bringen, sagt Toumani. Wenn es eine andere Chance gäbe, wären sie nicht dort, aber mit etwas Glück verdienen die Familien dort drei, manchmal fünf oder sogar sechs Euro am Tag – mehr, als sie sich jemals erträumt haben. Für ein Gramm Gold gibt es knapp 40 Euro, rechnet Toumani vor. Die Hälfte davon bekommt der Grubenbesitzer, ein Viertel der Vorarbeiter, das restliche Viertel bleibt den Kindern. Die Stärksten behalten den größten Anteil, den Schwachen bleibt meist nichts, sagt er. Aber wer zu schwach ist um seinen Anteil einzufordern oder wenig Glück beim Goldsuchen hat, muss trotzdem Geld verdienen. Dann arbeiten die Kinder als Prostituierte. Gelangweilte Vorarbeiter gibt es genug, so Toumani.

Er ist zweimal in der Woche in den illegalen Minen unterwegs und versucht die Eltern davon zu überzeugen, wenigstens nicht all ihre Kinder in die Tiefe zu schicken. Er versucht sie davon zu überzeugen, dass die Kinder mit Schulbildung, Lesen und Schreiben besser überleben können. Zumindest ein, zwei Kinder pro Familie sollten es versuchen dürfen. 500 Kinder hat er inzwischen registriert und kämpft bei jedem Besuch um seine Schüler. Denn die Familien argumentieren anders – schließlich kann ein Kind, statt in der Schule zu sitzen, Wasser für die Arbeiter holen, auch damit kann man täglich ein paar Cent verdienen und das Überleben sichern. Mit einigen Freiwilligen improvisiert er so etwas wie Unterricht in den Minen. In einem schäbigen Zelt hämmert er den Kindern die Buchstaben in den Kopf, während vor den dünnen Zeltwänden die Geschwister die Steine brechen und die Erde tief unter ihnen die Knochen der älteren Geschwister zermalmt, wenn sie in den engen Schächten nicht hilflos ersticken. Unmöglich, sagt er, er kann uns nicht mitnehmen. Er muss vorsichtig sein. Vorsichtig mit seinen Forderungen und Worten. Monatelang hat er sich an die Aufseher und Familien herangetastet, denn fremde Gesichter sind hier nicht gern gesehen. Monatelang hat er Schritt für Schritt ihr Vertrauen gewonnen, vorsichtig die Idee der Schule in ihre Köpfe gepflanzt. Monatelang hat er den Mund gehalten, wenn er die menschenunwürdigen Arbeitsbedingungen der Kinder gesehen hat. Jede Kritik wird sofort bestraft und die Aufseher hätten ihn sofort vertrieben. Viele Eltern beschimpfen ihn, werden handgreiflich, schließlich geht es um ihre Einnahmequellen, die er aus den Stollen in ein Klassenzimmer bekommen will. Inzwischen dulden sie ihn, er hat nur noch selten Angst, sagt er schließlich. Wie viele derartige Höllentore es gibt, frage ich. Er kann mir keine genaue Antwort geben, er weiß *nur* von 400. Alleine hier im Norden. Wie viele es im ganzen Land sind, weiß niemand. Es gibt Tausende Löcher, die in die Erde getrieben wurden um an Gold zu kommen. Man sagt, es arbeiten 11.000 Kinder in diesen Löchern. Ein paar Tage später stehen wir vor diesen Löchern. Wir sind ein paar Hundert Kilometer entfernt auf dem Rückweg von einem der riesigen Flüchtlingscamps. Unweit der Grenze zu Mali vegetieren dort Tausende einer perspektivlosen Zukunft entgegen. Vertrieben von den Gotteskriegern haben sie sich zu Fuß, in Bussen oder mit ihren Autos hierher über die Grenze gerettet. Die Menschen liegen in den Zelten. Wer noch Benzin im Tank hat und ihn nicht verkaufen musste, hat eine funktionierende Autobatterie, die CD-Player mit Strom versorgt. Aus den Zelten ist Bob Marley zu hören, während Soldaten mit Maschinengewehren durch die Zeltstädte patrouillieren. Niemand kann mir sagen, wen sie bewachen. Vielleicht passen sie auf, dass hier keine Hoffnung ausbricht, sagt ein Flüchtling und schlurft zur Wasserstation, die das UN-Flüchtlingskommissariat (UNHCR) hier aufgestellt hat. Wir brauchen Hilfe, sagt er noch. Sie haben sich in das zweitärmste Land der Welt gerettet, das selbst zu wenig zum Leben, zu viel zum Sterben hat. Ans Sterben denkt er nicht, sagt Amadous ein paar Stunden später, als wir vor *seinen* Minen stehen. Er teilt sie sich mit vier anderen Jungs. Die jüngeren steigen in die Felsspalten, brechen die Steine und bringen sie in kleinen Körben oder Taschen, die sie sich um den Hals hängen, nach oben. Knöcheltief stehen sie im Schlamm, als wir uns ihnen nähern. Wir sind eine Handvoll Journalisten und Fotografen, die zufällig auf diese Minen gestoßen sind, die Erzählungen von Toumani Saley waren deutlich genug. Wir sollten verdammt vorsichtig sein. Aber die Jungs haben andere Probleme. Vorsichtig verstreichen sie ein Wasser-Quecksilbergemisch mit den Fingern in einer Schüssel in ihrer Mitte. Am Rand zeichnet sich in der ekligen Brühe tatsächlich ein goldener Schimmer ab. Ein paar Gramm haben sie in den letzten Wochen aus dem Berg geholt, sagt Amadous und zeigt uns bereitwillig seinen Schatz. Vorsichtig zieht er eine kleine Tasche aus der Hose – hauchdünn und fingernagelgroß ist der Gewinn. Knapp 10 Gramm, sagt er, vielleicht nicht ganz rein – gut 250 Dollar, schätzt er. Geteilt durch fünf. Fünf Familien werden einige Wochen damit überleben können, sagt er. So lange, bis die täglich 15 Stunden Arbeit im Dreck, im Loch, im Quecksilber wieder einen Hauch Gold in ihr Sieb spülen werden, und wenn sie Glück haben, werden sie wieder durch fünf teilen können, sagt er. Wenn es Gott so will und nichts passiert.

Am Abend sind wir zurück in der Hauptstadt. Irgendwo in einem internationalen Lokal soll es Bier geben. Und einen Fernseher. Fußball-EM-Finale. Spanien demütigt Italien mit 4:0. Am Ende stemmen die Spanier den Siegerpokal in die Höhe – sie alle haben Goldmedaillen um den Hals.

Auch wenn wir von Hilfe sprechen, legen wir meist den falschen Maßstab an. So wie wir beim Hunger immer in großen Zahlen und Statistiken denken, in Millionen und Milliarden und nie den kleinen Odo, seine Mutter Halissa oder überhaupt *einen* Menschen oder persönlichen Freund sehen und mit ihm fühlen, geht es uns auch beim Thema Helfen. Immer ist von Millionen und Milliarden die Rede. Von Tausenden Hilfsprojekten und Millionen Menschen. Zahlen, die wir erst nachlesen, deren Nullen wir erst nachzählen müssen und den Kopf darüber schütteln, versperren den Blick auf die Hilfe im Einzelnen und lassen die gesamte Problematik wie ein Fass ohne Boden aussehen. Immer sehen wir nur das erschreckende Gesamtbild, viel zu selten den kleinen Bildausschnitt.

Doch oft sind es kleine, unspektakuläre Projekte, die nie an die Öffentlichkeit gelangen und doch für ein paar Familien, eine kleine Gemeinde, ein paar Dutzend Menschen Leben, Hoffnung, eine Zukunft bedeuten. Sie haben an

Hexerei geglaubt, sagt der Bauer Abbe, als wir auf dem kleinen Bauernhof stehen, den er hier betreut. Sein Feld ist wirklich anders als alles, was ich bisher hier gesehen habe. Über Stunden sind wir von Ouagadougou, der Hauptstadt von Burkina Faso, Richtung Nordosten gefahren. Hunderte Kilometer zog das Land vorüber, immer wieder mussten wir stehen bleiben. Wir sahen, wie Bauern ihre Herden über das karge, dürre Land trieben, auf der Suche nach Futter. Kilometer um Kilometer legen die Kühe, die nur durch ihre Haut zusammengehalten werden, hier sonst zurück, um irgendetwas ins Maul zu bekommen. Sie trampeln das letzte Grün nieder, reißen die letzten Grasnarben mitsamt den Wurzeln aus. Der Wind trägt die Erde fort. Millionen Tiere, Millionen Mäuler – das Land vertrocknet, versandet und die Grünflächen werden kleiner und kleiner.

Abbe meint, dass es so nicht weitergehen kann. Die Bauern müssen endlich dazulernen. Die Logik der Väter ist das große Problem. Seit Jahrhunderten wird das Wissen von Generation zu Generation weitergegeben. Was aber vor Jahrhunderten noch funktioniert hat, ist längst zum Bumerang geworden. Unzählige Viehherden ziehen durch das Land, zerstören den Boden, vergiften die letzten Wasserstellen. Es gibt nicht mehr genug Futter und die Herden werden immer kleiner.

Abbes Leute haben bei null angefangen, haben über den Haufen geworfen, was ihnen ihre Väter beigebracht haben und haben mit der Tradition gebrochen. Als sie zum ersten Mal eine Sanddüne abzäunten, glaubten die anderen Bauern, sie seien verrückt geworden. Sie kauften sich eine Wasserpumpe und begannen das kleine Stück umzäuntes Land zu bewässern. Bald war die Düne grün. Die Kühe wurden ebenfalls eingezäunt, durften nicht auf das satte Grün. Täglich wurden es mehr Bauern, die sich am Zaun unterhielten und an einen bösen Fluch glaubten. Abbe musste verrückt geworden sein, sagten sie. Eine grüne Wiese und er sperrt die Kühe ein? Dann, als das Gras hoch war und die Bauern schon überlegten die Zäune niederzureißen und ihre Kühe auf die Düne zu treiben, begannen Abbes Leute das Gras abzuschneiden. Sie schnitten das Gras ab, trockneten es, gaben es ihren Kühen. Abbe war immer als Gesprächsthema bei den anderen Bauern gut. Wenige Wochen später war das Gras nachgewachsen. Mehr Futter, noch mehr Futter und das Futter ging nicht aus. Die wenigen Kühe gediehen, wurden dick. Richtig dick, und so sehe ich die ersten Kühe in der Sahelzone, die zumindest ungefähr so aussehen, wie ich sie aus Tirol kenne. Jetzt glauben sie an Zauber, lacht er. Sie kennen keine dicken Kühe, dabei haben wir nichts gemacht außer Heu. Die Tiere haben das Gras nicht mit den Wurzeln ausgerissen und so kann es nachwachsen, der Wind hat keine Chance, sagt er, es wird hier grün bleiben und wir werden weiter Futter haben. Aber die anderen lachen immer noch, erzählt er weiter. Bei uns, den Peul, einem alten Nomadenstamm, bist du erst ein richtiger Mann, wenn du viele Kühe besitzt, erzählt er. Je größer die Herde, desto wichtiger bist du. Dein Ansehen steigt mit der Zahl der Tiere, mögen sie auch noch so erbärmlich sein. Fünf Kühe, lachen sie, du armer Kerl. Dann aber kommt der Markttag und Abbe schickt eines seiner Tiere zum Metzger. Für seine Kuh erhält er so viel wie andere Bauern für 25 bis 30 Tiere. Seitdem ist sein Zaun ein Treffpunkt für die einheimischen Bauern geworden. Sie beginnen nachzudenken, sagt er. Weniger Tiere, weniger Arbeit. Sie können zu Hause bleiben, müssen nicht übers Land ziehen, sie verdienen Geld und können ihre Familien ernähren – da ist es mit der Logik der Väter schnell vorbei, erzählt er. Inzwischen ist Abbes Feld ein Schau-Bauernhof. Es sind vor allem die Jungen, die kommen und lernen wollen, wie sie auch zu dicken Kühen kommen. Es sind oft die einfachsten Dinge, die hier funktionieren. Keine großen Entwicklungsprogramme, keine Weißen, die den Menschen erzählen, was sie alles falsch machen. Es braucht Menschen, die von hier kommen, gut ausgebildet werden, lernen, wie Landwirtschaft funktioniert und Vorbilder sind. Sogar die Weltbank mit ihren Experten hat die Sahelzone bis vor wenigen Jahren praktisch als verlorene Zone eingestuft. Heute sieht man den Erfolg von Kleinstprojekten wie dem Schau-Bauernhof mitten in Burkina Faso. Einfache Methoden, große Wirkung, und das meist mit geringen Mitteln. Besseres Saatgut, bessere Bewässerung, bessere Arbeitsgeräte, speziell angepasste Technologien. Oft kann schon eine Ziege oder ein Esel eine ganze Familie retten. In Makalondi in Äthiopien, etwa drei Autostunden südlich der boomenden Hauptstadt Addis Abeba, strahlt mich Dingo an. Vor ein paar Monaten hat sie einen Esel geschenkt bekommen. 25 Euro kostete das Tier. Die Spende einer Frau aus Österreich, die statt eines Mittagessens im Gasthaus eine Runde spazieren gegangen war und einen Apfel gegessen hat. Danach kamen Entwicklungshelfer in den Ort und sprachen mit den Dorfältesten. Sie berieten sich, nannten den Helfern die Namen der Ärmsten. So bekam Dingo ihren Esel. Sie konnte es zuerst nicht glauben. Was muss ich dafür tun, fragte sie. Wenn du Geld hast, musst du den Esel bezahlen, aber jetzt gehe und pass auf deine Familie auf. Mit dem Esel organisierte sie Wassertransporte vom Brunnen. Für andere Frauen band sie die gelben Kanister auf den Rücken des Tieres und ging zur Wasserstelle; für diese Arbeit bekam sie jeweils ein paar Cent. Dann brachte sie die karge Ernte der anderen in den nächsten Ort und verdiente wieder Geld mit dem Transport. Und wenn es für sie keine Arbeit gab, vermietete sie den Esel, damit andere ihre Waren auf den Markt bringen konnten, als Taxi. Nach wenigen Monaten hatte Dingo zum ersten Mal Geld in der Hand. Sie konnte zum ersten Mal Kleider für ihre Kinder kaufen und sie konnte das Schulgeld für alle bezahlen. Ihre Nachbarin hat eine Ziege bekommen. Mit der Milch hat sie kräftige Nahrung für ihre

Kinder, auch wenn es anfangs nicht viel war. Bald aber gab es die ersten Zicklein. Eines davon musste sie zurückgeben – als Bezahlung für die Ziege. Zwei weitere blieben ihr. Seitdem hat sie genügend Milch für die Kinder, und wenn weitere Zicklein kommen, wird sie die erste Ziege verkaufen – ihr Wert ist inzwischen gestiegen: Ein Monatseinkommen. Es ist eine gespendete Wasserpumpe, die ein Feld bewässert, auf dem zwölf Familien Tomaten anbauen, die sie an die internationalen Hotels in der Hauptstadt verkaufen. Mit ihrem Verdienst zahlen sie die Pumpe und den Treibstoff zurück, trotzdem bleibt ihnen Gewinn – die Frauen beginnen zu träumen. Sie träumen von Schulbildung, einem besseren Leben, vielleicht einem Dach über dem Kopf. Die Zeit der Almosen ist vorbei. Wer über die erste Nothilfe hinaus den Menschen helfen will, muss ihnen zeigen, wie sie langfristig eine Chance haben. Ihnen über Mikrokredite einen Start ermöglichen, sie ausbilden, Vorbilder geben. Keine Spenden mehr vom weißen *Master* in seinem sauber geputzten Jeep, sondern von Menschen aus ihren Reihen, die geschult worden sind und jetzt als Multiplikatoren in ihren Dörfern arbeiten. Sie sprechen die Sprache der Einheimischen, sie verstehen ihre Probleme. Der Weiße ist sehr oft nur noch im Hintergrund zu sehen. Wenn man über Jahrzehnte und nach Milliarden an Hilfsgeldern etwas gelernt hat, dann, dass Geschenke langfristig nicht helfen. Sie führen die Menschen in eine direkte Abhängigkeit. Man muss ihnen helfen, selbst auf die Beine zu kommen, ihre Würde zu bewahren, das Gefühl zu haben, es selbst geschafft zu haben – vielleicht mit einem kleinen Schubs von außen. Es ist dieser Fokus, den wir viel öfter brauchen, wenn wir von Hilfe sprechen – nicht von Millionen und Milliarden. Es gibt Tausende kleine Ideen, die vielleicht nicht den Hunger der Welt stoppen, aber vielen Tausenden das Leben retten können. Und trotzdem geht der Schuss wieder nach hinten los. Gefährlich wird es, wenn wir glauben, wir wüssten alles besser. Als nach den ersten großen Hungerkatastrophen in den 1980er-Jahren und nach Live Aid die ganze Welt begann, in Afrika Brunnen zu bohren, wurde das Graben salonfähig. Brunnen sind lebensnotwenig, bedeuten oft die Entscheidung zwischen Leben und Tod. Aber nicht jeder, der ein Loch graben kann, kann auch einen Brunnen bauen. Jede engagierte Studentenverbindung schien auf dem Weg nach Afrika zum Bohren zu sein, mit unglaublich viel Herzblut, privaten Spendengeldern, viel Arbeit, Liebe und dem Wunsch zu helfen. Aber nicht selten endeten damals Projekte in einer Tragödie – und tun es noch. Nach Wochen ist der Brunnen gegraben, eine ganze Siedlung hat endlich sauberes Wasser. Die Kameras blitzen, die Artikel zu Hause beweisen, wie die Welt im fernen Afrika ein Stück besser geworden ist. Ein gutes Gewissen. Was aber oft vergessen wird, ist, dass ein Brunnen betreut werden muss. Die Viehherden kommen, verschmutzen das Wasser. Ein Brunnen in Afrika ist eben kein Heimwerker-Schnellbausatz. Teile müssen ersetzt werden, wenn die Mechanik der Pumpe bricht, doch Ersatzteile gibt es kaum. Vielleicht ein, zwei Jahre läuft alles bestens. Die Menschen haben sauberes Wasser – laufen zu Hunderten täglich zum Brunnen. Vorbei die Zeit des trüben, schmutzigen, wurm- und parasitenvergifteten Wassers aus irgendeinem Loch, Wasser, das die Hitze noch nicht aufgesaugt hat wie Löschpapier die Tinte. Nach zwei Jahren ist der Brunnen plötzlich kaputt. Das Pumpengestänge klemmt, ein Teil ist gebrochen – es gibt Dutzende mögliche Gründe für ein kleines Problem mit fatalen Folgen. Ersatzteile gibt es nicht und die improvisierte Arbeit der Männer endet, wie eben improvisierte Männerarbeit manchmal endet, mit einem totalen Stillstand. Die Hitze ist unerträglich, der Brunnen steht still. Es dauert nicht lange und man sieht die Frauen und Kinder wieder mit den Kanistern Richtung der Wasserlöcher ziehen. Das Wasser schmeckt anders, riecht anders – aber es stillt den

Durst und alle trinken es. Nach wenigen Stunden werden die Ersten krank, dann immer mehr, so lange, bis das halbe Dorf krank ist. Zwei Jahre hatten sie sich an das wunderbare Wasser aus der Tiefe gewöhnt. Den Geschmack, die Sauberkeit – wie sehr haben sie es geliebt. Ihre Körper haben sich daran gewöhnt, die Abwehrkräfte, die sie mit dem Wasser aus den schmutzigsten Wasserlöchern aufgebaut haben, sind geschwächt oder verloren. Jetzt, da sie wieder aus den schmutzigen Wasserlöchern trinken müssen, fehlt ihnen dieser natürliche Schutz. Sie werden krank. Schwer krank. Und viele werden sterben.

Wer jemals in den Armenvierteln oder einem der Märkte Afrikas unterwegs war, kennt die Situation: Binnen Minuten scharen sich Kinder um den Besucher, drücken ihm die Hand. Sie wollen nichts verkaufen, sie wollen nur an seiner Hand gehen. Sie wollen mit ihm mit, nach Europa, und der Griff ihrer kleinen Hände macht klar, sie meinen es ernst. Sie streiten, Tränen fließen, die Erwachsenen schimpfen. Sie sollen den Weißen in Ruhe lassen. Irgendwann reißt jemand das Kind los, gerade in dem Moment, in dem man beginnt, sich unwohl zu fühlen. Was soll ich mit dem Kind machen, ich kann es doch nicht einfach mitnehmen. Die Tränen rollen über die Wangen, das Schreien ist noch lange zu hören. Wer einen der großartigen Kulturschätze Afrikas besucht, kennt die verstümmelten Kinder, die häufig entlang der Straßen sitzen oder ihre Hände an die Fenster des Ausflugsjeeps halten. Viele Touristen blicken weg, konzentrieren sich auf die Displays ihrer Digitalkameras, um sich von *dem da draußen* abzuwenden. Wer hinsieht, wird davon berührt und will helfen. Nicht alle vergessen diesen Wunsch beim nächsten großartigen Fotomotiv. Die österreichische Botschafterin in Addis Abeba erzählt von den Problemen, die daraus entstehen. Sie erzählt die Geschichte eines kleinen Mädchens, das ein österreichisches Ehepaar derart gerührt hatte, dass es seine Hilfe anbot. Das Mädchen, das in der

Nähe der Felsenkirchen von Lalibela auf der Straße bettelte, war durch eine Wunde im Gesicht furchtbar entstellt. Das Schicksal des Mädchens ließ die beiden nicht los. Sie brachten das Kind in die Hauptstadt, finanzierten eine Operation, das Gesicht des Kindes wurde gerettet. Die beiden versuchten von Österreich aus, mit dem Mädchen in Kontakt zu bleiben, doch der riss bald ab. Die beiden bekamen Angst. Sie wandten sich an die Botschafterin, die tatsächlich die nötigen Informationen erhielt. Das Mädchen hatte mit seinen furchtbaren Verstümmelung die Familie ernährt. Es hatte die Touristen derart betroffen gemacht, dass es täglich genügen Geld nach Hause brachte, um die gesamte Familie zu ernähren und am Leben zu erhalten. Nach der Operation war alles anders. Das Kind war zu einer *normalen* Bettlerin geworden, die nur mehr aus dem Weg geschoben wurde anstatt beachtet zu werden. Die Einnahmequelle für die Familie war versiegt, sie zog weg. Niemand weiß, wo sie heute lebt, niemand weiß, wie es dem Mädchen jetzt geht.

Über eine Schotterpiste geht es Richtung Flughafen. Die neue Flughafenzufahrt wird gerade gebaut. Chinesische Lastwagen, chinesische Schriftzeichen. In den Bauhütten chinesische Ingenieure, die die wenigen heimischen Hilfsarbeiter herumkommandieren. China ist groß im Kommen. Nicht nur in den internationalen Schlagzeilen und Börsenberichten, auch hier, weit draußen auf afrikanischem Boden. China baut Infrastruktur und holt sich dafür die Rechte an Öl, Bodenschätzen und riesigen Ländereien. *Little Robots* werden die Chinesen ob ihres Fleißes von den Einheimischen genannt, die arbeitslos neben den Baustellen stehen. Die Erträge aus dem Boden, von den Feldern, aus den Minen werden verschifft, an den Blicken der Einheimischen vorbei ins Ausland gebracht. An den Gewinnen verdienen sehr wenige sehr gut – Inländer sind nicht damit gemeint – genau wie auf der gegenüberliegenden Straßenseite. Unser Jeep fährt an riesigen Zelthallen eines niederländischen Unternehmens vorbei. Kilometerlange Blumenplantagen und Gewächshäuser. Blumen für den europäischen Markt. Hier arbeiten noch Einheimische, sagt unser Fahrer, aber nur, weil die Arbeit so gefährlich ist. Im Schnitt arbeiten die Menschen acht Jahre lang in den kilometerlangen Hallen. Dann sind sie am Ende. Pestizide, Gifte, die Arbeitsbedingungen machen sie krank. Die kleinen Siedlungen in der Nähe sind ausgestorben. Der Durst der Millionen Rosenstöcke hat den Grundwasserspiegel dramatisch sinken lassen, für die Menschen gibt es jetzt kein Wasser mehr. Das Wasser, das noch aus dem Boden kommt, ist vergiftet. Beschwert hat sich niemand, sagt der Fahrer, wer hört uns Afrikanern schon zu? Wir begegnen den Menschen in Afrika noch immer nicht auf Augenhöhe.

Es hat sich noch immer nichts verändert.

Arbeit, Tod und Rückkehr

Die Abreise in ein Krisengebiet ist meist überstürzt und ungeplant und es bleibt nicht viel Zeit sich vorzubereiten. Das Wichtigste ist, so schnell wie möglich vor Ort zu sein. Sei das Ziel nur ein paar Autostunden entfernt, sei es am anderen Ende der Welt. Ein unerwartetes Ereignis, eine Katastrophe, die die Welt in Atem hält, setzt innerhalb von Minuten eine Kette von Kollegen in Bewegung, die alles versuchen um binnen weniger Stunden Flüge, Geld und nötige Visa zu organisieren. Als am 11. September 2001 die ersten Meldungen von einem Flugzeugeinschlag in einen der Türme des World Trade Center in New York über die Breaking-News-Leisten der amerikanischen Networks liefen, ging die Welt von einem schrecklichen Unfall aus. Als wenige Minuten später die Kameras auf die Twin Towers gerichtet waren, als wir alle sahen, wie sich das zweite Flugzeug *live* in den Nordturm bohrte und explodierte, teilte ich den Schock bereits mit meiner Frau am Telefon. Ich werde gleich packen, sagte sie, als ich mich auf den kurzen Heimweg machte und telefonisch mit der Redaktion in Wien die Möglichkeiten besprach, wie ich so schnell wie möglich über den Atlantik kommen konnte, der in diesen Augenblicken für den zivilen Luftverkehr gesperrt wurde. Es gab keinen Zweifel. Wir mussten nach New York, die Terroranschläge würden uns über Wochen beschäftigen und es gab keine Minute zu verlieren.

Als am 26. Dezember 2004 der Tsunami Tausende Kilometer Küste am Indischen Ozean verwüstete, als wir alle mitten in den Weihnachtsfeiertagen von dieser Naturkatastrophe überrascht wurden, erfuhr ich davon auf der Skipiste. Auch hier dauerte es nur zwei Telefongespräche und dreißig Minuten, bis ich im Auto zum Flughafen saß, um elf Stunden später im Süden Thailands zu stehen und um Worte zu ringen, die das Geschehene für unsere Hörer fassbar machen sollten.

In diesen Fällen gibt es kaum eine Möglichkeit sich auf das vorzubereiten, was einen erwartet, wenn sich die Flugzeugtüren am Zielort öffnen. In der kurzen Zeit bis zum Abflug muss man sich um Organisatorisches kümmern, während Kollegen dabei behilflich sind alle verfügbaren Informationen zu sammeln. Meist sind es nur wenige ausgedruckte Seiten internationaler Agenturen, die die Katastrophe kurz umreißen, erste Eindrücke, Augenzeugenberichte und Opferzahlen wiedergeben. Niemand weiß zu diesem Zeitpunkt, wie sich die Geschichte weiterentwickeln, was noch alles passieren wird. Man bekommt über die Jahre ein Gespür für die Ereignisse, die Katastrophen, die die ganze Welt betreffen. Wenn ein Erdbeben der Stärke 9,3 und ein Tsunami den indischen Ozean erschüttern, wenn am Telefon dort niemand mehr erreichbar ist, wenn einheimische Regierungsvertreter davon sprechen, keine Verbindung zu Hunderten Orten mehr zu haben, weiß jeder, dass es nicht bei den 80 Toten bleiben wird, von denen in den ersten Agenturmeldungen an diesem 26. Dezember die Rede war. Die schwierigsten Stunden sind jene, die man im Flugzeug verbringen muss. Mit jeder Minute nähert man sich einem Ort, den man oft nicht kennt, einem Land, dessen Sprache man nicht spricht, ohne die geringste Ahnung davon zu haben, was einen erwartet. In den Stunden, in denen man im Flugzeug hermetisch von der Medienumwelt abgeschnitten ist, erhält man keine aktuellen Informationen, hat man keine Ahnung davon, was sich derzeit am Ort des Schreckens zuträgt, ist man zum Nichtstun verurteilt. Man blättert mit dem Wissen, dass sie bis zur Ankunft längst von der Realität überholt worden sind, in den hastig zusammengestellten Unterlagen, wirft einen Blick in den Reiseführer, den man am Flughafen gekauft hat, um zumindest ein Gespür für die Welt am Zielort vor der Katastrophe zu bekommen, beobachtet die Menschen im Flugzeug. Ihre Gesichter, ihre Bewegungen. Wissen sie, was sie am Zielort erwartet? Ich habe es mir auf diesen Flügen in die Ungewissheit schnell abgewöhnt Gespräche zu beginnen. Zweimal ist es mir passiert, dass meine Sitznachbarn keine Ahnung von den Vorkommnissen hatten. Ich hatte sie mit der Meldung der Katastrophe auf ihrem Rückflug vom Urlaub in Angst und Panik um ihre Verwandten versetzt, ohne dass sie eine Möglichkeit hatten, mit ihren Liebsten Verbindung aufnehmen zu können. Es waren schlimme Stunden für diese Menschen, die von mir aufgeschreckt in ihren Sitzen erstarrten, weinten. Deshalb habe ich bald aufgehört Gespräche zu führen. Ich versuche, ein paar Stunden zu schlafen, nicht an das zu denken, was kommt. Jeder Gedanke ist sinnlos, alles wird wie immer anders sein, als ich es mir ausgemalt habe. Aber die Ungewissheit hält mich wach. Was werde ich vorfinden? Gibt es dort noch Strom für den Laptop, für das Satellitentelefon und damit die Live-Einstiege? Was kann ich tun, wenn die Straßen geschlossen sind und ich nirgendwo hinkomme? Haben die Kollegen zu Hause inzwischen irgendjemanden erreicht, mit dem ich mich treffen kann? Wer von den Kollegen der anderen Stationen ist schon dort und hat vielleicht verlässliche Dolmetscher bei der Hand? Auf wen kann ich mich verlassen? Geht die Reise in ein Kriegsgebiet, in ein Land, in dem man als Europäer oder als Amerikaner nicht gerne gesehen wird, kommt die Angst, die Unsicherheit dazu. Wem vertraue ich mich an? In der Tasche sind Ausrüstung und viel Bargeld. Man ist ein wandelnder Jackpot für jeden Kriminellen. Und auch diese Kriminellen stehen mit lachendem, freundlichem Gesicht an den Ausgängen der Flughäfen und bieten ihre Dienste als verlässliche Fahrer, als Dolmetscher, als Produzenten an. Wem vertraust du dich an? Zu wem setzt du dich in den Wagen, wenn du noch niemanden aus deinem Netzwerk erreicht hast, der dir weiterhelfen kann, der mit seinem Sender, seinem Produzenten vielleicht schon vor Ort ist oder zumindest von früheren Einsätzen jemanden kennt, auf den man sich wirklich verlassen kann? Wer sich in diesen Fällen nur auf seine Menschenkenntnis, auf sein Bauchgefühl verlässt, wird das früher oder später bereuen. Oberste Priorität ist und bleibt stets die eigene Sicherheit. Ja. Und man ist alleine. Eine Antwort, die viele Menschen immer wieder überrascht. Als Radiojournalist reist man alleine. Als TV-Journalist hat man zumindest einen Kameramann an der Seite oder es gibt jemanden, mit dem man vor Ort zusammenarbeiten muss. Ich weiß nichts von geteiltem Leid; geteilte Unsicherheit ist wohl zumindest halbe Unsicherheit. Was die Angst angeht – damit ist man letzten Endes wahrscheinlich immer alleine. Als Radiojournalist ist und bleibt man auf sich alleine gestellt. Es gibt Dutzende Gründe, keinen Schlaf zu finden und es wäre gelogen, wenn in dieser Mischung aus Interesse, Neugierde, Angst und Unsicherheit nicht gelegentlich die Frage auftaucht, warum man jetzt in diesem Flugzeug sitzt. Diese Fragen bedeuten aber auch Sicherheit. Wer angespannt und nervös ist, ist konzentriert und damit vorsichtig. Man denkt an seine eigene Familie. Mit einem Gefühl der Ungewissheit nimmt man von ihr Abschied, man kann ihr nicht versprechen sich regelmäßig zu melden, weil niemand weiß, ob die Telefonverbindungen noch stehen, dort, wohin einen das Flugzeug bringt. Gedanken, die sich nicht dazu eignen, erholsamen Schlaf zu finden. Dabei könnte man Schlaf brauchen. Man muss fit, hellwach, konzentriert sein. Sobald die Maschine gelandet ist, man das Handy einschaltet, sich über den noch funktionierenden Empfang freut oder sich sonst am Satellitentelefon in der Redaktion meldet, geht die Arbeit richtig los: Wann kannst du zum ersten Mal auf Sendung gehen, lautet die Frage, die auf der Hand liegt. Man ist hier, um davon zu berichten, was die Menschen zu Hause aus erster Hand erfahren wollen. Mit der Landung, dem ersten Atemzug, der die Luft der fremden Umgebung schon nach Gerüchen der Katastrophe prüft, will die Medienmaschine bedient werden. Am Telefon gibt es ein kurzes Update aus der Redaktion mit den letzten Zahlen, Daten und Fakten, die über die Agenturen laufen, mit viel Glück vielleicht die Bestätigung für ein Zimmer, das irgendjemand irgendwie in einem noch intakten Hotel aufgetrieben hat. Dazu Telefonnummern von möglichen Kontaktpersonen oder Botschaften. Noch am Flughafen, auf dem meist absolutes Chaos herrscht, der erste Live-Einstieg, die ersten Eindrücke von Menschen, die so schnell wie möglich aus dem Gebiet fliehen wollen, ersten Hilfstruppen, die anreisen. Die Arbeit in Krisen- oder Katastrophengebieten unterscheidet sich diametral vom Alltagsjob. Während man zu Hause nur über Informanten, Bekannte, dem richtigen Gespür und mit viel Routine an die wirklichen Geschichten herankommt, liegen bei derartigen Einsätzen die ersten Reportagen sprichwörtlich auf der Straße. In den ersten Stunden muss man nur die Augen öffnen und die Eindrücke schildern, die einem auf Schritt und Tritt begegnen. Als Radiojournalist muss man in erster Linie *nur* erzählen, schildern können. Ich habe mich stets geweigert, traumatisierten, weinenden Menschen das Mikrofon ins Gesicht zu halten und habe dafür von meiner Redaktion auch immer Rückendeckung bekommen. Man muss den Menschen, auch wenn sie anonym in einem fremden Land leben, nicht die Würde nehmen, sie so lange mit Fragen quälen, bis sie in ihrer Trauer vor dem Mikrofon, vor der Kamera vollkommen zusammen-, auseinanderbrechen. Eine Schilderung, die unaussprechliche Tragödie zwischen den Zeilen macht den Hörer meiner Erfahrung nach mindestens ebenso betroffen, gibt ihm das Bild, das sich vor Ort bietet, mindestens ebenso erschreckend, ernüchternd und beklemmend wieder. Man muss den Schmerz eines Kindes, das gerade die Eltern bei einem Erdbeben verloren und erlebt hat, wie sie tot aus den Trümmern geborgen werden, nicht in endlosen *Soundfiles* hören. Man muss ihm nicht das Mikrofon, die Kamera ins Gesicht halten um die Schreie, die Verzweiflung aufzunehmen, man muss, nein, man sollte diesen intimen, schlimmsten Moment im Leben eines Menschen nicht aus Sensationsgier der Öffentlichkeit preisgeben. Reicht es nicht, wenn man diesen Moment, diese Augenblicke, die unser aller Vorstellungsvermögen von Leid übersteigen, einfach beschreibt? Das Feedback, das ich bisher bekommen habe, scheint mir recht zu geben. Meist sind es genau diese Schilderungen, die den Menschen in Erinnerung bleiben, sie betroffen machen. Eine gewisse Grenze darf nicht überschritten werden und wird es doch regelmäßig, sie verschwimmt leider, verschwindet und wird kaum mehr akzeptiert. Ich muss das weinende, traumatisierte Kind nicht mit tränenerstickter Stimme um Worte kämpfen hören, es reichen die Menschen, die dahinterstehen. Jeder hat eine Geschichte zu erzählen, wenn er sich im Zentrum einer Tragödie befindet. Interviewpartner gibt es Tausende, man muss ihnen nur *zuhören,* um ihre Geschichten zu verstehen. So traf ich auch den Fischer Sulin nördlich von Khao Lak, als der Tsunami seine ganze Familie ausgelöscht hatte. Er stand abseits der Kameras, die auf die Leichenberge gerichtet waren, still an einer Hausecke auf dem Sammelplatz für die Toten. Er schien gefasst, wirkte, als gehöre er nicht hierher. Ich bot ihm Feuer für eine Zigarette an, das er mit ruhiger Hand vergeblich in den Hosentaschen gesucht hatte. Ich gehe jetzt dann hinauf in den Wald, sagte er in recht gut verständlichem Englisch. Ein zusammenhangloser Satz. Als hätte jemand ein Buch in der Mitte aufgeschlagen und wahllos irgendeinen Satz gelesen. Er zog still an seiner Zigarette. Dort gibt's sicher genug Holz, ergänzte er. Ich wusste nicht, wovon er sprach, wie er von Holz sprechen konnte, während vor unseren Augen immer mehr Lastwagen und Pick-Up-

Trucks mit Toten auf den Ladeflächen ankamen, um neue Opfer abzuladen, sie den Menschen vor die Füße zu legen, die nach ihren Liebsten suchten. Ich habe das Geld nicht, sagte er, zog an seiner Zigarette und begann emotionslos zu erzählen. Sulin hatte seine tote Frau und eines seiner zwei vermissten Kinder bereits identifiziert. Er hatte sie gefunden. Sie lagen nur wenige Meter vor uns auf dem Fußballfeld, auf dem vor wenigen Tagen noch die Nachwuchsmannschaft ihre Meisterschaft ausgetragen hatte und die jetzt voll mit Toten war, die entlang der Seitenlinien abgelegt wurden. Er hatte Gewissheit und eine Aufgabe. Die unglaublich schwierige Aufgabe, seiner Familie einen würdigen Abschied zu ermöglichen. Aber dem Fischer war nichts außer der Kleidung, die er am Körper trug, geblieben. Die wenigen Ersparnisse waren im Haus, das der Tsunami fortgerissen hatte, so wie alles, was er besessen hatte und von Wert war. Womit soll ich die Särge bezahlen, fragte er und drehte sich um, blieb aber doch noch einmal stehen. Es gibt ja auch keine mehr, sagte er, sind alle schon *weg*. Ich werde mir das Holz aus dem Wald holen, wohin das Meer alles geschwemmt hat, was wir je besessen haben, dort liegt Holz genug.

Es gibt Tausende derartige Geschichten, man muss den Menschen nur zuhören. Und es sind diese Geschichten, die stellvertretend für alles stehen, was sich in den ersten Tagen dieser Katastrophen abspielt. Not, Armut, Ausweglosigkeit, unbeschreibliche Trauer. Es sind diese Tragödien, diese Erzählungen, diese Verzweiflung, die die Menschen zu Hause genauso berühren wie die Bilder der Voyeure, die keine Grenzen mehr kennen, die nicht nur sprichwörtlich, sondern tatsächlich über Leichen gehen und steigen, um an die *besten* Bilder zu kommen. In den ersten Tagen muss man nur hinsehen und zuhören, schildern, was nur schwer in Worte zu fassen ist. Eine gute Reportage bedeutet nachzuempfinden, nicht neu zu erfinden. Erst in ein paar Tagen werden die ersten Analysen, die ersten seriösen Hintergrundberichte über die Sender laufen. Bis dahin herrscht Chaos. Als Reporter vor Ort geht es um Emotionen, um Berichte über aktuelle Entwicklungen. Man ist das Auge, das Ohr für die Menschen, die zu Hause mehr über das Ereignis erfahren möchten, über das die Welt, vor allem aber ihre Welt, in ihren Familien, auf ihrem Arbeitsplatz in diesen Tagen spricht. Man gibt ihnen das Gefühl, dabei zu sein, selbst das Unvorstellbare mitzuerleben. Man gibt ihnen Erlebnisse, Schilderungen und Informationen in die Hand, sodass sie mitreden können. Was die Arbeit nach ein paar Tagen schwierig macht, sind die Hintergrundinformationen, die die Menschen zu Hause bekommen wollen. Hintergrund-informationen, große Zusammenhänge, die man kaum seri-ös liefern kann. Als Reporter steht man seit Tagen im Dreck, in der Hitze und hält das Leiden, die Brutalität, den Tod selbst nicht mehr aus, man ist gereizt, übermüdet und selbst emotional mitgenommen. Trotz allem erlebt man nur einen kleinen Ausschnitt einer Katastrophe und der Bewegungs-spielraum ist häufig auf einen recht engen Radius beschränkt. Nicht selten gibt es kaum Transportmöglichkeiten, man hat also gar nicht die Möglichkeit, das Wissen und die Übersicht, um über große Zusammenhänge zu sprechen. Man kann somit verlässliche Informationen darüber kaum sammeln, was über das Augenscheinliche hinausgeht. Wem soll und kann man glauben, wenn es um Hintergrundinformationen geht? Man kennt die Personen nicht, die einem vor Ort als Experten empfohlen werden. Zu welchem politischen Lager gehören sie, welche Interessen verfolgen sie? Wir kennen das Problem von den Berichten rund um kriegerische Aus-einandersetzungen. Jede Partei will die Wahrheit, die Unschuld auf ihrer Seite wissen. Die Bösen sind stets und immer nur die anderen. Gefälschte, bewusst in Umlauf ge-brachte Fehlinformationen gehören zum Alltag und ge-fälscht, verfälscht und falsch informiert wird von allen Seiten. Seit das Internet die Welt erobert hat und jeder Videos und Berichte und seine Sicht der Dinge ins Netz stellen kann, muss man immer tiefer graben, um an gesicherte Informationen – ich will nicht einmal von der Wahrheit sprechen – heranzukommen. Untersuchungskommissionen und Dementis aufgedeckter *Des*-Informationskampagnen, auch auf höchsten politischen Ebenen, füllen inzwischen regelmäßig die Schlagzeilen. Das beginnt bei den Falschinformationen, die von den Amerikanern weltweit lanciert wurden, um in den Irak einzumarschieren und endet beim kleinen Lokalpolitiker im Norden Pakistans, der mir erklärt, wo die Hilfe nach dem Erdbeben am notwendigsten, die Not am größten ist. So wie wir selbst dem amerikanischen Präsidenten George W. Bush nicht mehr glauben konnten, wenn es um die Gründe für einen Krieg, um Rechtfertigungen dafür ging, Hunderttausende seiner jungen Landsleute in den Krieg und somit viele in den Tod zu schicken, so kann ich in einer Notsituation auch dem Lokalpolitiker nicht glauben, auch wenn er mich vielleicht aus menschlicheren Gründen falsch informiert. Er will, dass in der Region seiner Verwandten, seines Clans rascher, besser geholfen wird, um ihnen eine größere Überlebenschance nach dem Erdbeben zu bieten. Gefälscht, verfälscht wird auf allen Seiten und Ebenen und je länger, verzweifelter und aussichtsloser eine Situation erscheint, umso mehr wird über die Informationsschiene gearbeitet. Ob Regierungen, Geheimdienste oder Terrorbanden, gefälscht und verfälscht wird von jedem, der sich davon einen Vorteil verspricht. HD-Videokameras, moderne Computer und Schnittprogramme gehören schon lange nicht mehr nur zur Standardausrüstung der großen TV-Anstalten, sondern sind längst wichtige Waffen, die selbst Terrorgruppen in den abgeschiedenen Höhlen für ihre Zwecke einzusetzen wissen. Jede Seite schneidet ihre Bilder so zusammen, wie es ihnen am besten nützt und stellt sie ins Netz, das alles möglich macht. Die Kunst der Bildverfälschung ist so alt wie die Kameras selbst.

Eine kleine Veränderung des Blickwinkels verändert den Bildinhalt ins Gegenteil, die Größe des Bildausschnitts gibt vielen Bildern eine vollkommen andere Bedeutung. Jeder weiß um die Macht der Bilder und wen wundert es, dass im Vertrag, den man als Embedded Journalist im Irak mit den Amerikanern unterschreiben muss, klar geregelt ist, wie weit man eine Kamera schwenken darf. Es ist damit klar geregelt, was gezeigt und was nicht gezeigt werden darf. Aber nicht nur im Krieg, in Krisen oder Ausnahmesituationen, selbst in Europa, in Deutschland oder Österreich wird es zwischen einer unglaublichen Menge an Pseudo-Informationen, Lobbyistengeschwätz, der Arbeit von PR- und Marketingfirmen immer schwerer, an wirkliche Informationen zu kommen bzw. Informationen *wasserdicht* zu machen. Selbst hier, wo seriöse Journalisten Kontakte in alle Richtungen, auf allen Ebenen haben, wird es immer schwieriger, sogenannte Informationen diverser Quellen auf ihren Wahrheitsgehalt zu überprüfen. Informationen werden verkauft wie Sonderangebote in den Supermärkten: Laut und knallig und häufig mit fragwürdigem, nutzlosem Inhalt. Was einem die Arbeit in der Heimat, einem bekannten Kulturkreis, mit einem Netzwerk an Informanten und Experten immer schwerer macht, ist in einem fremden Land mit einer fremden Sprache, einer fremden Kultur und einem anderen Verständnis von Wahrheit unmöglich. Viele Journalisten lauschen den Einschätzungen ihrer Kollegen vor Ort, versuchen über angeblich unabhängige Experten aus dem Ausland weitere Auskünfte zu erhalten. Sie erarbeiten aus den Massen an Informationen unterschiedlichster Seiten eine grobe Analyse, die dann zu den bekannten Phrasen und Formulierungen führen, die wir alle nur zu gut aus den Live-Berichten kennen. Es scheint als ob …, es sieht danach aus …, wenn man den Quellen glauben darf …, unabhängige Quellen sprechen davon … Mit *der* Wahrheit hat das aber alles nur wenig zu tun. Das für mich wirklich Erschreckende und Ernüchternde ist, dass diese Entwicklung immer mehr Menschen vollkommen egal zu sein scheint. Infotainment heißt das Zauberwort – es kommt nicht mehr auf die Wahrheit, auf die Seriosität des Inhalts an. Was zählt, sind schrille, laute und bunte Verpackungen. Das Informationszeitalter erfindet sich ohnehin in diesen Tagen selbst neu. Im Fahrwasser von Blogs, Twitter und Facebook werden die großen Reporter mit wenigen Ausnahmen verschwinden. Fakten zählen nicht mehr. Die Bilder aus dem Netz überholen längst jede Nachrichtensendung, die Geschwindigkeit, mit der sich die Bilder online verbreiten, kann durch keinen klassischen TV- oder Radiosender mehr eingeholt werden. Gesicherte Details und Hintergrundinformationen sind im Überangebot der selbsternannten Reporter, der schrillen Schlagzeilen kaum noch zu finden, kaum noch gewünscht. Hauptsache man ist der Erste mit der Schlagzeile, darüber hinaus gibt es kein Interesse mehr, weil die nächste Story bereits im Anrollen ist. Die Welt ist zu einem globalen Dorf geworden, damit wird auch schnell jeder Dorftratsch zum Gespräch rund um den Globus. Im Netz herrscht in weiten Teilen der Welt Meinungsfreiheit und wie jede Freiheit beinhaltet auch sie das Recht zu tun, zu lassen und zu sagen, was einem gefällt. Der Wahrheit fühlen sich dabei viele leider schon lange nicht mehr verpflichtet und sie kann auch niemanden verklagen. Unabhängige Informationen zu bekommen ist unglaublich schwierig und ohne Überprüfung von wichtigen Fakten kann man damit auch nicht auf Sendung gehen. Eine Reportage bedeutet, eine Geschichte zu erzählen und nachzuempfinden, aber nicht, sie neu zu erfinden, und darauf sollte man sich als Reporter konzentrieren. Nur halten sich immer weniger an das einfache journalistische Einmaleins und der Erfolg, die Auflagen und Einschaltquoten reiner Infotainmentformate ohne seriösen Inhalt gehen beständig nach oben. Die Menschen wissen sogar, dass die Berichte überzeichnet sind, aber die Verpackungen, die

Schlagzeilen sind einfach zu verlockend, um nicht zuzugreifen. Problematisch wird es, wenn selbst seriöse Medien den Schlagzeilen der Konkurrenz erliegen. Wenn sich die Sensationsschlagzeile des Mitbewerbers bei genauer Recherche als reines Konstrukt entpuppt, wenn Fakten verdreht und nach Wunsch, Laune und auflagefördernden Kriterien neu geformt werden, bleibt nur noch die Schlagzeile, die den Verkauf aber so schön ankurbelt. Nicht alle widerstehen der Verlockung, bei diesem Spiel mitzuspielen. Viele Medien hetzen daher heute nicht mehr den Aufdeckergeschichten hinterher, sondern den aufgeblasenen Schlagzeilen der Konkurrenz. Wahre Information und Journalismus der alten Schule bleiben in diesem Rennen oft auf der Strecke. Die Klagen betroffener Personen, falsch zitierter Gesprächspartner, geschädigter Unbeteiligter, die sich plötzlich in den Medien wiederfinden, verlaufen im Sand, denn was sind ein paar Tausend Euro nach einem verlorenen Prozess im Vergleich zu explodierenden Auflagen und Reichweiten? Auch in Krisengebieten wird man von diesen Schlagzeilen regelmäßig eingeholt, hört man von Wundern, Dramen und großen Ereignissen, die sich angeblich genau an jenem Ort zutragen, an dem man selbst gerade zufällig steht, von dem die *Autoren* dieser *wunderbaren* Berichte aber oft Tausende Kilometer weit entfernt sind. Wer zu Hause kann den Wahrheitsgehalt dieser Beiträge oder Artikel schon selbst überprüfen? Eine gute Schlagzeile hat leider oft nichts mit der Realität zu tun und wer fragt am nächsten Tag noch nach der Geschichte von gestern? Und sind viele von uns nicht längst süchtig nach diesen Schlagzeilen? Wer übertrumpft im Small Talk an der Kaffeemaschine nicht gerne sein Gegenüber mit sensationellen *Informationen*?

Schließlich kommen nach einigen Tagen die Experten in der Heimat zu Wort, erste Bilanzen werden gezogen, für den Reporter vor Ort heißt das meist, endlich nach Tagen, fünf, sechs Stunden durchgehend Schlaf, aus dem man mit ziemlicher Gewissheit hochschreckt, weil jemand aus der Heimat die Zeitverschiebung vergisst und sich *mal melden* will.

Naturkatastrophen sind meist singuläre Ereignisse. Bis auf mögliche Nachbeben ist man körperlich in Sicherheit, auch wenn es immer Ausnahmen gibt. In Pakistan begannen zum Beispiel aufgebrachte, hungernde, frierende Erdbebenopfer im Oktober 2007 Hilfskonvois mit Waffen zu überfallen um zu überleben. Nach dem Beben auf Haiti spitzte sich die Lage über einige Tage dramatisch zu, auch hier machten Plünderer vor dem Gebrauch ihrer Waffen nicht halt.

Wirklich gefährlich ist die Arbeit aber dort, wo die Katastrophe vom Menschen ausgeht, im Krieg. Nichts ist berechenbar, planbar. Man kann nur versuchen das Risiko so weit wie möglich zu minimieren. Aber ist man etwa in Afghanistan im gepanzerten Wagen einer Militärstreife, einem beliebten fahrenden Ziel, sicherer als unter der tief ins Gesicht gezogenen Kleidung der Einheimischen? Wer kann die Gefahr für genau diesen Tag, diese Stunde einschätzen? Auf Schritt und Tritt lauert Bedrohung, vor allem, weil man als Ausländer immer und überall zu erkennen ist. Egal welche Vorkehrungen man trifft, es bleibt immer ein Risiko, das nicht zu kalkulieren ist. Liegt man im Schlafsack oder unter einer Decke in seiner Unterkunft, kommen in der Dunkelheit die Gedanken an die Fehler, die man möglicherweise begangen hat, das Glück, das man vielleicht gehabt hat. Ich erinnere mich plötzlich an einen Jungen, der mich in den Straßen von Kabul auf die scharfe Mine aufmerksam macht, die im Rinnsal liegt. Dort, wohin sie ein Bauer gebracht hat, damit sie von den internationalen Truppen gefunden und entsorgt wird. Kein Einheimischer, nur ein unvorsichtiger Europäer würde den Fehler begehen, in den unglaublich intensivblauen Himmel zu starren anstatt wie alle anderen den Blick auf den nächsten Schritt zu richten. Ein fremder Junge, der mich am Arm packt, eine Berührung, die mich im ersten

Augenblick sogar erschreckt, auf die Seite zieht und wortlos davongeht. Ich weiß im ersten Moment gar nicht, welchen Preis ich beinahe für meinen Tagtraum bezahlt hätte. In der Nacht kommen die Gedanken an die Familie zu Hause, die ich seit Tagen nicht verständigen konnte, die nur von den Berichten im Radio weiß, dass ich körperlich in Ordnung bin. Für sie, die Familie, sind die Tage und Wochen immer schlimmer als für einen selbst. Niemand von ihnen kennt die Umstände, niemand weiß, dass es oft Tage gibt, an denen überhaupt kein Risiko besteht, nichts passiert. Die Familie zu Hause kennt nur die Sorge, die Ungewissheit.

Der Tod ist ein ständiger Begleiter auf diesen Reisen, man begegnet ihm sehr oft und das führt einem ständig und über die Maßen die Zerbrechlichkeit des Lebens vor Augen. Es ist diese Zerbrechlichkeit des Wertvollsten, was mich immer erschreckt hat. Durch so vieles kann ein Menschenleben zerbrochen werden. Zerbrochen von einer Naturgewalt, zerbrochen von Menschen, die jede Hemmung verloren haben. Zerbrochen von Krieg und Gewalt, der Armut, Hunger, Aids oder einer der laut schreienden und nicht gehörten Ungerechtigkeiten, die sich täglich auf dieser Welt ereignen. Es sind diese vielen Seiten des Sterbens, des Todes und des unvorbereiteten Abschieds, die mich verfolgen. Sterben ist einfach, sehr einfach, und in vielen Konflikten und Kriegen scheint das Leben überhaupt keinen Wert mehr zu besitzen, das Wertvollste wird vollkommen wertlos. Wer mit eigenen Augen sieht, mit dem eigenen Herzen spürt, wie leicht Menschen sterben und welche unglaublichen Schicksale das Leben für uns alle bereithält, beginnt sein eigenes Leben aus einem anderen Blickwinkel zu hinterfragen, versucht, für jeden Tag dankbar zu sein, für jeden Tag, an dem der Tod, der so unerwartet jederzeit über uns alle hereinbrechen kann, seine schier unendlichen Möglichkeiten nicht ausschöpft. Tragödien ereignen sich überall und zu jeder Zeit. Egal, welche soziale Schicht, welcher Kulturkreis, niemand ist davor sicher, egal welche Vorsicht man walten lässt oder wie unwahrscheinlich das Undenkbare erscheint. Eine Katastrophe bricht binnen Sekunden über die Menschen herein. Es ist ein Rauschen, das wie eine Kreissäge klingt und doch ist es das Meer, das plötzlich *übergeht* und den Traumbungalow am Strand von Khao Lak in einen strudelnden, tödlichen Abgrund verwandelt. Es ist ein kurzes Grollen, das im Norden Pakistans eine Mutter umwirft und sie zusammen mit dem kleinen Sohn zu Boden reißt: Ein Erdbeben, das einen Sekundenbruchteil später das Dach über ihnen einstürzen lässt und sie begräbt. Es ist der Gummiball, der einem siebenjährigen Buben beim Spielen vor den Augen der Eltern in den Hals rutscht und seine Atemwege so unglücklich verlegt, dass keine Hilfe mehr möglich ist und der Junge in den Armen der verzweifelten Eltern stirbt. Es ist Sekundenschlaf, der den Vater am Steuer einnicken und den Wagen gegen die Betonmauer lenken lässt und seine ganze Familie auslöscht, außer seiner Tochter, die lebend geborgen wird. Es ist ein ruhiger Abend in Gulu, an dem der warme Wind über eine Hütte streicht, als die Söldnertruppen lautlos wie Geister aus der Dunkelheit auftauchen und der schwangeren Mutter das ungeborene Kind aus dem Leib schneiden, den Vater ermorden und die Tochter rauben. Es ist der Junge aus Mogadischu, der seinen Traum von Freiheit, Sicherheit, Luxus und einem Leben in Europa in diesem Augenblick irgendwo in der sengenden Hitze von Dschibuti mit seinem Leben bezahlt, weil ihm zusammen mit seinen Freunden der Sprit ausgegangen ist, ihr Jeep in der Wüste festsitzt, und sie zuletzt außer Kühlwasser und Urin nichts mehr zu trinken haben und langsam sterben.

All das sind nicht nur Schlagzeilen. Hinter diesen Schlagzeilen versteckt sich das wahre Leben, das echte Sterben und wenn man mit dem Fabrizieren von Schlagzeilen sein Geld verdient, kommt man nicht darum herum, das wahre Leben, das wahre Sterben hinter den Worten zu erleben. Und es ist dieses häufige, intensive Erleben, das einen verändert. Es ist das Wissen um die Verletzlichkeit, die Endlichkeit des Lebens, das man anhäuft, obwohl man es gar nicht so genau wissen will; lieber erinnert man sich an die Naivität, mit der man dem Leben begegnet ist, bevor man dieses unglaubliche Reservoir an Leiden, Schmerz und Trauer kennengelernt hat, das jederzeit über die eigene Familie hereinbrechen kann. Meine Bewunderung gilt jenen Menschen, die auch in unserer Mitte täglich in Intensiv- oder Kinderkrankenstationen mit diesem unglaublichen Leid konfrontiert sind. Es gibt keine Garantien. Als Mitglied einer Wohlstandsgesellschaft mit bester medizinischer Versorgung ertappt man sich in diesen Momenten beim Fehlschluss, der irrsinnigen Vorstellung, die oft berechnete, regelmäßig nach oben korrigierte, durchschnittliche Lebenserwartung auch tatsächlich ausschöpfen zu können. Man unterliegt dem Irrglauben, tatsächlich als Mann 77 oder als Frau 82 Jahre alt zu werden. Der Großteil der Menschheit weiß nichts von Lebenserwartung, nichts von großen Plänen oder einer Pension, einem Wort, das viele Menschen nicht einmal kennen. Wer täglich ums Überleben kämpft, täglich miterlebt, wie Menschen diesen Kampf verlieren, macht keine Zukunftspläne. Die Pläne der überwiegenden Mehrheit der Weltbevölkerung sind ein voller Bauch für sich und die Familie heute und am nächsten Tag, eine Unterkunft, in der sie vor Übergriffen oder Kriegen zumindest für ein paar Wochen sicher sind, die feste Absicht auch morgen nicht aufzugeben und nach einer Arbeit zu suchen, die die Familie am Leben erhalten kann. Es ist die Hoffnung auf eine Feuerpause, um wieder zum weit entfernten Brunnen zu kommen und endlich wieder Wasser schöpfen zu können; die Hoffnung, eine Decke, vielleicht sogar ein Zelt bei den Hilfsorganisationen zu ergattern, um den Winter, die Regenzeit nicht vollkommen ungeschützt überstehen und nicht einem weiteren Kind beim Sterben zusehen zu müssen, weil die Kälte, die Nässe, der Hunger dem kleinen Körper in den Armen der Mutter keine Überlebenschance geben. Diese Menschen warten nicht auf eine Zukunft, den nächsten Urlaub, das nächste Wochenende um endlich zu *leben*, sie leben in diesem Moment, mit dem wenigen Schönen, das er zu bieten hat. Und in diesem Leben begegnet man Menschen, die voller Zuversicht in den anbrechenden Tag blicken, Menschen, die eine Zuversicht, ein Ja zum Leben ausstrahlen und aussprechen, das einem Europäer so unverständlich scheint. Es ist die Frau in Afghanistan, die mir vom Tod ihres Mannes und aller ihrer acht Söhne im Krieg erzählt, es ist der Mann im Erdbebengebiet, der mit den Steinen, die er aufsammelt, eine Höhle zum Schutz gegen den hereinbrechenden Winter baut. Die Steine liegen zwischen den frischen Gräbern seiner gesamten Familie, immer wieder bleibt er kurz stehen und senkt den Blick. Es ist der kleine Junge, der sich auf seiner Flucht alleine über den Hindukusch quält, weil er zumindest alles versucht haben will, um den Traum von einem besseren Leben seiner Eltern zu erfüllen. Es ist die Mutter, die ihrer 14 Monate alten Tochter zusehen muss, wie das Licht des Lebens aus ihren Augen weicht und sie den noch warmen, vollkommen abgemagerten Körper ein letztes Mal an sich presst, aber keine Zeit findet, ihren unglaublichen Schmerz hinauszuschreien, weil sie für ihre vier weiteren Kinder kämpfen muss, Essen auftreiben muss und damit alleine ist, weil der Mann vor Wochen umgebracht wurde. Das Leben hievt diesen Menschen Leid auf die Schultern, das für uns unerträglich scheint, und doch sind es oft gerade diese Menschen, die in dieser absoluten Ausweglosigkeit eine unbegreifliche Zuversicht ausstrahlen und den verweichlichten, in Sicherheit, Versicherungen und Lebens-, Pensions- und Altersplänen verpackten Europäer beschämen. Als Europäer haben wir das Augenmaß für die Widerwärtigkeiten des Lebens verloren, auch das Augenmaß für die eigene Leidensfähigkeit, die um so viel höher zu liegen scheint, als wir es uns vorstellen können.

Nachbeben

Wovon man nicht sprechen kann,
darüber muss man schweigen.
(LUDWIG WITTGENSTEIN)

Die Spuren sind tief vergraben, nach langer Zeit versandet, aber doch nie vergessen. Gut zugedeckt vom Alltag, in einen dunklen Winkel der Erinnerung gedrängt, liegen sie, lauern sie und vergessen nichts. Manchmal warten sie Jahre auf den richtigen Moment. Und der Moment kommt. Sei es eine Filmsequenz, ein Bild in einer Zeitung, ein Geruch, ein Geräusch, eine Berührung, ein Lied, ein Augenaufschlag, eine Warteschlange – die banalsten Dinge des Alltags – und die Erinnerung taucht auf ins grelle Licht des Bewusstseins. Dann sind sie da, diese Bilder und Erinnerungen, und der Moment gehört einzig ihnen. Schlagartig ist man wieder dort. Fühlt, sieht, erlebt. Trotzdem kenne ich keine Albträume. Bis heute haben mich die Bilder und Gefühle auf diesen Reisen in keiner einzigen Nacht heimgesucht. Weder unmittelbar nach der Rückkehr, noch Jahre später. Dafür träume ich überhaupt nicht mehr. Mit Menschen darüber zu sprechen ist schwer. Oft können sie sich nach Jahren auch nicht mehr an die Ereignisse irgendwo am Ende der Welt erinnern, die mich dann beschäftigen. Katastrophen und Tote werden uns täglich medial vorgesetzt und es vergeht keine Woche, in der nicht ein neues Drama, neue Todeszahlen und Schlagzeilen das Entsetzen der Vorwoche auslöschen und überschreiben. Hunderte Tote bei Massakern in Syrien werden abgelöst von Menschen, die im europäischen Massengrab vor Italien ertrinken, welche wiederum von Giftgasopfern aus der Erinnerung getilgt werden. Dazwischen liegen in jenen Ecken der Welt, die wir ausblenden und nur zu gerne vergessen, unzählige Tote an allen Fronten des blutigen Alltags. Dazu die eigene nackte Existenzangst angesichts ständiger Wirtschaftskrisen und Weltuntergangsberichten. Wem kann man vorwerfen, einfach nur Angst um sich und seine Familie zu haben oder einfach nicht hinhören zu wollen, hinhören zu können, wenn die Welt ins Schwanken gerät? Vielleicht sind wir alle abgestumpft, vielleicht sind wir kälter, egozentrischer und weniger hilfsbereit geworden, aber vielleicht haben wir zwischen den Sorgen unseres Alltags auch einfach keinen Kopf mehr für all diese Probleme. Als Journalist begeht man häufig den Fehler, seine Arbeit vollkommen falsch einzustufen. Die Menschen sitzen nicht zu Hause oder im Auto und schreiben sich jedes Wort auf, das ich ins Mikrofon spreche. Sie bekommen die Information und können damit tun und lassen, was sie wollen. Wir haben nicht nur das Recht auf freie Meinungsäußerung, sondern auch das Recht darauf, alles vergessen und übergehen zu dürfen, was wir wollen, die Ohren schließen zu dürfen, wenn uns der Alltag und die eigenen Ängste ersticken, uns alles zu viel wird. Und trotzdem dürfen die Journalisten nicht mit ihrer Arbeit aufhören. Trotzdem existiert die Realität und diese ist leider meist wenig erfreulich und wir dürfen nicht aufhören zu glauben, dass unsere Arbeit wichtig ist. Wir dürfen nicht aufhören, Unrecht laut herauszubrüllen und an das Rechtsbewusstsein, das Mitleid der Menschen zu appellieren.

Reden und zuhören wollen die Menschen im persönlichen Gespräch meist nur unmittelbar nach meiner Rückkehr. Wenn die Bilder in den Nachrichtensendungen noch frisch sind, wenn das Elend, der Krieg und die Tragödien neben dem Wetterbericht noch Gesprächsthema am Kaffeeautomaten sind. Wenn das eigene Entsetzen noch frisch ist. Hinter der Frage nach dem *Wie geht es dir?* steht immer die

Frage nach dem *Wie war es?* Wie war es *wirklich?* Meist sind es die persönlichen Erinnerungen, Eindrücke und Erlebnisse, die die Menschen hören wollen. Viele wollen wissen, wie man selbst mit den Bildern umgeht, mit den Toten, mit dem Elend. Ich kann darauf nicht antworten. Erst recht nicht nach Jahren, wenn mich jemand etwas fragt und meine Erzählung doch nur den Abend spannender, den Small Talk interessanter machen soll und das aufgesetzte Entsetzen doch oft nur einen Akt der Befriedigung widerspiegelt. Ich habe auch stets das Angebot der Redaktion abgelehnt, mit Psychologen über das Erlebte zu sprechen. Ich kann mit Erlebnissen nicht *umgehen,* ich will sie auch nicht verarbeiten, sie sind längst ein Teil von mir geworden, mit dem ich lebe. Ich will Dinge nicht verarbeiten, sie in eine Schublade sperren, sie verschließen. Sie sind das Leben. Ich habe bis heute nicht das Gefühl, mit dem Erlebten nicht alleine zurechtzukommen, so sehr ich auch die Hilfe für Menschen, die an posttraumatischen Belastungsstörungen leiden, verstehe und als wichtig erachte. Niemand hat mich zu meinen Reisen gezwungen, ich hätte jederzeit Nein sagen können. Es war die Neugierde, die mich auf die erste Reise in den Kosovokonflikt gezogen hat. Die blanke Neugierde, der Reiz etwas *Besonderes* zu erleben. Wie viele andere auch bin ich mit den Erzählungen meines Vaters vom Krieg und der Nachkriegszeit aufgewachsen. Erzählungen, zu denen ich ihn zwingen musste. Er wollte nicht darüber reden, aber nachdem ich als Halbwüchsiger zum ersten Mal Berichte von Kriegen in der „Zeit im Bild" gesehen hatte, hörte ich nicht mehr auf, ihn danach zu fragen. Mir reichten die Bilder schon damals nicht. Ich wollte mehr wissen. Wissen, wie sich Krieg anfühlt, wie sich die Angst anfühlt, der Hunger. Wie es ist, eine Waffe auf einen Menschen richten zu müssen, warum man sie überhaupt in die Hand nehmen muss und nicht einfach weggeht, warum man anderen Menschen weh tut. Er kannte die Antworten nicht, aber er konnte stundenlang erzählen. Von der Angst, der Kriegsgefangenschaft, von den Granatsplittern, deren Narben ich mit meinen Fingern auf seinem schmalen Rücken nachzeichnete. Eine der ersten Kindheitserinnerungen meiner Mutter war der nächtlichen Aufstieg auf die Gipfel an der Grenze nach Bayern. Der Blick auf das ferne München, das gerade bombardiert wurde. An der Hand der Großmutter sah sie zitternd das rötliche Licht der Flammen und hörte das Echo der Bombeneinschläge über der fernen Stadt. Ich träumte von diesem Licht. Ich konnte nicht genug von diesen Erzählungen bekommen. Die Geschichte meines Großvaters, der als Nazi-Verächter selbst in die Fänge der Gestapo gekommen war und seinen Mund trotzdem nicht halten wollte und konnte. Die Angst meiner Tante, wenn sie mit dem Großvater nach Hause ging. Ein schmaler Schotterweg, gerade breit genug für ein Auto, daneben die tiefe Schlucht. Und jedes Mal, wenn ein Auto kam, die Anweisung zu laufen, sich zu verstecken und nicht auf ihn, den Vater zu schauen und sich nicht umzudrehen, falls ihn das vermeintliche Nazi-Auto in die Tiefe der Schlucht drängen würde. Und immer wieder: der Hunger. Du hast keine Ahnung, was ein Stück Butter, ein Stück Brot für uns bedeutet hat. Es ist dieser Satz meines Vaters, der mich schon als Kind lange beschäftigt hat und mich 20 Jahre später Ja sagen lässt, als ich zum ersten Mal gefragt werde, ob ich in ein Kriegsgebiet fahren würde. Und heute weiß ich, dass wir wirklich keine Ahnung davon haben, und es ist das größte Geschenk, keine Ahnung davon zu haben. Keine Ahnung von der Angst zu haben, die ein totalitäres Regime ausübt, keine Ahnung zu haben von der Not, die Menschen dazu zwingt den praktisch sicheren Weg in den Tod zu wählen beim Versuch ihrem Elend zu entkommen. Keine Ahnung zu haben von der Gewalt, der Millionen ausgesetzt sind, von der Brutalität der Menschenhändler, von Kriegen und Hunger. Es ist das größte Geschenk, dass wir keine Ahnung davon haben, was es bedeutet, sein weinendes, hungerndes Kind im Arm zu halten und ihm nichts Essbares geben zu können, weil man selbst seit Tagen nichts gegessen hat. Keine Ahnung zu haben, wie es sich für ein Kind anfühlt, seinen Vater erschossen, zerfetzt, tot auf der Straße zu finden und alleine in einer Welt zu stehen, die keine Ahnung von Mitleid und Barmherzigkeit hat. Wir alle haben keine Ahnung. Was wir haben, sind Bilder, Berichte, Meinungen. Aus sicherer Distanz bilden wir uns unsere Meinung, aber sie hat, so zutreffend sie auch sein mag, nichts mit dem zu tun, was es heißt, selbst betroffen zu sein. Körperlich, seelisch davon betroffen zu sein. Vielleicht habe ich selbst noch immer keine Ahnung von diesen Dingen, aber was ich habe, ist eine tiefe Dankbarkeit, die ich heute für alles verspüre, was uns so selbstverständlich und alltäglich erscheint. Die Bilder sind daher für mich nicht das Schlimmste, auch wenn sie oft schockierend sind. Massen an Toten, Entstellten, halb verwesten Menschen sind schreckliche Erinnerungen, den Geruch vergisst man ein Leben lang nicht, tote Kinder brechen einem das Herz. Kriegsopfer, Opfer von furchtbaren Gräueltaten, wie sie nur der Mensch erdenken und verüben kann, tote Augen in lebenden Köpfen. Das plötzliche Erzittern eines jungen Mädchens beim Geräusch der Stiefel vor dem Flüchtlingszelt, das sie an die Stiefel der Schergen erinnert, die sie holten und wieder und wieder vergewaltigten. Es gibt unzählige Bilder, unzählige Geschichten, die ich doch meist tief vergraben habe. Die meisten Bilder sind weg, sobald ich im Flieger nach Hause sitze. Es ist die Freude auf zu Hause, die Familie, die Sicherheit, die Wärme, die alles überstrahlt, auch die Müdigkeit. Aber die Bilder sind nicht vergessen und gelöscht. Sie sind vergraben. Wahrscheinlich ist es ein banaler Selbstschutz. Aber auslöschen kann diese Dinge nichts und niemand. Es reicht ein kleiner Reiz nach Jahren und sie sind wieder da, als wären keine drei Stunden vergangen. Ein kleines Mädchen zittert vor Kälte, im

Hintergrund knirschen die Stiefel eines Mannes beim Schneeräumen, das Geräusch seiner Stiefel, die zitternden Lippen des Kindes und ich sitze wieder im Zelt neben dieser jungen, vergewaltigten Frau, von der ich nicht weiß, was aus ihr geworden ist. Mit den Gedanken daran, den Emotionen, den Tränen, die plötzlich hochkommen, den Gefühlen, die dich mitreißen, bist du aber alleine. Worüber soll man auch sprechen, wenn einem doch die Worte fehlen. Es gibt keine passenden Worte für die Ungerechtigkeit, die Brutalität, mit der das Leben zuschlagen kann. Es gibt nur Worte der Beschreibung, aber niemals die richtigen Worte, um diese Ungerechtigkeiten spürbar zu machen. Aber das Unterbewusstsein hat immer eine Rechnung offen. Oft vergehen Wochen, meist sogar Monate, bis es uns daran erinnert. Über Nacht kommt das Gewissen. Ich wache auf, ein flaues Gefühl im Magen, fühle mich müde und niedergeschlagen. Ich habe lange gebraucht um zu verstehen, woher dieses furchtbare Gefühl kommt, das mich immer an meine Kindheit erinnert. Wenn ich etwas angestellt hatte und es meinen Eltern nicht erzählen konnte. Aus Angst vor dem traurigen Blick des Vaters, der Strafe der Mutter. Wer kennt nicht dieses Gefühl, etwas angestellt zu haben, das einen schwer beschäftigt und es doch nicht beichten zu können. Man hat keinen Hunger mehr, fühlt sich elend. Der Magen fühlt sich an wie ein Stein, der immer schwerer wird. Genau dieses Gefühl holt mich regelmäßig ein. Kein Essen, kein Gespräch hilft. Die Bedrücktheit einer ungewissen Schuld schleicht sich ein, lähmt das Denken, die Bewegung, das Leben. Die Frage, was aus den Menschen, die man getroffen hat, geworden ist. Die Frage, ob man genug getan hat um ihnen zu helfen. Die Unzufriedenheit, die sich auch in meinen Alltag einschleicht und für die ich mich doch nur vor mir selbst schämen kann. Wie kann man unzufrieden sein, wenn man so lebt, wie wir leben? Je früher, je ehrlicher, je offener ich mir diese Fragen beantworte, desto schneller vergeht das Gefühl – auch wenn mir meine eigenen Antworten oft nicht gefallen – und ich komme wieder zu mir selbst zurück. Dabei sind es nicht die Toten, die Verstümmelten, die mir diese Fragen stellen. Es sind immer und einzig die Lebenden. Jene, die mit dem Leben davongekommen sind. Meist sind es die Kinder. Es ist Amina, das kleine Mädchen in einem Waisenhaus im Süden Thailands, die mir das Lied vorgesungen hat, das ihr die Mutter wenige Tage vor ihrem Tod beigebracht hat und das sie wieder und wieder singt, voller Freude, voller Enthusiasmus, voller Leben, um in der letzten Zeile doch plötzlich zu verstummen – zu verstummen, weil ihre Mutter hier verstummt war, als der Tsunami kam und sie ihr nicht mehr beibringen konnte. Das Lied endet, wie Aminas Kindheit endete. Abgerissen, auseinandergerissen, vorbei. Von einem Moment auf den anderen. Was ist aus ihr geworden? Alleine, ohne Eltern, zwischen Tausenden Waisenkindern? Kennt sie das Ende des Liedes inzwischen, singt sie es noch immer? Ich spüre noch heute die Hand, die ein Mann mir im Flüchtlingslager in Kukes auf den Arm legte und auf ein Wunder hoffte, um sein totes Neugeborenes doch noch zu retten. Ich sehe die Augen des kleinen Jungen, der im Hubschrauber im Norden Pakistans neben mir saß und mit seinem verstümmelten Arm ins Krankenhaus geflogen wurde. Hunderte Kilometer weit weg von zu Hause, alleine, ohne zu wissen, wie er je zurückfinden sollte in diesen vergessenen Winkel der Welt. Die Angst, die ich in seinen Augen sah, als er aus dem Hubschrauber blickte. Hat er je zurückgefunden? In welches Leben ist er zurückgekehrt, mit amputiertem Arm und somit praktisch ausgestoßen aus der Gesellschaft. Liegt er heute irgendwo in den Straßen Islamabads und bettelt um das Notwendigste, um zu überleben? Hat er seine Heimat je wiedergesehen? Wäre er nicht besser unter den Trümmern des Bebens gestorben, zusammen mit seiner Mutter? Ich sehe die Mutter, die ihr Kind an die Brust drückt, die längst leer ist, weil sie selbst seit Tagen nichts mehr gegessen hat – das Kind, das zu schwach ist um zu trinken, das stirbt. Das unbewegte Gesicht der Mutter. Ein Mensch stirbt, ein Kind verlässt diese Welt. Ruhig, ohne Lärm, in einer erdrückenden, lähmenden Stille. Es sind diese Momente, die mich verstören. Und all das passiert vor unseren Haustüren, nur wenige Flugstunden von der Sicherheit unserer Gesundheitssysteme entfernt. In einer Welt, die man zu Hause doch nicht kennt. Blicke, Gefühle, Berührungen, die mich machtlos, wortlos zurücklassen. Wie kann sie das alles nur ertragen, frage ich eine Frau in Somalia. Die Dolmetscherin versteht meine Frage nicht und lacht verlegen. Seien Sie dankbar für Ihre heile Welt, sagt sie. Vergessen Sie das hier, ergänzt sie und breitet ihre Arme über das Land.

Aber man kann das *alles* nicht vergessen, auch wenn es oft das Beste wäre, dann nämlich, wenn einem die Dekadenz entgegenspringt. Die Kontraste, die mir meine Arbeit oft bietet, könnten größer nicht sein. Wenige Tage nach der Rückkehr von der Berichterstattung rund um den Tsunami in Süd-Ost-Asien ging es nach Kitzbühel. Die Hahnenkammabfahrt, das jährliche Sport- und Societyhighlight gehört genauso zu meiner Arbeit wie ein Flugzeugabsturz, ein brutaler Mord oder die Meinungsumfrage zur Abschaffung von Studiengebühren. Die Partys, das Promi-Sehen und Gesehen-Werden war nach Wochen des Entsetzens, der Trauer und Fassungslosigkeit eine willkommene Abwechslung für mich. Aber ich war noch nicht angekommen. Während ich versuchte, zwischen Dutzenden Fotografen den aktuell gefragtesten Promi vor das Mikro zu bekommen, war ich in Gedanken in Thailand, zwischen den Ruinen, den Tafeln mit Hunderten Bildern lachender, vermisster Kinder vor den Krankenhäusern, zwischen den Massengräbern und in den Trümmern, aus denen sich die Überlebenden versuchten ein neues Leben zu zimmern. Einmal, als ich mich gerade in der Hotelbar aufwärmte, drängte sich einer der Kitzbüheler Adabeis an den Tresen.

Ein Geldschein flog über meinen Kopf. Erst als dieser hinter der Bar landete, sah ich, dass es ein 500-Euro-Schein war. Schampus, ätzte er dem Kellner ins Gesicht. 500 Euro. Ich begann den Betrag in Fischernetze, Medikamente, Reissäcke und Frischwasser umzurechnen, die ich erst vor ein paar Tagen ein paar Tausend Kilometer entfernt mit thailändischen Freunden gekauft hatte, um sie in einen kleinen Ort zu bringen, der bislang von Hilfe abgeschnitten gewesen war. Ich musste weg aus dieser Bar. Ich blickte dem Mann ins Gesicht. Er sah sympathisch aus. Er wollte nur feiern. Konnte ich ihn dafür verachten? Ihn dafür verachten, dass er sein Leben lebte, keine Ahnung davon hatte, was 500 Euro in der Not bedeuten? Woher sollte er es wissen. Er befand sich auf der Butterseite des Lebens. Er hatte Glück gehabt. Vergiss das hier, flüstert mir die Erinnerung ins Ohr.

Früher habe ich mich über die Windschutzscheibe geärgert, die ständig anläuft, heute ertappe ich mich dabei, wie ich vor einem vollen Kühlregal im Supermarkt stehen bleibe und an den leeren Maissack denke, den ein Helfer den Hungernden entgegenhält, weil es einfach nichts mehr gibt, was er verteilen könnte. Ich werde unruhig und mürrisch, wenn ich mit Bekannten im Restaurant sitze und sie nach zehn Minuten immer noch nicht wissen, was sie bestellen sollen. Wer Hunger hat, der sucht nicht zehn Minuten nach dem perfekten Gericht. Wer keinen Hunger hat, sollte nicht in ein Restaurant gehen. Sie verhungern nicht, wenn sie einmal nichts essen. Dass sie nach zehn Minuten nichts auf der Speisekarte gefunden haben, was ihnen den Mund wässrig macht, ist vielleicht ein Zeichen für fehlenden Appetit. Trotzdem habe ich mir abgewöhnt etwas zu sagen. Ich habe kein Recht dazu, denn für sie ist der tägliche Luxus, der uns umgibt, längst selbstverständlich.

Wer einmal Krieg und Terror miterlebt hat, wird begreifen, welches Geschenk es ist in einem sicheren Land zu leben, abends das Haus verlassen zu können und in die

Nacht hinauszuspazieren. Purer Luxus, der für Millionen ein Traum bleibt. Luxus ist das Kaminfeuer, wenn es draußen schneit, eine warme Tasse Tee, wenn die Hände frieren, es sind Dutzende kleine Dinge, die mir täglich begegnen und die mir manchmal als das erscheinen, was sie sind. Ein Geschenk des Lebens, das nur die wenigsten bekommen.

Ich halte das Jammern nicht aus, das überall bei uns zu hören ist. Jammern ist zum eigentlichen Small Talk geworden. Über die Arbeit, das Geld, die Frau, den Mann, die Kinder, das Wetter, die Hitze, die Kälte, das unerträgliche Leben. Es ist diese Kultur des Jammerns, die wir alle perfektioniert haben. Auch wenn es viele arme Menschen, alleinerziehende Mütter, Kranke, Einsame bei uns gibt, jammern die meisten von uns doch auf einem Niveau, das schlicht und einfach lächerlich ist. Wer einmal erlebt hat, mit dem Herzen erlebt hat, wie eine kranke afrikanische Frau, ihr Kind auf den Rücken gebunden, händisch in der erbarmungslosen Hitze im Sahel im Boden kratzt und das letzte Maiskorn, das sie besitzt, statt ihrem hungernden Kind zu geben in den kargen Boden pflanzt, in der Hoffnung auf *reiche* Ernte, der überlegt sich das Jammern. Wenn man, wie diese Frau wenig später Hoffnung schöpft, weil es regnet, das Maiskorn aufblüht und die Sonne und der Regen ihre Hoffnung nähren – die mit einem gefräßigen Heuschreckenschwarm ein jähes Ende findet und sie doch vor dem Nichts, dem Tod steht, erst dann weiß man, was es heißt, ein hartes Leben zu führen. Die Bilder, die Erinnerungen verändern den eigenen Blick. Den Blick auf die oft belächelten Alten, die das Buffet im All-Inclusive-Urlaub stürmen, ihre Teller überladen, die sie kaum noch schleppen können. Wer als Kind im Hunger der Nachkriegszeit aufgewachsen ist, wer einmal über längere Zeit von Essen geträumt hat, von einem Tisch, der sich unter vollen Schüsseln biegt und der seinen Magen nur mit Tränen und Tagträumen füllen konnte, der ist geprägt für das restliche Leben. Wer die Hoffnungslosigkeit, das Elend, die Brutalität afrikanischer Slums erlebt hat, wer den Terror, den Tod in Bürgerkriegen gesehen hat, der kann seine Türe nicht vor Menschen verschließen, die davor auf der Flucht sind. Wie oft wünsche ich mir, dass wir alle diese Erlebnisse teilen, das Gefühl teilen könnten, was Leben bedeutet, worauf es ankommt, wie zerbrechlich dieses Leben ist, wie brutal diese Existenz sein kann. Die Dankbarkeit zu spüren für das Leben, das wir hier führen *dürfen*. Der Preis ist das Wissen um die Zerbrechlichkeit des Lebens. Es ist diese Gegensätzlichkeit, die einem Reporter täglich begegnet. Nicht nur irgendwo in der Welt, sondern auch bei uns, hinter jeder Hausecke, hinter den Fassaden der schönsten Bauten. Es ist das vermeintlich Unmögliche, das wir in unserem Beruf erleben und das beweist, dass das Unmögliche doch regelmäßig möglich ist. Das Schicksal ist allgegenwärtig und schwingt ständig im eigenen Denken mit. Es gibt nichts, was es nicht gibt. Es gibt alles und das praktisch täglich. Ist es Schicksal? Der Glaube daran ist wohl die einzige Möglichkeit, die Angst vor den zahllosen Rückschlägen, die das Leben ständig bereithält, zu ertragen. Wenn die Verantwortung nicht in unseren Händen, sondern in denen des Zufalls liegt, brauchen wir einen Schuldigen. Das Schicksal. Unser Leben beginnt mit einem Zufall. Wer wir sind, wo wir geboren werden, welches Leben uns bevorsteht. Wir können nichts dazu beitragen. Wer in die Hoffnungslosigkeit eines Slums hineingeboren wird, hat keine Zeit, an das Schicksal zu glauben. Zufälle beherrschen unser Leben, andere nennen es Bestimmung.

Es ist das unmittelbare Wahrnehmen von Ungerechtigkeit, Überfluss und Konsumwahn, was einen plötzlich beschäftigt. Vor allem aber sind es diese kleinen Dinge, die, plötzlich bewusst wahrgenommen, eine große Veränderung im eigenen Leben bewirken. Diese zu schätzen steht im krassen Gegensatz zur allgemeinen Unzufriedenheit. Und trotz aller Erlebnisse, trotz aller Vorsätze, sich etwas Dankbarkeit in den Alltag zu retten, ist und bleibt man ein Kind der Wohlstandsgesellschaft, das wieder und wieder rückfällig wird. Mit dem Verarbeiten des Erlebten bleibt man allein. Man läuft offene Türen ein, wenn man von den Schrecken und dem Grauen erzählt, aber wenn man *Unspektakuläres*, nicht Schlagzeilentaugliches erzählt, bleibt man mit wenigen Ausnahmen alleine. Die Menschen haben keine Zeit mehr zuzuhören, wenn sich jemand einfach Dinge von der Seele reden will und sie sprechen doch am liebsten nur von ihren eigenen Problemen. Das offenste Ohr ist immer noch das eines vielleicht kaum bekannten Kollegen vor Ort, der im selben Dreck und mit ähnlichen Erlebnissen im Kopf ebenfalls nur reden und vergessen will und nicht selten ist es bitterböser, schwarzer Humor, der hilft.

Man sehnt sich nach einem Ort, an dem die Welt nicht verrücktspielt. Ich finde ihn inmitten meiner Familie, mit meinen Kindern, meiner Frau – das ist mein kleiner Ort, an dem die Welt noch in Ordnung ist. Eine Welt, die an so vielen Stellen brennt und verbrennt, in der Milliarden Menschen leiden, hungern, sterben. Anonym, alleine. Jede Reise hat mich verändert. Ich habe gelernt, den Wert des Lebens zu schätzen, spüre eine Dankbarkeit für unsere Selbstverständlichkeit. Eine tiefe Dankbarkeit, die im Alltag untergeht und überdeckt wird von Problemen, die oft riesig sind, in den seltensten Fällen aber lebensbedrohlich. Auch dafür bin ich dankbar.

Epilog – Ernüchterung

Was bleibt am Ende? Woran erinnern sich die Menschen, die Katastrophen und Kriege medial verfolgen, Jahre danach? Die Erwartungen sind zu hoch gesteckt. Wir erinnern uns bestenfalls an ein paar Bilder. Das war's. Die Frage: „Wo waren Sie, als die Flugzeuge ins World Trade Center rasten?" wird gerne als Beweis dafür herangezogen, dass wir nicht oberflächlich geworden sind. Natürlich weiß jeder, wo er war (oder auch nicht, seien Sie ehrlich) – niemand will schließlich diesen historischen Moment verpasst haben. Aber selbst, wenn Sie es wissen, was bedeutet das? Nichts.

Wer Reporter wird, um die Welt zu verändern, wird bald eine große Ernüchterung erleben. Egal, wie viel Herzblut man in jede Reportage legt, am Ende bleibt kaum etwas davon übrig. Wir geben den Menschen im besten Fall das Werkzeug in die Hand, Dinge besser zu verstehen, die Welt vielleicht aus einem anderen Blickwinkel zu sehen, mitzufühlen und vielleicht sogar die Stimme gegen ein Unrecht zu erheben. Vielleicht helfen wir mit, dass jemand bei der nächsten Stimmabgabe einen Moment in der Wahlkabine innehält um nachzudenken.

Manchmal gelingt es, Ungerechtigkeiten zu beseitigen. Ein paar Menschen beizustehen und ihnen zu zeigen, dass sie nicht ganz alleine sind. Das ist viel, sehr viel. Aber meist entspricht es nicht den eigenen Ansprüchen und Erwartungen. Man überschätzt sich und seine Arbeit, rechnet mit dem großen Aufschrei, der am Ende aber ausbleibt.

Ich kann mich genau an jenen Tag erinnern, an dem ich zum ersten Mal das Gefühl hatte, die ganze Welt müsste vor Entsetzen erstarren. Im Zentrum der Ausnahmesituation sitzt man einfach dem Irrtum auf, dass das, was man gerade sieht und erlebt, die Welt doch interessieren muss. Jedoch: Die Welt interessiert sich für vieles – aber Elend, Schicksal und Ungerechtigkeiten finden auf Dauer kein Gehör. Nach meinen Reisen in jene Gebiete, die man gerne aus dem Weltgewissen ausblendet, ist es am Ende das naive Denken eines jungen Journalisten, das enttäuscht wurde.

Am Ende bleibt die Tatsache, dass Menschen, die Hilfe brauchen, die Opfer brutaler Gewalt werden, denen die Natur mehr auf die Schultern lädt, als sie ertragen können, nicht wirklich gehört werden. Heute eine Schlagzeile in den Zeitungen – morgen das Papier, in dem am Markt die Blumen eingewickelt werden. Das Unrecht hält aber an. So wie das Leiden der Betroffen anhält, die Trauer, die Angst. Aber für uns, die wir nicht persönlich davon betroffen sind, bedeutet es im Endeffekt nichts.

Ich bin zurück in Galtür, wo für mich diese Reise begonnen hat. Hier sitze ich jetzt anlässlich des 15. Jahrestages einer Lawinenkatastrophe, die insgesamt 31 Menschen das Leben gekostet hat. Es war das erste Mal, dass mir bewusst wurde, dass die Natur keine Romantik kennt, dass es das Schicksal ist, das alles bestimmt und das Leben jedes Einzelnen von einer Sekunde auf die andere beenden und vollkommen auf den Kopf stellen kann. Die Reportagen aus Galtür haben mir geholfen, hinaus in die Welt zu kommen. Du hast die Menschen berührt, hörte ich damals. Wenn du willst, kannst du weitermachen. Und so konnte ich erstmals dorthin reisen, wohin es mich seit meinen Kindheitstagen gezogen hat. Wenige Wochen später war ich im Kosovo. Die Reise begann.

Am Ende bin ich wieder zurück in Galtür. Und hier treffe ich auch nach Jahren wieder die Menschen von damals, die in jenen Februartagen 1999 alles verloren haben. Wie so viele, denen ich in diesen 15 Jahren meiner journalistischen Tätigkeit begegnen durfte. Ich weiß nicht, was aus den vielen

Menschen geworden ist, die ihr Schicksal in einem kurzen Gespräch, einem flüchtigen Moment irgendwo auf der Welt mit mir geteilt haben. Was ist mit ihnen passiert? Dann denke ich manchmal an Galtür. Vielleicht, weil es praktisch vor meiner Haustür liegt, vielleicht aber auch, weil es das erste Mal war, dass ich eine Ahnung von der Brutalität des Schicksals bekommen habe, dem großen Mediengeschäft rund um Katastrophen und Tragödien – und dass am Ende, nach dem Ausschalten der Scheinwerfer, dem Abrücken der Medien, der Überantwortung an die Vergesslichkeit, nicht nur Leere und Hoffnungslosigkeit stehen.

15 Jahre sind seit dem Lawinenunglück vergangen und es gibt noch immer fast keinen Tag, an dem der Luggi nicht auf den Berg hinaufblickt und sich die Frage nach dem Warum stellt. Es war, als hätte das Schicksal an jenem Tag gewürfelt, sagt der Hotelier heute. Es war eine riesige, 30 Meter hohe blaue Welle aus Schnee, erzählt er. Dabei spricht er noch immer leise. Als wolle, als könne er diese Erinnerung auch nach so vielen Jahren nicht laut aussprechen. Eine blaue Welle, sagt er, 30 Meter hoch, begleitet von einem unglaublichen Rauschen.

Es gibt auch hier, wie bei jeder Katastrophe, Menschen, die durch Zufall überlebt haben und die sich noch heute fragen, warum. Die Tischler, denen an diesem Tag nichts von der Hand ging und die zum ersten Mal seit Jahren um eine Stunde früher nach Hause fuhren – bevor 120.000 Tonnen oder 4000 LKW-Ladungen Schnee in den Ortsteil rasten und mehr als 50 Menschen begruben, während sie selbst überlebten. Tanja gehen vor allem die Bilder der toten Kinder nicht mehr aus dem Kopf. Sie waren wie Puppen, sagt sie. Friedlich.

Du vergisst diese Angst nie mehr, sagt Siegbert, der mit seiner kleinen Tochter im Büro saß, als die Lawine durch das Fenster hereinbrach und die Dreijährige vor seinen Augen begrub. Er weiß nicht mehr, was er fühlte oder dachte. Sie war weg. Von einem Augenblick auf den anderen. Er weiß nur noch, wie er zu graben begann und seine Tochter lebend aus den Schneemassen befreite. Er hoffte, seine Tochter würde das Grauen vergessen. Aber es dauerte Jahre, bis sie die Angst loswurde und nicht zu weinen begann, wenn die Mutter oder der Vater zur Arbeit mussten. Sie weinte, wenn der Schnee kam und lange glaubte er, der Tochter könne nur mehr ein Psychologe helfen, bis sie lernte mit dem Winter, dem Schnee und den Erinnerungen zu leben.

Das Schicksal hat um 16:05 Uhr gewürfelt und Werner weiß bis heute nicht, warum er überlebt hat. Drei Stunden war er in der Lawine begraben und hatte bereits mit seinem Leben abgeschlossen, gebetet, dass der Erstickungstod nicht zu grausam sein würde. Er wurde als letzter Überlebender geborgen und erwachte in der folgenden Nacht im Krankenhaus. Als wollte sich das Schicksal mit ihm versöhnen, schenkte es ihm ein zweites Leben. An den Jahrestagen geht er mit seinen Kindern in die Kirche, seine Frau an der Hand. Seine Frau, die eine Unbekannte für ihn war, als er damals schwer verletzt aus der Ohnmacht erwachte. Sie war Krankenschwester und stand auf einmal vor ihm. Es war Liebe auf den ersten Blick, erzählt er. Was macht das Leben mit mir, fragte er sich damals. Kann es sein, darf es sein, dass ich jetzt noch Liebe empfinde?

Schickt alles, was ihr habt, sagt die Stimme aus dem Funkgerät auf dem Tisch. Hier ist alles weg. An diesem 23. Februar 1999 sitze ich in der Kaserne in Landeck. Seit Tagen schneit es. Tagelang war ich in Galtür, habe aus dem eingeschneiten Dorf berichtet, bis ich vor wenigen Stunden in einem Bundesheerhubschrauber auf dem Rückflug eines Versorgungsfluges einen Platz gefunden habe. Jetzt sitze ich in der Kaserne, als das Funkgerät zu krachen beginnt. Scheiße, dass du zu früh aus Galtür raus bist, sagt ein

Kollege wenig später. Das wäre deine Geschichte – jetzt da drinnen, oder? Geil!

Auch der Hüttenwirt im Jamtal findet in der Nacht keinen Schlaf. Der Schneesturm hält ihn und 20 Gäste in der Hütte gefangen. Am Abend wartet er auf den täglichen Funkspruch von seiner schwangeren Frau aus Galtür. Er schiebt die Notbatterien in das kleine Radiogerät und hört die ersten Meldungen von einer Lawine. Sein Blick wandert auf das Funkgerät – Stille. Als sich am nächsten Tag der Hubschrauber nähert und sein Vater aus der Polizeimaschine steigt, hat er Gewissheit, noch ehe dieser ein Wort sagt. Seine Frau, das ungeborene Kind und die Schwiegermutter sind tot.

Zum ersten Mal erlebe ich, was es heißt, wenn die (Medien-) Welt über einen kleinen Ort hereinbricht. Inzwischen sind Hunderte Journalisten aus ganz Europa auf dem Weg ins Tal. Sogar CNN berichtet von der Katastrophe. Es ist das erste Mal, dass ich als junger Journalist internationale Medienluft wittere und erkenne, dass die anderen auch nur mit Wasser kochen. Was mich erschreckt, ist die Kälte, die Abgebrühtheit.

Die Ungeduld der Medien, endlich in das abgeschnittene Dorf geflogen zu werden, wächst. Das Bundesheer schickt einen Kameramann ins Tal – seine Bilder werden sofort nach der Rückkehr im Schnittbus kopiert und verteilt. Das betretene Schweigen der Journalisten vor dem Monitor im Schnittbus ebbt schnell ab, zu *stark*, zu *sensationell* sind die Bilder der Zerstörung. Das Grauen, die nackten Schlagzeilen, bekommen endlich ein Gesicht. Starke Bilder, sagt der deutsche Kollege und stürmt los. Für mein Entsetzen gibt es keinen Platz. Keine Zeit. Es zählen die Bilder, Reportagen, Schlagzeilen – die eigenen Gefühle haben hier nichts verloren. Sie werden hintangestellt. Mit den ersten Kopien der Bilder aus dem Schnittbus beginnt der Wettlauf. Jeder will der Erste sein und die Redaktionen, oft Tausende Kilometer entfernt im warmen Büro, haben kein Verständnis, wenn die Bilder zuerst auf anderen Sendern laufen.

Können Sie sich noch an das Erdbeben von Bam erinnern? Auf den Tag genau ein Jahr vor dem Tsunami im Indischen Ozean, am 26. Dezember 2003 erschütterte das Beben den Norden des Irans. Mehr als 40.000 Menschen starben, 30.000 wurden verletzt. Haben Sie seither jemals wieder von Bam gehört? Wer erinnert sich an die Katastrophen, die vergessenen Kriege, die Ungerechtigkeiten dieser Welt, die in den letzten Jahren in riesigen Lettern kurz die Schlagzeilen dominierten? Und doch, auch wenn die Medien sich täglich neuem Entsetzen zuwenden, immer neues Futter finden, um die große Maschinerie am Laufen zu halten, die regelmäßige Portion Entsetzen in die Häuser und Köpfe der Menschen zu liefern, endet das Schicksal der Betroffenen nicht mit unserem Vergessen, mit dem Wetterbericht oder dem Umblättern der Zeitungsseite.

Und doch haben wir neben Meinungs- und Pressefreiheit auch das Recht auf Desinteresse, und vielleicht ist ein „Das interessiert mich nicht, das halte ich nicht (mehr) aus" heute ehrlicher als breit geheucheltes Interesse. „Interesse" bedeutet so viel wie „mitten in der Sache" sein. Aber sind wir heute überhaupt noch mit dem Kopf bei der Sache, wenn wir von Interesse sprechen? Hat unser Interesse nicht schon längst nur noch mit Neugier, der Gier nach Neuem zu tun? Im Aktuellsten, das das Neue immer schneller ablöst, schwingt inzwischen immer schon mit, dass es morgen vergessen sein wird.

Was wir heute interessant finden, haben wir morgen schon längst wieder der Bedeutungslosigkeit überantwortet.